华章经管

HZBOOKS | Economics Finance Business & Management

尽职免责

银行信贷风险精准问责的逻辑与实务

崔 宏——著

EXEMPTION FOR WHO FULFILLED DUTIES

A person who has fulfilled their duties should not be held liable for anything beyond their control

---

图书在版编目（CIP）数据

尽职免责：银行信贷风险精准问责的逻辑与实务 / 崔宏著 . -- 北京：机械工业出版社，2022.1
ISBN 978-7-111-70092-0

I. ①尽… Ⅱ. ①崔… Ⅲ. ①银行业务 – 贷款风险 – 责任制 – 研究 – 中国 Ⅳ. ① F832.2

中国版本图书馆 CIP 数据核字（2022）第 013283 号

尽职免责：银行信贷风险精准问责的逻辑与实务

出版发行：机械工业出版社（北京市西城区百万庄大街 22 号　邮政编码：100037）
责任编辑：石美华　　　　　　　　　　　　责任校对：殷　虹
印　　刷：三河市宏图印务有限公司　　　　版　　次：2022 年 2 月第 1 版第 1 次印刷
开　　本：170mm×230mm　1/16　　　　　印　　张：15.5
书　　号：ISBN 978-7-111-70092-0　　　　定　　价：99.00 元

客服电话：（010）88361066　88379833　68326294　　投稿热线：（010）88379007
华章网站：www.hzbook.com　　　　　　　　　　　　读者信箱：hzjg@hzbook.com

版权所有 • 侵权必究
封底无防伪标均为盗版
本书法律顾问：北京大成律师事务所　韩光 / 邹晓东

前言

　　研究信贷风险尽职免责问题，是时代的呼唤，是新形势下的迫切需要。

　　理论上，问责制度伴随着委托代理关系的出现而出现，是一个古老的话题。对于商业银行而言，也不是什么新问题。但囿于当前银行的监管环境和发展阶段，实现精准问责的要求尤其强烈。失职追责与尽职免责本是问责制的一体两面，但现实中，落实追责容易，执行免责困难，这种失衡状态的极端便是肇始于20世纪90年代并延续至今仍大行其道的终身问责制。终身问责制的作用自不待言，但在微观上容易导致信贷人员产生"惧贷""恐贷"心理，进而导致信贷有效供给的不足，造成宏观上货币政策传导的梗阻，在特定的历史条件下引起了业界的反思，甚至引起了中央的持续高度关注。追责与免责都是共识，关键是如何实现更加精准的问责，如何在强调失职追责的传统中，建立起尽职免责机制，以实现二者的平衡。

　　如何建立尽职免责机制以纠正失职追责的畸重，实践中并没有现成答案。一个最不应该忽视却经常被遗忘的重要原因，当是信贷风险问责理论研究的落后。在图书出版事业蓬勃发展的当下，市场上关于信贷风险尽职免责的书籍竟然难以寻觅。不能不说这是当代银行业高歌猛进下文化缺失的一点遗憾。这或许也是银行实务中，大家崇尚的所谓"接地气"与"可复制"的拿来主义与实用主义传统遗留的产物吧。对于尽职免责的核心基础，即如何界定"尽职"，遗憾的是，不管是监管制度还是不少商业银行的内部文件，都没有给出一个清晰和统一的标准。如是，连讨论的基础平台都没有，又如何能建立起完善的尽职免责实务操作的大厦？

有问题，有需求，正是本书得以成书的理由和契机。

在主旨和目的方面，本书将研究聚焦在精准问责的基础性和逻辑性问题上，以相关法理为镜鉴，探索信贷的尽职免责机制，以期为问责实务提供可操作的具体指导。当然，银行贷款出现不良与损失的原因异常复杂，特别是在事后去还原当时的情形，确实难度极大。但是，即便在操作性可能仍然遭遇模糊的情形下，为定责一方自由裁量权的行使提供理论和逻辑基础，为被问责一方提供尽职免责的抗辩依据，也不失为一种添砖加瓦的探索努力。

为此，本书基于信贷风险问责与侵权责任理论之间天然的契合性，采纳、参考或借鉴侵权责任法的原理，将之应用到作为银行内部控制制度的问责"法理"上，与信贷实践相结合，从而形成信贷风险问责的逻辑框架。首先，明确信贷风险问责与一般侵权责任不同的鲜明特征，从而确保对法学理论的借鉴不偏离信贷风险问责的实际。然后，从尽职的定义与判断标准入手，为失职追责奠定理论基础，并在过错责任原则下提出符合信贷风险问责构成要件的"4+1"要素式的复合分层立体结构，即对信贷人员的责任认定，要在满足贷款损失、违规行为和因果关系等客观构成要件的基础上，判定当事人是否存在过错，再综合考虑其抗辩理由，才能做出责任认定与具体承担方式。

当然，对法理的借鉴不能画地为牢，本书在论述信贷问责的构成要件时充分契合了其自身特点，强调了信贷问责实践对传统侵权责任理论的坚守与突破，同时遵从动态系统论的思想，权衡各种不同的价值裁量，对银行的自由裁量权划定某些规则和原则约束。最后，再辅以信贷人员的问责抗辩来实现对信贷人员合法权益的保护，从而在结构与功能上保证失职追责与尽职免责二者的平衡。同时，针对实践中尽职认定的困难来源与不正确的问责实务做法，本书进行了深刻分析与反思，并在商业银行层面提出了若干政策建议，力争通过正本清源，助力精准问责。

以上内容逻辑、结构安排与技术路线如图 0-1 所示：

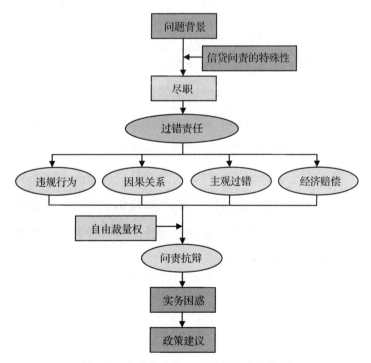

图 0-1　本书内容结构逻辑与技术路线图

在具体章节安排上：

第1章到第3章，还原历史背景与现实需求，深刻揭示商业银行信贷风险问责的特殊性，并提出尽职的定义与认定标准。

第4章到第10章，提出适合信贷风险问责的过错责任原则与构成要件，围绕"4+1"要素式的复合分层立体结构，逐个分析违规行为、因果关系、主观过错，以及经济赔偿金额的确定方法与信贷人员的问责抗辩事由，并为银行问责实践中自由裁量权的行使提供必要的规则和原则约束，从而建立起一个基本自洽的框架体系。

第11章和第12章，属于前述理论的应用与政策建议，重点探讨尽职认定的实务困惑来源，对几种常见的问责实务做法进行反思，并对实务操作中的责任认定和问责归因，进行流程归纳。最后，基于信贷风险问责的规范化和精准化，在商业银行层面，针对问责实践的改进提出若干政策建议。

需要交代的是，本书不是一本纯粹的法律书，也不是一本纯粹的金融书，而是着眼于解决当前信贷风险精准问责的实践难题，特别是建立健全尽职免责机制，基于实务目的而做的一种跨领域尝试。个中法律镜鉴可能存在偏差，对问责的实务撮要归纳可能并不全面，但作者不惜冒着贻笑大方的风险，目的在于抛砖引玉，引起大家对信贷风险问责理论和实务的关注。若是，则本书的目的就达到了。真心与热切期盼这一领域出现越来越多的研究成果，大家共享提高，如此，则是广大信贷人员与整个行业之幸事。我相信，回响就在前方。

前言

第一篇 基础篇

第1章 老话题与新问题 / 2

1.1 时代的呼唤 / 3

1.2 对终身问责制的反省 / 6

1.3 问责现实的改进 / 10

1.4 本书主要内容与分析思路 / 13

第2章 信贷风险问责的特殊性 / 18

2.1 经营风险是银行经营管理的本质和精髓 / 19

2.2 信贷人员的类职业专家特征 / 21

2.3 贷款损失与经济赔偿的非对等性 / 25

2.4 银行作业模式对问责的影响 / 29

第 3 章　免责的前提是尽职 / 32

3.1　寻求尽职的定义 / 32

1. 具备专业胜任能力 / 35

2. 谨慎履行注意义务 / 35

3. 恪守职业道德 / 37

3.2　注意义务的履行是尽职的判断核心 / 38

1. 义务与注意义务 / 38

2. 注意义务的履行 / 42

3.3　理性人与谨慎人标准 / 46

3.4　合理调查与合理信赖 / 51

第二篇　框架篇

第 4 章　归责原则与责任构成要件 / 58

4.1　归责原则的概念与意义 / 59

1. 归责原则的概念与体系 / 59

2. 归责原则的属性与意义 / 60

3. 归责原则与归责事由体系 / 61

4.2　过错责任原则 / 63

1. 过错责任原则的含义与特征 / 63

2. 过错责任的功能 / 66

4.3　过错责任的一般构成要件 / 68

4.4　辅助应用原则 / 73

1. 危险责任原则 / 74

2. 雇主责任原则 / 76

第 5 章　违规行为的本质与认定　/ 81

5.1　作为与不作为　/ 82
5.2　对注意义务的违反　/ 84
5.3　违规行为的本质属性　/ 90
5.4　违规行为的认定　/ 94

第 6 章　因果关系的认定与检验　/ 100

6.1　因果关系的概念与特征　/ 100
6.2　因果关系的认定理论　/ 103
　　1. 条件说　/ 103
　　2. 原因说　/ 104
　　3. 相当因果关系说　/ 106
　　4. 法规目的说　/ 108
　　5. 事实上的因果关系与法律上的因果关系　/ 109
6.3　因果关系的检验规则　/ 110
　　1. 事实上因果关系的检验　/ 110
　　2. 法律上因果关系的检验　/ 114
　　3. 因果关系的表见证明　/ 117
6.4　介入因素与因果关系　/ 118
　　1. 介入因素与因果关系复杂性　/ 118
　　2. 介入原因与因果关系中断　/ 121
　　3. 多因一果与原因力比较　/ 123

第 7 章　过错的分类与认定　/ 125

7.1　过错的概念和特征　/ 125
7.2　责任能力是过错认定的前提　/ 128

    1. 不具备专业胜任能力即过错 / 129
    2. 不知规范即过错 / 129
  7.3 过错的形态与认定 / 131
    1. 故意 / 131
    2. 过失 / 132
    3. 过错的认定 / 133
  7.4 问责目的下过错的适用分类 / 136
  7.5 受害人过错与过错的否定 / 139

第8章 经济赔偿金额的确定 / 141

  8.1 贷款损失与纯经济损失 / 142
    1. 贷款损失或损害事实 / 142
    2. 纯经济损失 / 144
  8.2 轻微损害不予赔偿 / 148
  8.3 雇员赔偿责任的特殊性 / 150
  8.4 雇员赔偿责任的承担 / 153
    1. 对因故意所致贷款损失承担全部赔偿责任 / 153
    2. 对因重大过失所致贷款损失承担赔偿责任 / 154
    3. 对因一般过失所致贷款损失免除承担赔偿责任 / 156
  8.5 经济赔偿金额的实务确定 / 157

第9章 银行自由裁量权的空间 / 166

  9.1 责任构成要件的弹性规则 / 167
  9.2 重大性/重要性的认定 / 169
  9.3 尽职判断标准 / 171

9.4 一二道防线责任的分摊 / 177

第 10 章 信贷人员的问责抗辩 / 181

10.1 损害事实不存在或损害轻微 / 183

10.2 "违规阻却事由"的存在 / 184

1. 以应有的谨慎履行了注意义务 / 184
2. 银行自甘风险与受害人同意或承诺 / 185
3. 信赖原则 / 187
4. 紧急避险与自助行为 / 190
5. 抵制无效与受胁迫 / 192

10.3 因果关系不成立 / 192

1. 不谨慎行为与损失的形成没有因果关系 / 193
2. 第三人行为 / 194

10.4 不存在过错或过错程度较轻 / 196

1. 不可抗力 / 196
2. 意外事件 / 198
3. 无心之过 / 198
4. 银行与有过失 / 200
5. 过错程度较轻 / 202

10.5 其他抗辩理由 / 203

1. 雇主责任 / 203
2. 吹哨示警 / 205
3. 创新包容 / 206
4. 时效消灭 / 207

第三篇　建议篇

第11章　问责实务的困惑与反思 / 210

11.1　尽职认定的困难来源 / 210
　　1. 尽职具有程度上的不同 / 211
　　2. 尽职既具体又抽象 / 212
　　3. 尽职既客观又主观 / 213
　　4. 尽职是态度与能力的结合 / 214
　　5. 尽职与合规的异同 / 214
　　6. 尽职不是对风险的担保 / 215

11.2　几种问责实务的反思 / 216
　　1. 出风险即问责 / 216
　　2. 违规即问责 / 217
　　3. 签字即问责 / 218
　　4. 提示风险即免责 / 219

11.3　审计的后见之明与先知幻觉 / 220

11.4　问责归因的简化框架 / 221

第12章　尽职免责实践改进建议 / 225

12.1　坚持技术风险可免道德风险严办的问责总原则 / 225
12.2　真正建立过错责任制度，提高问责精准度 / 226
12.3　注意对未尽职的上级部门和管理人员进行关联问责 / 227
12.4　持续改进风险管理制度和流程 / 228
12.5　规范员工辞职期间的问责事宜 / 229
12.6　完善银行激励约束机制与文化 / 232
12.7　健全尽职免责与容错纠错机制 / 233

后记　/ 235

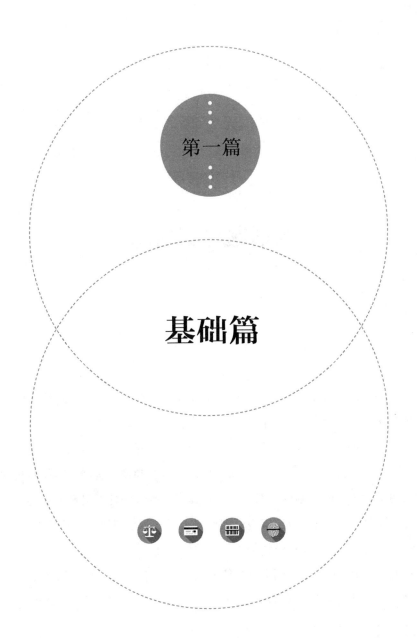

第一篇

基础篇

第 1 章

老话题与新问题

所谓问责,广义而言是指委托人(principal)要求代理人(agent)就其行为向委托人做出解释的行为。由于委托人和代理人之间存在合约不完全、激励不相容和信息不对称等问题,代理人有可能背离委托人的利益或者不忠于委托人的意图而采取机会主义行为,因而发生道德风险和逆向选择。为应对代理人的机会主义行为,问责制应运而生。问责蕴含了一种隐性或显性的期望,即被问责方(代理人)的行为或决定将受到重要委托方的预期评估,基于这一评估,被问责方(代理人)存在接受奖励或制裁的可能性。⊖

在此意义上,可以说,问责制度伴随着委托代理关系的出现而出现,是一个古老的话题。对于商业银行而言,这也算是与生俱来,本不应是什么新问题,但

⊖ DWIGHT D F, RICHARD J K. Advancing accountability theory and practice: Introduction to the human resource management review special edition[J].Resource Management Review,2004,14(1):1-17.

囿于银行的监管环境和发展阶段、管理规范化程度等各种因素,在不同的历史阶段,问责的迫切性、力度和范围有所不同。概言之,商业银行的问责主要是针对各类违规行为,其中信贷风险或者不良资产的问责是核心。但现在的问题,不是应不应该问责,也不是问责的力度和范围有什么歧义,而是在从严问责的总基调下,如何切实贯彻尽职免责,保护从业人员的积极性,激发他们干事创业的热情。这样才能从另一个视角跳出"一管就死,一放就乱"的怪圈,毕竟发展才是硬道理。

当前环境下,这一要求尤为强烈。

失职追责与尽职免责是问责制的一体两面,在实际执行中必须寻求二者的平衡。若失职得不到严肃追责,必然影响银行的审慎经营,不利于防范和化解信贷风险,甚至埋下案件和重大风险的隐患。相反,若尽职不能被免责,必然影响员工的积极性,"惜贷""惧贷"势必影响信贷的有效供给,造成企业特别是中小企业的融资困境,导致国家货币政策传导机制遭遇阻滞,制约信贷回归本源与支持实体经济效能。

因此,发挥信贷风险问责制的平衡功能,既可充分保障金融对经济的促进作用,又可助力银行审慎经营,防范和化解信贷风险,这也是银行业提高政治站位,加强内部控制,发挥职责职能的重要体现。然而,由于追责落实容易,免责执行困难,在实际操作中,商业银行往往对失职行为进行追责,而对尽职免责安排较少落实。这种追责与免责的失衡,主要是银行管理理念、制度设计和执行层面上过度偏向于追责所致⊖。在当前经济面临下行压力的背景下,为引导银行增加信贷供给,同时防范和化解金融风险,急需落实中央与监管机构指示与指导精神,建立健全尽职免责机制。

1.1 时代的呼唤

2018年10月20日,国务院金融稳定发展委员会召开防范化解金融风险

⊖ 陈雪红.商业银行尽职免责实施难:表现形式、主要原因及对策建议[J].南方金融,2019(8):91-92.

第十次专题会议，提出要健全尽职免责和容错纠错机制，对于已尽职但出现风险的项目，可免除相关负责人的责任。2019年，中共中央和国务院办公厅发布《关于加强金融服务民营企业的若干意见》《关于促进中小企业健康发展的指导意见》，提出要重点解决金融机构"不敢贷、不愿贷、不能贷"的问题，同时细化小微企业贷款不良容忍度管理，建立健全尽职免责机制。银保监会也印发了进一步做好相关工作的通知。2020年，为应对新冠肺炎疫情，推动复工复产，支持实体经济，监管层面再次密集喊话，要求各家银行建立健全尽职免责机制。此举宏观上对纾解信贷支持实体经济特别是民营企业的压力，具有非常重要的作用。

近年来，随着商业银行不良资产的持续暴露，加之金融监管保持持续高压态势，对商业银行各级经营机构和员工的问责面不断扩大。商业银行对民营企业和中小企业的"惜贷""惧贷"问题尤为严重，国家宏观货币政策传导机制遭遇了商业银行的"内控阻滞"。如何落实尽职免责，不仅是广大员工最为关切的重大问题，也是落实中央和监管机构要求的政治问题，从而成为商业银行业亟待解决的重要课题。

其实，早在1996年，中国人民银行制定的《贷款通则》就明确了贷款管理责任制，这可以看作是我国商业银行信贷风险问责工作的起点。随后大部分银行都制定、出台了类似《员工违法违规行为处罚办法》等制度。中国银监会在2003年4月正式成立之后，第二年即出台了《商业银行授信工作尽职指引》（银监发[2004]51号，以下简称《指引》），对尽职调查和问责制提出了明确要求：一是要求商业银行建立授信责任追究制度。明确规定各个授信部门、岗位的职责，对违法、违规造成的授信风险进行责任认定，并按照有关规定进行处理。《指引》特别强调了对八类不尽职行为予以责任追究，即进行虚假记载、误导性陈述或重大疏漏的；未对客户资料进行认真和全面核实的；授信决策过程中超越权限、违反程序审批的；未按照规定时间和程序对授信和担保物进行授信后检查的；授信客户发生重大变化和突发事件时，未及时实地调查的；未根据预警信号及时采取必要保全措施的；故意隐瞒真实情况的；不配合授信尽职调查人员工作或提供虚假信息的。二是对勤勉尽职的工作人员予以免责。对于严格按照授信业务流程及有关法规,在客户调查和业务受理、授信分析与评价、授信决策与实施、授信后管理和问题授信管理等环节都勤勉尽职的授信工作人员,一旦出现问题,可视情况免除相关责任。同期,财政部、中国人民银行和银监会还联合发布了《关于加强国有商业银行不良贷款剥离过程中责任追究工作的通知》(财金 [2004]77 号),要求加强内部责任追究工作,建立问责制,并申明该通知追溯适用于 1999 年至 2000 年间剥离不良资产过程中的责任追究问题。

此后,针对小企业授信尽职工作,监管部门又专门制定了《商业银行小企业授信工作尽职指引(试行)》(银监发 [2006]69 号)和《银行开展小企业授信工作指导意见》(银监发 [2007]53 号),要求商业银行设定科学、合理的小企业坏账容忍度,建立小企业授信工作尽职评价制度及相应的问责与免责制度。要摒弃传统的对单笔、单户贷款责任追究的做法,在考核整体质量及综合回报的基础上,根据实际情况和有关规定追究或免除有关责任人员的相应责任,做到尽职者免责、失职者问责。再到后来,陆陆续续出台的更多制度,包括行业自律组织出台的一系列从业人员行为规范指引,都对信贷风险的问责提出了相应要求,并将其列入监管指引和考评之中。

与此同时,监管部门不断扩大合规检查范围,加大问责监管力度,甚至亲自对部分机构和人员启动直接问责机制,损失问责逐步调整为风险问责、合规问责和过程问责。数据显示,银行业不良资产认定和处置工作大步推进,2017 年至 2020 年累计处置不良贷款 8.8 万亿元,超过之前 12 年的总和;继续保持监管问责高压态势,2020 年处罚违法违规银行保险机构 3178 家次,处罚责任人员 4554 人次,罚没金额合计 22.75 亿元⊖。

在这一背景下,因应监管外部要求,同时基于强化内部控制和规范化管理的内生需要,商业银行普遍建立了自己的问责流程和办法,并付诸实施。但

⊖ 引自 2021 年 3 月 2 日国新办就推动银行业保险业高质量发展有关情况举行的发布会上,银保监会主席郭树清的发言。

正如前文所述，在问责制的落地执行过程中，普遍存在着追责容易免责难的问题，造成追责与免责的失衡。造成这一问题的原因，除了中国传统文化的影响，关键还在于缺乏技术层面上对"尽职"的准确定义、操作界定和执行规范，继而导致组织问责、审计定性与员工申辩之间存在诸多分歧。于是，在实践中，"惜贷""惧贷"现象严重，广大信贷人员的抗辩需求更加强烈。在当前尤需商业银行支持服务实体经济的环境下，这一问题的重要性和紧迫性凸显，甚至引起了中央的持续关注。

所以，研究信贷风险尽职免责问题，是时代的呼唤，是新形势下的急迫需要。

1.2 对终身问责制的反省

很长时间以来，我国商业银行对信贷风险的问责，普遍实行的是终身问责制。

经过40余年的金融改革，中国银行业取得了举世瞩目的成就。但同时，"中国国有银行40年的改革历史中，近一半的时间在与不良资产作斗争，教训极为深刻、刻骨铭心"[①]。1981年起，国家实行"拨改贷"改革，1983～1984年，农中建工四大国家专业银行相继"独立"，中国人民银行专门行使中央银行职能，一个"以人民银行为领导，以国家专业银行为主体，多种金融机构并存"的"真正的银行"组织体系在改革中逐渐形成，改变了以往"大财政、小银行"的模式。相应地，以银行为主导的间接金融体系逐渐建立并为中国经济发展提供了强大的推动力。1978～1990年，信贷年平均增长率达到20.38%，经济增长率达到14.6%。虽然信贷的过度投放促进了经济快速发展，但经济过热和通胀压力也开始显现，"微观搞活"和"宏观稳定"的矛盾开始升级。随即，中央开始在财政金融和国有企业等领域大力实施改革，1996年国民经济顺

[①] 2019年3月12日中国工商银行原董事长姜建清在CF40·孙冶方悦读会"中国大型商业银行股改历程"分享会上做如是表示。本段落后续文字和数据也主要引自这次悦读会上的相关信息。

利实现"软着陆"。在商业银行贷款成为社会融资主渠道后，不良贷款也伴随出现。在1984年到1996年间，国有银行不良贷款率上升，资产质量下降，大多年份的贷款不良率在10%以上，到20世纪80年代末期达到15%，到1996年四大国有银行的不良贷款率达到20%以上。1997年亚洲金融危机爆发，中央更加重视金融风险，采取了一系列有力措施解决国有银行的不良资产问题，包括补充资本金、实行贷款质量五级分类、成立四大资产管理公司等。在21世纪初中国加入世界贸易组织，特别是党的十五大确立了国有企业建立现代企业制度的改革方向，并确定股份制是国有企业建立现代企业制度的有效途径后，党中央高瞻远瞩，于2002年年初召开了全国金融工作会议，做出了对国有独资商业银行进行股份制改造并推动上市的重大决策，决定利用中国入世的5年过渡期，背水一战，彻底解决国有银行的体制问题和不良资产高企、竞争力低下问题。"内忧（不良贷款）外患（加入WTO后外资竞争）"下，拉开了以产权为核心的国有银行股份制改革的大幕，五大国有银行陆续于2010年前公开上市，实现了由国有独资银行向国际公众公司的嬗变。

在中国金融业从20世纪90年代起逐步开启市场化、法治化改革的进程下，随着对沉疴已久的国有银行症结的持续探究、体制机制问题的不断优化，不良贷款或信贷风险的问责制度被提出并逐步建立起来，问责力度也逐步加大。如1998年在大量剥离不良资产的同时，四大国有银行内部开展了大规模的不良贷款责任追究行动，仅某国有商业银行中被追究责任的信贷人员就达到了1.5万人，尔后信贷责任终身制在各商业银行内部较为流行[一]，乃至一度掀起问责风暴[二]。尽管不断地遭遇质疑和批评，但终身问责制还是大行其道，得到普遍实行。

所谓终身问责制，或者说终身责任制、终身追究制、终身追责制、责任终身制，并没有一个统一权威的定义，各银行都在约定俗成的意义上使用，但一

[一] 赵晓春，郭鑫.对当前金融机构授信问责制情况的调查与思考——以镇江市为例[J].金融纵横，2009（4）：18.

[二] 林华.银行业掀起"问责风暴"[J].宁波经济，2005（8）：6-8.

般是指在贷款从调查、发放到收回的全过程中信贷人员应承担的包放、包管、包收的责任。也就是说，在一笔贷款完全收回前，相关责任人员必须一直承担管理责任，若未能全部收回，则要被问责，承担纪律、行政和经济处罚。贷款管理实行终身问责制的主要目的，是为了进一步明确贷款管理责任，特别是风险管理责任，促进信贷人员执行法律法规、流程制度、谨慎工作、尽职尽责，保证贷款能够安全有效地运营，杜绝不良贷款或者信贷风险的发生。

应该说，贷款风险终身责任制的推行，对于防范信贷人员发放人情贷款、关系贷款，以及杜绝信贷人员违反贷款操作规程甚至"以贷谋私"，在一定阶段起到了积极作用，对防范信贷人员的道德风险也颇有成效。进入21世纪后，终身责任制广泛地被各商业银行采用，甚至多家商业银行将其作为防范信贷业务办理过程中出现的操作风险和信用风险的头等措施，发挥其在规范信贷行为、化解信贷风险、建立理性的信贷约束机制、培育健康的信贷文化等方面的积极作用。

与此同时，这一制度也一直广受诟病，特别是在经历不同历史时期、不良资产集中爆发之后，在问责力度增大、经济形势急需信贷大力支持的背景下，反对观点表现尤甚。其核心论点是，微观上，终身问责的压力导致信贷人员产生"惧贷""恐贷"心理，进而导致信贷有效供给的不足，造成宏观上货币政策传导受阻。比如，在1999年2月《金融违法行为处罚办法》出台前，国有商业银行分支行各级信贷管理人员贷款权较大，可贷款责任较小，众多的不良贷款不能说全是"天灾"，也不能说没有"人祸"，但真正因放贷失误受处理的人基本没有。1999年以来，随着《金融违法行为处罚办法》的出台和各行"贷款责任追究办法"的施行，从行长到信贷员，可以说是人人"恐贷"。面对贷款责任终身追究制度，他们担心被罚款、被撤职、被开除，因其放好百笔贷款无功（缺乏激励机制），放错一笔贷款就要受处罚，贷款机制从过去"放款有权"变为现在"放款有责"，这成为信贷收缩的主要原因。㊀

贷款责任终身制的弊端还包括：终身责任制与信贷人员的流动性存在冲突；

㊀ 杜斌.信贷极化的经济、政策与管理分析：大同案例[J].金融研究，2001（12）：111-112.

责任与信贷人员能力、利益、权利、贷款期限不对称；隔断风险监管的连续性，成为新官不理旧事的制度诱因，不能解决责任的合理分摊与移交结算机制；与现代法治下的责任追究时效精神相违背；违约成本和收益不对称使责任追究终身制形同虚设；使信贷人员缺乏职业安全感；为逃避问责隐瞒资产质量恶化情况造成贷款风险分类偏离等。

从理论上讲，银行信贷业务出现一定的不良资产是正常的。2005年11月12日，人民银行副行长吴晓灵在"全国地方金融第九次论坛"上，对商业银行普遍实行贷款终身责任制提出了批评。她指出，银行作为经营风险的行业，出风险是正常的，不出风险是不可能的。要追求的是尽可能减小风险，但是不能追求零风险，否则就无法办银行[⊖]。但是由于信贷人员的失职失责而造成不应该出现的不良资产，必将为银行带来巨大损失。所以，问责就成为一种必然。

当前需要反思的是，如何实现更加精准的问责。前述指出，失职追责与尽职免责是问责制的一体两面，在实际执行中必须寻求二者的平衡。或者说在强调贷款终身追责制的同时，不能忽视尽职免责机制的建立。我们还可以说，尽职免责不过是对终身问责制的一种修正，但这种修正应该是对终身问责制的补充，而不是对终身问责制的冲击。正如侵权法的逻辑起点是"所有人自负其责"，除非存在将损害转移给他人的法律基础，否则，任何人都必须承受其遭受的损害。在这一基本原则下，才能衍生出侵权责任的承担必须以可归责性为基础。对不良资产的问责首先必须坚持"终身责任制"，在这一基本原则下，实施尽职免责。

同时，我们还要特别强调，所谓责任终身制，不是追究责任于信贷人员的一生（生命期间），而是一身（他本人）。具体而言，不是信贷人员要用一生的时间承担责任，而是在贷款全周期（从发放到收回）内，对不良资产或信贷风险承担责任。

要注意，即使在当前谈论或追求"尽职免责"具有某种程度的政治正确性，也要警惕免责成为信贷人员不负责任的借口。我们必须坚持贷款责任追究

⊖ 冉学东. 吴晓灵批贷款终身责任制，称银行不能追求零风险[N]. 第一财经日报，2005-11-14.

终身制的主基调，同时积极寻求这一责任制的中断或终止机制。一般而言，离任（职）审计即为中断机制，尽职免责即为终止机制。

1.3 问责现实的改进

贷款终身责任制既是防范和化解信贷风险、提高信贷资产质量的客观要求，也是对我国银行业长期信贷工作实践经验的总结。当前对该制度存在的一些争议，主要不在于制度的本意，而在于实践中执行的失衡。或者说，现实的问题在于，尽职免责机制运行不畅。作为银行的一项内部控制措施，其高效运行的影响因素在于：设计的合理性和执行的有效性。当前在这两方面还存在诸多不如意的地方，加之制度设计理念的偏差以及配套制度建设的滞后，导致问责不精准，基层意见较大，急需予以改进。问责中的实际问题主要表现在以下几个方面。

一是制度设计理念有偏。尽管银行是经营风险的，出风险是不可避免的，但银行经营的目的绝不仅是经营风险，而是要通过对风险的经营和管理，贯彻国家宏观政策，支持实体经济，实现自身财务增值的目的，满足利益相关方的需求。真的产生风险与损失，并不是银行经营的本意，此时银行通常不会认为这是一种内生性风险，是内部控制的成本效益原则下的某种必然结果，而会认为这是内部管理制度的例外，是委托代理关系的失效。为防止其中可能的机会主义行为，必须通过建立问责机制，发挥教育、制裁和预防功能，促使信贷人员的行为回归到银行及其委托人期望的轨道。因此，银行极易产生一旦出现不良就问责的结果原则导向，而不问信贷人员是否存在可责性，致使终身问责制走向了极化和极端。

二是制度设计不尽合理。完善的追责制度本身也应是良好的免责制度，追责与免责是辩证统一的，应共同发挥对信贷风险的控制导向作用。追责的本意是惩戒，免责的本意是激励。而制度设计理念的偏差，直接导致在制度设计上，过分强调问责的一面，过分弱化免责的一面，造成追责与免责的不对称。无论是法律法规和部门规章，还是商业银行内部的问责管理办法和尽职免责实施细则，都呈现出"一边倒"的局面：问责、追责制度完善，责任内容具体详细，问责程序与处罚明确，而尽职免责制度却不完善，相关规定过于笼统，有的甚至就是一段话、数十个字概括之。① 一般情况下，追究责任是刚性的，而免责条款则软弱无力。② 除问责制度外，各类信贷制度作为信贷人员的行为规范，不仅数量繁多（有的银行的相关制度达上万项）且存在交叉重叠，甚至相互冲突，有的内部管理制度还与监管制度存在差异，造成信贷人员无所适从。

三是制度执行效能不强。再好的制度设计，也需要在执行中落实和保证。但现实中问责制度执行的有效性还存在不足，突出表现为划分责任不清晰，采取"一刀切"的简单化办法处罚所有相关人员，按业务流程"均分责任""横扫一大片"，导致部分尽职者受牵连，被过度追责。调查显示，有的基层机构中受处罚信贷人员占比高达80%。③ 有时错将问责作为目的，既存在过度依赖用问责推进工作的倾向，又存在被动应付、搪塞上级行和外部监管部门要求的"为问责而问责"现象。④ 现实中存在的另一个倾向则是，对一线员工的定责和处罚强度远远高于具有决策权的中高层管理人员。例如，某市金融机构对不良贷款认定全责和部分责任共计686人次，其中审查审批环节32人次，仅占4.7%，而受理调查和贷后检查环节502人次，占73.2%。⑤ 由于对前台经办人员追责普遍、免责不多，而中后台管理和监督人员容易撇清责任、追责较少，

---

① 陈雪红. 商业银行尽职免责实施难：表现形式、主要原因及对策建议[J]. 南方金融，2019（8）：94.
② 赵晓春，郭鑫. 对当前金融机构授信问责制情况的调查与思考——以镇江市为例[J]. 金融纵横，2009（4）：18.
③ 赵景兰. 银行信贷"尽职免责"情况的调查思考——以某省银行业为例[J]. 北方金融，2018（12）：12.
④ 2018年总行党校秋季班课题组（青岛）. 进一步加强信贷领域精准问责[J]. 农业发展与金融，2019（2）：121.
⑤ 中国人民银行芜湖市中心支行课题组. 银行业尽职免责制度实施现状及问题研究——以芜湖市为例[J]. 金融纵横，2016（12）：75.

因此一线基层工作人员"一根针"承受了"千把锤",造成问责的不公平和问责链条的失衡。此外,对不良贷款损失的问责中,经济处罚是最常见的处罚形式之一,但处罚金额的确定,并没有一定的量化标准,多数是问责委员会成员"拍脑袋"的决策结果,导致"同案不同罚"屡见不鲜。

四是配套制度建设滞后。任何一项制度的有效实施都不可能单兵突进,相应配套制度建设的滞后,必将影响制度的有效实施。在信贷风险的问责实践中,不管尽职免责制度自身是否完备和可操作性如何,还需要依靠其他配套制度的建立和完善。大的方面需要所有的信贷管理制度科学完善,岗位职责清晰,但实务中往往制度制定者为免责而造成制度卷帙浩繁,可理解性和可执行性较差,且岗位职责模糊不清。具体制度上尤其缺乏问题认定复核机制、系统问责监督机制和激励容错机制。如审计和信贷人员对制度文件的理解不一致,对违规与否难以真正达成共识时,缺少把握问题认定政策和解读制度依据的相关权威部门。对检查方认定的违纪违规事实存在异议时,缺少被检查方申请复核的流程和进行复核的相关部门。同时,上级行对下级行的问责工作指导、监督和检查机制没有形成常态化的制度安排。问责受主要领导的主观判断、个人态度以及有关人员专业能力等多方面因素影响,自由裁量空间较大,同案同地不同责的现象较多,问责偏轻或偏重的情况同时存在。有的银行缺少相应的激励机制,客观存在"多干多错、少干少错、不干不错"的问题,一些员工贡献多、工作量大,因此出错率就高,对问责产生偏激看法,产生消极思想。在一些带有探索性、创新性的业务领域,如何真正实现"三个区分开来",如何划清容错免责界限亟待破题㊀。

㊀ 2018年总行党校秋季班课题组(青岛). 进一步加强信贷领域精准问责 [J]. 农业发展与金融, 2019(2): 121-122. 其中"三个区分开来"是习近平总书记提出的重要要求。2016年1月,习近平总书记在省部级主要领导干部学习贯彻党的十八届五中全会精神专题研讨班的讲话中指出:"要把干部在推进改革中因缺乏经验、先行先试出现的失误和错误,同明知故犯的违纪违法行为区分开来;把上级尚无明确限制的探索性试验中的失误和错误,同上级明令禁止后依然我行我素的违纪违法行为区分开来;把为推动发展的无意过失,同为谋取私利的违纪违法行为区分开来。"2018年5月,中共中央办公厅印发《关于进一步激励广大干部新时代新担当新作为的意见》,以中央文件的形式重申了"三个区分开来"的重要要求。

上述问题的存在，不同程度反映了贷款的终身责任制或尽职免责机制运行的现状。此外，我们还应当明了：终身追责，不是不问信贷人员是否违反了应有的注意义务、不问信贷人员是否具有过错、不问青红皂白就去追责；不是只要造成了信贷风险或损失就一定要问责；也不是只要身处信贷流程中的一个环节就问责；更不是在信贷文件中签过字就问责。不能以当下的制度去约束过去的行为，不能站在审计认定时的环境去类推贷款发放时的情景，不能因为问责而冻结了信贷人员的正常合理流动，当然也不能造成信贷全流程各环节相关人员问责轻重和有无的不公允，要兼顾信贷人员激励约束的对称性以及贷款损失和赔偿的匹配性。

凡此种种，解决问题的思路就是要实现精准问责，该严肃追责的绝不放过，已经尽职的就应该大胆果断予以免责。改进的具体途径，就是在坚持信贷风险终身责任制的前提下，建立健全尽职免责机制，以尽职免责去补正失职追责，从而维持二者的平衡。

1.4 本书主要内容与分析思路

在问责的老话题下，探索尽职免责的新问题，既是时代的热切呼唤，也是对终身问责制反省的积极回应，更是改进问责现实的急迫要求。

信贷风险问责实践中出现上述种种问题，原因有多种，其中一个不容忽视却经常被遗忘的重要原因是，信贷风险问责理论研究的落后。不知从何时起，在银行实务中，大家习惯了所谓的"接地气""可复制"的拿来主义与实用主义，往往对理论不屑一顾，以致出现缺乏理论指导下的实践"乱象"。虽然，尽职免责机制的建立健全几乎成为当下政治正确的口号，却鲜见相关理论成果问世。大家说起来都头头是道，但往往自说自话，莫衷一是，只因缺乏一个统一讨论的逻辑平台。下面略举几例。

例1：尽职免责的核心在于如何界定"尽职"。《商业银行授信工作尽职指引》指出，授信工作尽职指商业银行授信工作人员按照该指引规定履行了最基本的尽职要求。这一界定带有循环论证的意味，形式上采取了规定动作的列举方法。但这样的指引，往往在遇到复杂的问责事项时起不到具体的指引作用。

例2：银行是经营风险的，监管机构也时不时提到要建立不良贷款的合理容忍度，实务和会计处理中，每一笔贷款都计提了对应的风险准备金或减值准备金。但是一旦出现不良贷款，不管损失有多大，都要问责，甚至对不良贷款坚持"零容忍"，对新增不良贷款实行一票否决制。这表明银行不但对于风险作为一种内生性问题缺乏认识，也对损失与问责的关系缺乏清晰的认识。殊不知，这种严厉的问责，既伤了员工的心，也损害了银行的发展基础。

例3：问责应遵循什么原则，信贷人员的抗辩如何采信？过错责任原则作为侵权责任法中最重要的责任承担原则，在银行问责实务中竟鲜见被明确地提出与阐释！而审计作为问责的信息保障机制，在责任认定时往往不能实事求是地还原授信业务办理时的场景，倾向于以现在的要求来评价或追究当时的风险责任，以现时的风险推论过往的行为，就像预先知道那样做就一定会出现风险似的。这些实务中的偏差，只有在理论框架达成一致的情况下，才能取得平等对话的基础。

例4：由于制度作为成文法，必须追求自身的简明性，而且出台制度的层级越高其适应性往往越差，可操作性也越弱，词语或概念内涵清晰而外延模糊，因此制度为应对新兴情形或可能遗漏情形的出现，往往在最后增设一条兜底条款，如"法律法规和规章制度规定的其他情形"。这种做法在问责实践中往往为具体执行过程中出现的自由裁量和溯及既往留下借口。各个机构在制定操作细则时，对尽职标准的界定和理解充分发挥了各自的主观能动性，导致执行时尺度松紧不一，同案不同罚。如果说，这些情形确实不可避免，那么在最大程度上实现科学有效执行的前提，必然是理论认识的一致性。

因此，结合信贷风险尽职免责实务，加强相关理论研究势在必行。

在主旨和目的方面，本书将研究聚焦在精准问责的基础性和逻辑性问题上，以相关法理为镜鉴，探索信贷的尽职免责机制，以期为问责实务提供可操作的具体指导，即便在操作性仍然达不到按图索骥的要求的情形下，也努力为定责一方提供自由裁量权行使的理论和逻辑基础，为被问责一方提供尽职免责的抗辩依据。

需要进一步明确的一个问题是，对信贷人员未能尽职而追究其民事责任的性质认定，适用合同责任还是侵权责任？这将直接影响本书的研究方法和主要内容的摆布。周全的说法似乎是，在实务认定中合同责任和侵权责任都适合，但理论研究还是要做出选择。就合同与侵权的调整方式而言，合同是最典型的私人领域，当事人可以自由创设权利义务关系，包括交易的内容、风险的分配、损害的弥补等。相反，侵权法并没有给意思自治留下多少空间，其确定某种行为应当承担民事责任的实质是为社会树立行为标准，是法律对社会的自由和安全两种资源进行分配的结果，这种标准是公共政策选择的结果，不允许当事人自由协商来加以改变。○

要说明信贷人员可能承担的民事责任是合同责任还是侵权责任，最根本的一点在于说明信贷人员的行为义务来源究竟是合同的对价还是侵权法上的公共政策的安排。要想确认这一点，就要从银行的性质以及信贷人员的工作性质说起。

一方面，货币是主权的核心内涵之一，银行以货币作为经营对象，具有巨大的外部性，我们不能将银行的本质简单界定为"竞争性服务业"，银行是一种必须严格市场准入与监管的"特许经营行业"。○金融行业服务的目标都源自民众，其存在是为了实现社会目标，并非"为了赚钱而赚钱"。○经营风险是银行经营管理的本质和精髓，但这不仅仅是银行自身的内部事务，不能忽视政策考量的特殊重要性。

另一方面，虽然信贷人员都与银行签有劳动合同，但由于他们实际承担的是信息产品的生产和中介角色，贷款损失的出现很大程度上是由于信息的失真

○ 蒋云蔚. 走下神坛：专家民事责任基本问题研究 [M]. 北京：法律出版社，2008：40-41.
○ 袁东. 强化对金融业的正确认识，确保金融更好地服务实体经济 [J]. 债券，2021（4）：60-61.
○ 希勒. 金融与好的社会 [M]. 束宇，译. 北京：中信出版社，2012：10.

或不完整，进而导致错误决策。事实上，信息侵权已经进入了法官和法学家的视野中①。同时，由于个案之间的差异，不存在适用于所有情况的尽职作业清单，具体工作亦各不相同，信贷人员应自行判断就个案而言适当的尽职调查审查为何，以及调查审查的程度。因此，银行与信贷人员签订的劳动合同不可能就双方的责权利进行详细的规定，可以说，这是一个不完全契约。信贷人员肩负的注意义务，超越了信贷人员与银行之间的雇佣合同关系。

换一个角度来看，银行对授信客户的债权，也是一种受法律保护的财产权益，银行与客户之间同样适用合同责任。但由于信贷人员的过错而导致银行与本不应该成为授信客户的客户签订了贷款合同，或者因高估客户信用而导致授信额度的不合理扩大，或者信贷人员与客户串通骗取银行的贷款，最终客户贷款出现不良，相当于信贷人员间接侵害了银行债权。此时虽然银行与信贷人员签有劳动合同，但就侵害债权而言，已具备第三人侵害债权的特征，银行完全可以基于其遭受的债权侵害而不是信贷人员的违约，提出赔偿请求或其他处罚，因此不应受合同相对性的束缚。正如美国判例法所一贯主张的，"任何行为如意欲在事实上致债务履行更为麻烦，除非有抗辩事由存在，得成立侵权行为。"②

最后，信贷人员具有类职业专家特征，根据法律通识，专家因其过错而提供存在缺陷的服务致人损害，应当承担相应的专家责任。这种专家责任在英美等主流法律理论或司法实践中，都已转向侵权责任。侵权法通过援引各行业的法规、行为准则等，能更好地对专家民事责任的内容进行界定。美国的Gordon L.Ohlsson 教授就曾指出，专家的服务合同只不过是伴随着合同法的气味而已③。而且，客观地讲，契约的发展表现为契约责任正被侵权责任这一主流

---

① 蒋云蔚.走下神坛：专家民事责任基本问题研究[M].北京：法律出版社，2008：133.
② HARPER F V, JAMES F. Law of torts: Vol.1[M]. Boston: Little, Brown and Company, 1956：499. 转引自：王利明.王利明学术文集：侵权责任编[M].北京：北京大学出版社，2020：561.
③ 转引自：蒋云蔚.走下神坛：专家民事责任基本问题研究[M].北京：法律出版社，2008：38.

逐渐融合㊀。这并非历史的偶然，从根本上看是职业化发展越来越成熟的结果。

由于在侵权行为与违约行为的核心部分之间，并不存在明确的界限，它们通过很多环节相互关联㊁，即使确定了信贷人员问责更应适用民事责任中的侵权责任，也无法排除合同责任的应用，合同责任和侵权责任不可避免地还要发生纠缠，既可以是竞合，也可以是聚合。明确违反合同义务的，可以追究其合同责任，比如因信贷人员失职造成重大损失的，可对其处以开除或解除劳动关系等处罚；其他各类情况，则追究相关人员在侵权法上的责任，当然主要是赔偿责任，如经济处罚等。特别是在信贷人员的责任认定上，侵权责任法中的归责原则、归责事由、构成要件等理论，更具有天然的适合性。

需要特别注意的是，我们这里所说的适用侵权责任，不是针对银行与外部主体之间的侵权责任，而是将其作为内部控制制度的问责"法理"，其本意是指在银行内部问责时，采纳、参考或借鉴侵权责任法的原理和逻辑，如是而已。英国学者彼得·斯坦曾指出："侵权责任的基础是过失，这种理论起源于这样一种观念：侵权，顾名思义就是做错事"㊂。我们认为，在信贷人员问责事项上的原理与侵权责任法的诸多原理相类似，故可以借鉴。这是需要牢记的。本书后文述及侵权责任法相关理论时，均应作如是理解。

在具体研究内容和分析思路上，本书将基于银行经营的特殊性，充分借鉴《民法典》特别是有关侵权责任的法律理念和原则，围绕"尽职"的要义与判断标准，建立信贷风险问责的法理基础，明确信贷风险问责的一般原则和问责事由，借由构成要件分析，提供一个精准问责的理论分析框架，据以指导信贷风险尽职免责机制的有效建立。特别是对于问责实务中的难点，比如经济处罚金额的确定，信贷人员的问责抗辩，予以专门研讨。最后，针对问责实践的改进提出若干政策建议。

㊀ 吉尔莫. 契约的死亡 [M]. 曹士兵，姚建宗，吴巍，译. 北京：中国法制出版社，2005：117.
㊁ 考茨欧. 侵权法的统一：违法性 [M]. 张家勇，译. 北京：法律出版社，2009：31-32.
㊂ 斯坦，香德. 西方社会的法律价值 [M]. 王献平，译. 北京：中国人民公安大学出版社，1990：154.

第 2 章

信贷风险问责的特殊性

银行贷款给客户,依据法律规定,当然享有法律规定的债权。一方面,依据《民法典》第一百八十六条的责任竞合规定条款,"因当事人一方的违约行为,损害对方人身权益、财产权益的,受损害方有权选择请求其承担违约责任或者侵权责任"。另一方面,银行发放贷款的具体工作是由信贷人员做的,假设信贷人员存在过错甚或欺诈行为,导致银行与客户签署了贷款合同,进而导致不良贷款的发生,其中信贷人员的责任是银行内部的工作责任,其工作失误并不会影响银企贷款合同当事人的债权债务法律关系。在企业发生违约并造成银行贷款损失的情况下,银行通常可追究信贷人员的相关责任。此种情况可看作是银企合同关系中第三人导致或扩大银行损失的责任承担问题。因此,借鉴《民法典》的法理或理念,便成为探讨信贷风险问责绕不过去的思维进路。

侵权法的逻辑起点是"所有人自负其责"。这项原则是一个千百年来根深蒂固的法律观念,其出发点在于,反对由法律来阻碍偶然事件的发生,并反对由法律补偿因命运所造成的不平等[○]。由此推论，侵权责任的承担必须以可归责性为基础，即我国《民法典》第一千一百六十五条规定的"行为人因过错侵害他人民事权益造成损害的，应当承担侵权责任"。至于如何赔偿，法律上一般奉行完全赔偿原则，即对与侵权行为之间具有因果关系的损害，都应当予以赔偿。我国《民法典》虽然没有明文规定完全赔偿原则，但是理论界普遍认同这一原则。《民法典》第一千一百八十四条规定，"侵害他人财产的，财产损失按照损失发生时的市场价格或者其他合理方式计算"。但是，就信贷风险的问责而言，基于行业的独特性，其与其他民事侵权责任承担方式不同，不管是过错的确定，还是损害的赔偿范围与赔偿数额的确定，都有着自己鲜明的特殊性。

2.1 经营风险是银行经营管理的本质和精髓

当今世界，"唯一不变的就是变"。

银行自诞生以来，其外在表现越来越复杂多样，其风险形态、风险理念、风险管控和风险压力在与时变化。但银行的核心定义依然是"主要从事吸收公众存款和发放贷款的机构"。发放贷款时，银行面临借款人还款的不确定性，即如果借款人未能按照约定还本付息，则形成所谓的信用风险；吸收存款时，银行也面临提款的不确定性，即如果储户需要提前提取，则会造成银行的支付压力即所谓的流动性风险。随着经济、金融、科技和银行自身的发展，银行交易的对象越来越多元，提供的金融服务越来越多，服务的内容和方式越来越灵活，银行自身运营和管理的形式也不断变化，因此银行面临的不确定性更大。不确定性即是风险。也就是说，银行永远面临着不确定性，经营风险始终是商业银行经营管理的精髓[○]。

商业银行是经营风险的企业。作为专业经营风险的特殊企业，商业银行从来不把风险看作"洪水猛兽"，而是立足于经营环境，以获取风险经营回报为

○ 福克斯.侵权行为法[M].齐晓琨，译.北京：法律出版社，2006：2.
○ 黄志凌.风险经营：商业银行的精髓[M].北京：人民出版社，2015，代序部分第 2～3 页.

目的,主动选择"有利可图"的目标风险,合理安排风险结构,积极实施风险转移、分散或对冲,通过有效定价、缓释等获得风险补偿,既将风险控制在可承受范围,又争取获得超额回报。因此,银行的经营过程中,出现一定程度的风险是必然的。以信贷风险为例,其中一部分风险是预期内的,每笔贷款都预提了一定比例的风险准备金或减值准备,但偶尔也会出现超预期的风险,这部分风险由经济资本或监管资本进行抵御和吸收。可以说,银行对风险是有充分认识和安排的,并力求与自身可用的资本、资源和管理能力相匹配。但是实际经营情况毕竟异常复杂,对风险的管理也复杂异常。

首先,银行经营不能"自行其是",银行的本质不能简单界定为"竞争性服务业"。由于银行具有天然的巨大外部性,银行业是一种必须予以严格市场准入与监管的"特许经营行业",且由于银行经营的货币还是一国主权的核心内涵之一,其内部管理也往往具有来自社会的政策考量。其次,作为经济运行的血液,金融本身离不开经济的健康发展,二者共生共荣。在经济状况不佳,特别是持续下行期间,信用风险也会大量出现,客户违约概率大幅提升。伴随着不良资产规模的增加,各家商业银行对信贷人员问责的力度自然会加大。但问题的难点恰恰在于,客户违约概率的增大,既有经济形势的不利影响,也有企业经营状况自身恶化的影响,既可能是因为信贷人员错把差等客户作为优质客户营销进银行大门,也有可能是因为交易结构设计不严谨或授信方案设计不科学导致的风险安排失策……各种原因叠加在一起,要想实现对信贷人员的精准问责,必须从众多原因中区分出信贷人员的不尽职行为,而且要充分权衡以确定其在客户违约等各种原因力中的权重或占比,这真的是一件非常困难的事情,对于其中法理逻辑和政策考量的重要性,无论如何强调都不过分。

此外,商业银行雇佣信贷人员从事信贷业务,本就是一件充满风险的事业或工作。让信贷人员从事充满风险的工作,一开始就预期不出一点风险是不可能的,那么出多大的风险是可接受的?出多小的风险是信贷人员可以免责的?一个笼统的不成文的约定似乎是只要发放的贷款不出现不良就可以,这貌似就是免责标准。这也是实务中多数商业银行在贷款形成不良后即启动审计问责程序的内在依据。但形成的不良贷款与实际造成的损失不是一个相等的概念，再说同一个信贷人员有多笔业务，是逐笔计算还是合并计算呢？

另外，根据国内外雇主责任的司法实践和理论通说，雇员对他人（包括财产权益）造成损害的，雇主要承担替代责任。若将他人置换为银行自身，由雇员造成的损害，作为雇主的银行能够适用替代责任吗，是否可以免除或减轻雇员的责任？

我国《民法典》第一千一百九十一条规定，"用人单位的工作人员因执行工作任务造成他人损害的，由用人单位承担侵权责任。用人单位承担侵权责任后，可以向有故意或者重大过失的工作人员追偿。劳务派遣期间，被派遣的工作人员因执行工作任务造成他人损害的，由接受劳务派遣的用工单位承担侵权责任；劳务派遣单位有过错的，承担相应的责任"。该条款如何在信贷风险的问责中应用呢？

还有一个例证，现代商业银行普遍建立了风险的三道防线机制。对于信贷风险而言，需要三道防线承担各自的责任，并不仅仅是市场人员第一道防线的责任。那么实际发生了信贷损失之后，如何在三道防线之间，特别是第一二道防线之间划分责任，并进行相应的问责呢？

经营风险的银行出现了信贷损失，如何精准界定信贷人员的责任，需要从理论和实务两个方面寻求回答。

2.2 信贷人员的类职业专家特征

银行的信贷人员包括客户经理、风险经理、评审经理。许多人将这一称呼作为一种职业理想，实务中很多人也将自己定位于职业客户经理、职业风险经理、职业评审经理，并勉励自己严格遵循职业操守，尽职尽责。实际上，具备这样一类职业理想的专业人士，都应统称为专家。

但现实是，专家依赖的是职业现实认证而不是职业理想。信贷人员既不是真正的职业专家,也不是普通的劳动者。我们不妨务实地将其中庸地定位于类职业专家。

依据社会或法律之一般见解,所谓专家,通常是指具有专门技能和知识,并以提供技能或知识服务为业的人员。他们一般具有如下四个特征:①工作性质具有高度的专门性,其核心为脑力的而非体力的工作;②专家与客户之间基于专家的高度职业道德存在特殊的信赖关系;③具有从事专家服务的资格,并以专家职业团体所具有的相当业务水平开展业务;④具有较高的社会地位,以及与之相应的较高的收入水准㊀。这些表述比较全面和准确地勾勒出专家角色在社会中的表象特征,符合这一特征的人员,主要包括律师、会计师、评估师、建筑师、医师等。

专家是社会分工和专业化的结果。有一类分工,其工作内容是不固定的、非定型化的、经常需要工作人员进行自由判断的,是富于创造性的脑力劳动的专业化。从事这种脑力劳动,不仅需要系统化的理论知识和规范训练,也需要大量的非规范性知识。专家从事的劳动正是这种具有高度的专门化和技能性的脑力劳动㊁。就银行业而言,信贷人员也是社会分工专业化的一部分,投资银行家或保荐代表人一般被认为是专家,但商业银行工作人员一般不被称为专家。作为职业人士,比如商业银行信贷人员具有下述特征:①其工作性质具有较高的专门性,核心是精神的、脑力的而非体力的工作;②在外部客户面前也常常以专业人士自居或被认为是专业人士,在内部流程中与内部客户之间也存在较高的信赖关系;③具有银行内部认可的信贷业务从业资格,并被要求以应有的专业能力或水平开展业务;④具有较高的社会地位,以及与之相应的较高的收入水准。综上,银行信贷人员虽然不能完全称为专家,但具有较高程度的类职业专家特征。

之所以强调或定位信贷人员的类职业专家特征,在于其可能导致信贷人员承担的责任与普通工作人员有所不同。根据法律通识,专家因其过错而提供的服务存在缺陷致人损害,应当承担相应的专家责任。这种专家责任是一种

㊀ 能见善久.论专家的民事责任[M]//梁慧星.民商法论丛:第5卷.北京:法律出版社,1996:504.

㊁ FREIDSON E. Professionalism: the third logic[M]. Cambridge: London Polity Press, 2001:56-68.

职业责任或专业责任，这种责任来源于专家对其高度注意义务的违反。行为的专家特征可以构成加重法律责任的一个原因，这是因为，专家即意味着其在专业领域具有特别的能力，由此，那些向他请教的人就对他产生了一种"合理期待"①。专家未尽其所承担的高度注意义务，是成立专家责任的基础。在这一点上，专家责任与一般的民事责任不同。一般认为，专家责任具有如下特征：

首先，专家责任是专家应当承担的民事责任，通常为损害赔偿责任，不包括行政责任或刑事责任，其他如停止侵害、消除影响、赔礼道歉等民事责任形式也鲜有涉及。

其次，专家责任是专家应当承担的过失责任。专家责任的核心内涵是专家未尽到其所承担的高度注意义务。专家故意致人损害而应当承担的民事责任，与专家的高度注意义务并无关联，仅有"专家"之名而无"专家"之实，将其责任定位到专家责任的范畴，并无多少实益。这就是说，专家因故意致人损害而应当承担的责任，属于一般的违约责任或侵权责任，依照一般的违约责任或侵权责任法理即可追究专家此时应当承担的民事责任，无须依照专家责任的特有判断基准。从这个意义上讲，专家责任仅以专家因过失致人损害而应当承担的民事责任为限②。

可见，专家责任的一个重要特点，就是专家应负有与其地位和业务相称的、以信赖责任为基础的高度注意义务③。在法律上，专家责任除了可以指对其合同相对人的责任外，主要是指"专家对第三人责任"的专门制度形式，也就是专家对委托人（合同相对人）之外的合理信赖其专家意见（或专家行为）的第三人应承担侵权责任。这里所称的"第三人"，是指与专家之间不存在合同关系但因信赖专家提供的服务而受到损害的人，实际上是指使用专家服务结果（即特定信息）的除当事人以外的人。

当然，若专家提供服务是基于同委托人之间的委托协议（包括劳务合同），

---

① 考茨欧. 侵权法的统一：违法性 [M]. 张家勇，译. 北京：法律出版社，2009：76.
② 吴春岐，杨文风. 注册会计师侵权责任 [M]. 北京：知识产权出版社，2010：51.
③ 吴春岐，杨文风. 注册会计师侵权责任 [M]. 北京：知识产权出版社，2010：52.

则原则上专家对其合同相对人所承担的民事责任，源自专家违反其合同约定的给付义务。如果能够在合同中做出对合同当事人之外的第三人责任的相应约定，并且第三人也知道这种约定，那么在专家和第三人之间就存在一种事实上的合同关系，这种情况下，第三人也是合同当事人，故可以根据合同约定来解决专家对该合同中的"第三人"所应承担的责任[1]。

可见，专家在与存在契约关系的委托人之间应负契约责任，而在与无契约关系的第三人之间应负侵权责任。但是，虽然专家义务常常被规定在合同中，但这些义务并非严格意义上的合同义务，而是侵权责任的渊源。我们期望因违反专家义务而产生的侵权责任在法律适用上是同一的，即无论对哪一受害人——合同相对人还是第三人——都适用同样的规则[2]。

实际上，信贷人员没有取得与投资银行家一样专家地位的普遍认同，根本原因不在于自身专业水平的差异，而是服务对象的差异。即通常情形下，商业银行服务的贷款客户是合同相对人，而投行相对多的服务对象是契约之外的第三人。在合同相对人之外的第三人的专业服务领域，国家通常对该职业进行某种专业认证而赋予其某种执业资格。但也有例外，比如商业银行的债券承销业务，与投行的 IPO 业务没有任何本质区别，极有可能因为承销商或保荐人的工作过失，给社会投资者等第三人造成损失，而可能承担专家责任[3]。

---

[1] 仲伟珩.专家对第三人责任制度研究[M].北京：法律出版社，2017：9-10.

[2] 考茨欧.侵权法的统一：违法性[M].张家勇，译.北京：法律出版社，2009：77.

[3] 事实上，这种责任已经开始在实务中凸显。根据媒体报道，首单诉银行承担债券承销连带赔偿责任的案件已经出现。2021 年 3 月 18 日北京金融法院正式宣布成立。成立当天，北京金融法院受理了"1 号案"，即某资产管理公司诉被告某银行股份有限公司、某会计师事务所、某资信评估有限公司、某律师事务所证券虚假陈述责任纠纷案。原告诉称，大连机床集团有限责任公司 2016 年 8 月发行 5 亿元超短期融资券，该债券的主承销商为某银行。原告担任管理人的基金曾陆续买入上述 5 亿元超短期融资券并持有至今。发行人到期不能还本付息，于 2018 年被法院裁定破产重组。原告申报破产债权并处置后，仍存在 5 亿余元债权无法获得清偿。原告认为，其购买的融资券信息披露的财务报告数据和资产质押担保文件的虚假陈述是导致其投资损失的根本原因，故提起本案诉讼，请求各被告对原告的投资损失承担连带赔偿责任。本案是债券持有人依据 2020 年 3 月实施的新《证券法》追究债券承销商及相关中介机构承担虚假陈述赔偿责任的新型疑难案件。目前，该案仍在进一步审理之中，未做出具体判决。信息来源：https://www.bjnews.com.cn/detail/161856450515559.html，查询日期：2021 年 4 月 20 日。

所以，随着在现代社会中所承担的机构角色的变化，信贷人员越来越可能或越来越多地成为社会公认的专家。在银行内部则由于其专业化分工，上下游工作链中也相互构成内部客户，信赖是后端作业的必要基础。因此，在认定和问责过程中，有必要考虑一般工作人员的性质，同时不能忽略信贷人员作为类职业专家的性质，并在实际工作中借鉴专家责任的法理，进行研判和定性。

例如，我国《民法典》第一千二百一十八条规定，"患者在诊疗活动中受到损害，医疗机构或者其医务人员有过错的，由医疗机构承担赔偿责任"；第一千二百一十九条规定，"医务人员在诊疗活动中应当向患者说明病情和医疗措施。需要实施手术、特殊检查、特殊治疗的，医务人员应当及时向患者具体说明医疗风险、替代医疗方案等情况，并取得其明确同意；不能或者不宜向患者说明的，应当向患者的近亲属说明，并取得其明确同意。医务人员未尽到前款义务，造成患者损害的，医疗机构应当承担赔偿责任"。

这里的引用，想强调的是，作为专家的医生，由于过错致人损害，法律规定的是由医疗机构承担赔偿责任。其中是否吸收了关于雇主替代责任的法理？信贷人员由于过错造成风险损失，是否能够借鉴，如何借鉴？

2.3　贷款损失与经济赔偿的非对等性

由于信贷风险导致的问责，除了其他类别的处分，主要就是经济处罚，类似法律上对侵权损害承担的不利法律后果的主要形式和类别，即赔偿损失。在民事相关法律中，侵权赔偿的一条原则是：完全赔偿原则。所谓完全赔偿原则，是指对于与侵权行为之间具有因果关系的损害，都应当予以赔偿。尤其是，侵权损害赔偿不受侵权人主观心理状态的影响，无论故意或过失，都要赔偿全部损害。完全赔偿原则源自侵权法上的"全有全无"原则，即只要加害行为和损害之间存在因果关系，加害人就要对全部的损害负责。另外，完全赔偿原则也源自侵权法上禁止受害人获利的思想，损害赔偿只是要弥补受害人的损害，并非要使受害人获得额外的利益㊀。我国理论与实务界普遍认同这一原则，另外完全赔偿原则也可以从因果关系理论中推导出来，属于不证自明。

但在信贷风险问责领域，借鉴这一原则明显会遇到难题，即使我们考虑了前文所述的各类定责难题，精准界定了信贷人员的责任，但在进行经济处罚时，还是会遭遇"执行难"的问题。显而易见的是，银行的贷款规模都较大甚至很大，但信贷人员的经济支付能力相对而言很小，二者根本没有可比性。即使信贷人员造成了巨大贷款损失，其被认定负有重大责任，但若让其承担很大的经济赔偿责任，显然是信贷人员不能承受的，不具有现实性。理论再完美，实践中也没有可执行的条件。

我们随便翻看一些银行的财务报告，就可以得出这一点。比如招商银行：

其2020年度报告显示，集团口径前十大单一借款人2020年年末的贷款金额在90.1亿～255.09亿元之间，占贷款总额的百分比为0.18%～0.51%，占资本净额（高级法）㊁的比例也高达1.09%～3.11%。最大十家单一借款人贷款总额1296.61亿元，占集团高级法下资本净额的15.79%，占集团贷款总额的2.58%。银行法人口径下，最大单一贷款和垫款比例（单一最大贷款和垫款/高级法下资本净额）为3.48%；最大十家单一客户的贷款和垫款比例为17.5%。

截至报告期末，总行级战略客户数288户，一般性贷款余额6213.31亿元，平均每户贷款余额21.57亿元；分行级战略客户数6142户，一般性贷款余额2425.85亿元，平均每户贷款余额0.39亿元。

截至2020年末，普惠型小微企业客户数48.01万户，贷款余额5306.50亿元㊂，户均111万元。

㊀ 周友军.侵权行为法专题讲座[M].北京：人民法院出版社，2011：75.

㊁ "高级法"指2012年6月7日原中国银监会发布的《商业银行资本管理办法（试行）》中的高级计量方法。该方法下，招商银行2020年末资本净额为8212.90亿元。具体见招商银行《2020年度报告》。

㊂ 按照中国银保监会口径，单户授信1000万元以内的小型、微型企业贷款＋个体工商户经营性贷款＋小微企业主经营性贷款，为全折人民币境内口径，含票据融资。

我们再看一下中国工商银行的贷款体量：

其 2020 年度报告显示，该行最大十家单一客户贷款金额分布在 285.39 亿～1178.28 亿元之间，占各项贷款的比例为 0.1%～0.6%，总额合计高达 5014.63 亿元，占各项贷款的 2.7%，占资本净额的 14.8%，其中最大单一客户的贷款总额占资本净额的比例高达 3.5%。

由于该行没有详细披露公司贷款客户数量，我们无从得知平均每户贷款规模，考虑到客户结构，该行比招商银行公司客户贷款规模大是确定无疑的。

截至 2020 年末，该行普惠型小微企业贷款 7452.27 亿元，客户数 60.6 万户，平均每户贷款余额为 122.97 万元，比招商银行单户规模略大。

由上可见，银行对普惠型小微企业的平均贷款规模在百万元级别以上，重要的公司客户少则贷款几千万元，多则贷款几十亿、上百亿、甚至上千亿元。一旦这些贷款出现风险，成为不良，银行就会损失几千万、上亿元，且这都是常态。让信贷人员全额赔偿显然不现实。

我们再看一下银行业员工的平均收入情况：

根据各行披露的年度报告数据，我们以各行"年度平均员工数量"（年初值与年末值的平均数）为基数测算，2019 年度和 2020 年度 6 家大型银行（工、农、中、建、交、邮）的全员平均薪酬分别为 29.0 万元和 28.9 万元，也就是平均不足 30 万元。

再看相对最高的股份制商业银行的员工薪酬，9 家银行（招商银行、兴业银行、浦发银行、中信银行、民生银行、光大银行、平安银行、浙商银行和渤海银行）2019 年度和 2020 年度的加权平均薪酬分别为 51.6 万元和 52.0 万元，2020 年度平均薪酬最高的两家银行分别是招商银行（65.0 万元）和平安银行（56.9 万元）；最低的两家银行分别是浦发银行（45.9 万元）和光大银行（41.4 万元）。也就是说，最高的股份制商业银行，员工平均薪酬也就是 50 万元左右。

考虑到个人所得税和各项福利以及递延报酬等的影响，员工实际到手的薪酬通常不超过30万元。再考虑到房贷和家庭日常支出，一名银行员工每年可支配的"自由现金流"几乎剩不下多少。在这种情况下，若要对信贷人员问责，要求赔偿的损失金额过大的话，根本没有可执行性。这或许就是我们在问责实践中经常见到的经济赔偿多在几千元至几万元之间的背后逻辑所在。但问题不仅仅在于金额的大小，还在于确定的依据，常见的拍脑门似的决策，自由裁量空间过大，容易引起"同案不同罚"，招致被问责人员的不满。

当然，侵权赔偿坚持的完全赔偿原则并不等同于全额赔偿，后者指有具体的损失金额时的总额赔偿，全面赔偿是指对与侵权行为之间具有因果关系的损害，以及与过错程度相对应的损失部分的全部赔偿。尽管如此，具体到信贷风险的问责领域，问题依然复杂。当我们再一次向法律寻求理论支持时，发现完全赔偿原则也存在一些例外。在传统的大陆法系国家，其例外一般只有两个，即过失相抵规则和最高赔偿限额。但是我国原《侵权责任法》上又出现了三个新的例外，即相应的责任、惩罚性赔偿和侵权获利剥夺。《民法典》沿用了相关的赔偿责任和惩罚性赔偿，并增加了双方协商一致和法院自由裁量。这些规则都值得我们变通引用，以适应银行员工收入与可能的经济赔偿之间的巨大鸿沟。

客观上来说，信贷人员整体承担的风险也应适度，不能对整个行业产生阻吓效应，使外来者不敢进入银行业或银行从业人员因害怕而离职转入其他行业，从而导致社会所需要的一门职业的覆灭。

所以，信贷风险问责实践中，在坚持全面赔偿理念的同时，必须坚持的务实原则可能是"适当限制原则"，要依据信贷人员的实际过错，充分考虑银行的经营本质以及企业违约的多种主客观原因，在确保信贷人员这一职业群体正常展业的情况下，基于相对公平原则，在需要其承担损害赔偿责任的同时给予适当限制，即坚持全面赔偿原则基础上的适当限制原则。

从国外的立法看，也有适当限制赔偿数额的先例和规定。从我国司法实践来看，也有对专家责任做出适当限制的规定。我国《公司法》第二百零七条第三款规定："承担资产评估、验资或者验证的机构因其出具的评估结果、验资或者验证证明不实，给公司债权人造成损失的，除能够证明自己没有过错的外，在其评估或者证明不实的金额范围内承担赔偿责任。"

这里评估或证明不实的金额范围对信贷人员的损害赔偿有借鉴意义吗？若信贷人员提供了虚假的尽调报告并据此误导了授信决策，能分开考虑报告中真实的部分和虚假的部分对授信决策的影响，进而对贷款损失的影响吗？此外，还有一个考虑，既然不能实现全额赔偿，那是否存在其他的替代处罚形式？几种不同的处罚方式该如何协调？这些都是在信贷风险问责实务中需要斟酌或借鉴思考的。

极端而言，面对可能遭受的巨额经济处罚这一不能承受之重，对于银行和信贷人员来说，最为有效的策略就是具有"法定"免责事由。即便是在信贷人员作业过程中出现了贷款的不良损失，只要信贷人员能够证明其在从事业务的过程中，尽到了自己所应承担的义务，便不应再承担相应的责任。而这个"法定"的免责事由，只有"尽职"最为合适。正所谓尽职免责。

2.4　银行作业模式对问责的影响

信贷风险问责制度是银行内部控制制度的一部分，与其他内部控制制度一起，为银行的经营管理目标服务。问责制度直接受银行作业模式的影响。从普遍意义而言，任何内部控制制度（对银行而言，包括作业模式下的一系列管理制度）都具有固有的局限性。内部控制无论如何有效，都只能为企业自身实现经营目的提供合理保证，之所以是合理保证而不是绝对保证，是因为其受内部控制固有限制的影响。这些限制包括内部控制的设计层面和执行层面两类：设计层面上主要表现为：①内部控制一般都是针对经常而重复发生的业务而设置的，如果出现不经常发生或未预计到的业务，原有控制就可能不适用；②内部控制的成本效益问题也会影响其效能。执行层面上主要表现为：①在决策时人为判断可能出现错误和因人为失误而导致内部控制失效；②控制可能由于两个乃至更多的人员串通或管理层不当地凌驾于内部控制之上而被规避；③行使内部控制职能的人员素质不适应岗位要求也会影响内部控制功能的正常发挥。

例如，就设计上需要遵从成本效益原则而言，银行作业模式具有固有的、不可克服的风险或然性。首先，基于股权投资的风险高于债权投资的通识，银行基于贷款目的下的客户调查不像股权投资的客户调查研究那样翔实。再说，一家大型银行动辄每年几千亿、上万亿元的贷款投放，本质上就不允许进行太过细致的尽调。

就一般项目而言，对企业现场尽调的时间非常有限，实务中，进场次数有限，通常只有1~2次机会。首次尽调通常由业务部门主导，一些银行会安排风险经理同步进场。对于复杂的、特别重要的项目，才会安排再次进场调查，包括评审人员或分管领导也可能会再次进场了解情况。但越是有领导参加，尽职调查形式就越停留在参观交流上，仅仅增强了主观感受。一般而言，银行对客户的现场尽职调查很少会超过2~3次，而且每次尽调的时间都很短，几乎不会超过一天。我们在实务中见多了这样的尽调流程：与老板聊一聊、在厂区走一走、到饭点吃顿饭，个别员工会较为深入地到财务部门或系统上核对几个数，回去按照调查报告的模板格式，把企业提供的财务报表等基础数据填进去，尽调就结束了。

这样看似浮于表面的尽职调查，虽然可能离我们的真正要求相差太远，依据这样的调查报告做出的授信结论也可能不靠谱，最终出不出风险主要看信贷人员的能力和运气，但这确实是银行公司业务作业模式的普遍现状。

当然，实务中对客户的贷款调查可能很早就开始了，往往是客户经理一边寻找客户一边进行调查，根据初步调查的情况判断客户是否符合本行的授信标准，适合什么样的产品，下一步走什么流程。有的客户调查进行到一半就放弃了，要么是因其不符合准入门槛主动放弃，要么是营销失败，客户不同意合作。经验丰富的客户经理能在最短的时间内判断是否有必要进一步调查。而在确定拟进入现场尽职调查流程的情况下，客户经理在前期应该已经对行业环境、客户的大体情况有所了解，甚至取得了财务报表等必备资料，并做了初步分析。到现场尽调时，主要是对前期发现的异常进行调查并寻求解释，以及补充部分细节内容和数据。现场尽调结束后，回到办公室再进行可能的详细分析，并完成调查报告。尽管如此，与投资银行对企业股权投资的详细尽调相比，银行作业模式天然就具有出现风险的较高或然性。

这不是某个客户经理或基层行的"偷工减料"，而是银行作业模式的制度设计使然，相应的一系列内部控制制度都是在这一模式下设计与执行的。若每一单业务都进行几个月的翔实调查研究，商业银行那么大的资金量根本无法投放出去，服务实体经济的目的也无法实现，商业银行存在的价值可能都要存疑了。当然即使是这样，商业银行仍能够长期存续并不断发展壮大，也有其内在的合理性。这一模式的风险尽管存在，在一定时期内或某家银行内可能还很大，但总体而言作为一个行业的常见作业模式，还是有其存在的合理性，完全符合成本效益原则。

但我们不能犯的一个错误是，反向合成谬误。总体是对的、合理的，但对局部而言可能就是错误的、不合理的。正如"时代的一粒灰，落在个人头上，就是一座山"。制度给信贷人员只留了有限的时间去作业，却要他对风险完全负责。这其中有必要剔除制度设计的固有局限对风险产生的影响。或者我们也可以说，每一笔不良贷款的产生，银行都有自身不可推卸的责任。虽然要对信贷人员问责，但要科学区分银行自身与信贷人员各自的原因力，实现精准问责。

第 3 章

免责的前提是尽职

当我们在谈论尽职免责的时候,重点是在谈论什么?是如何在终身问责制的限制或约束下,实现免责,从而跳出终身问责的羁绊,重获职业自由。

尽职免责,即尽职了才能免责。所以,信贷风险的尽职是信贷人员免责的逻辑基础。

3.1 寻求尽职的定义

尽职免责的核心在于如何界定"尽职"。但是,"定义总是危险的"(Erasmus 语)㊀,基于此,哈佛大学的莫里斯教授曾指出,定义的目的并不在于定义本身,

---

㊀ 转引自:蒋云蔚.走下神坛:专家民事责任基本问题研究[M].北京:法律出版社,2008:10.

而在于定义所服务的目的①。尽管带有危险性，对研究对象给出准确定义还是必需的。如博登海默所说，"概念是我们解决法律疑惑的必备前提工具，若无严谨、精确的概念，那么试图清楚而又理性地思考法律问题是不可能的"②。

《商业银行授信工作尽职指引》（银监发 [2004]51 号）指出，授信工作尽职指商业银行授信工作人员按照该指引规定履行了最基本的尽职要求。这一界定带有循环论证的意味，形式上采取了规定动作的列举方法。实际上，翻阅相关法律和职业文献，尚未发现公认的权威表述。

某银行 2021 年出台的《民营企业贷款尽职免责管理指引》对尽职免责的定义是：在民营企业贷款业务出现风险后，经认定，相关机构或业务人员按照有关法律法规、规章和规范性文件以及行内授信业务相关制度，勤勉尽职地履行职责的，应免除其全部或部分责任，包括内部考核扣减分、行政处分、经济处罚等。其中尽职的认定标准为：民营企业贷款业务中各环节涉及的人员，应当以国家法律法规、《商业银行授信工作尽职指引》等监管制度以及行业相关制度流程作为尽职免责的主要标准。对于民营企业贷款业务的管理部门和经办机构负责人及管理人员，若未参与具体业务流程的，原则上只承担所在部门或机构民营企业贷款业务的领导或管理责任。可以看出，该银行的管理指引实际上也没有直接给出尽职的定义。

另一家银行 2021 年印发的《尽职免责管理办法》对尽职免责的定义是：经责任认定，有充分证据表明责任人按照有关法律、规则、准则和本行规章制度勤勉尽职地履行了职责的，应免除责任人全部或部分责任。可以看出，该办法一是仍然具有循环定义的味道，二是将责任人以有关法律、规则、准则和银行自行制定的规章制度规定的岗位职责、业务标准、作业流程等工作规范，作为尽职的主要认定依据，实质上采取了具体化的判断标准，强调尽职的判断标准是责任人是否切实做到了遵章守纪、充分有效地履行职责、恪守职业道德，

---

① 转引自：黄海燕. 工伤事故损害赔偿法律问题研究 [D]. 苏州：苏州大学，2007：4.
② 博登海默. 法理学：法律哲学与法律方法 [M]. 邓正来，译. 北京：中国政法大学出版社，1999：486.

以及有无不作为、慢作为、乱作为、伪作为等不尽职行为。

当然，没有对尽职的概念做出明确的规定，并不意味着概念的界定对信贷人员的问责实践没有意义，恰恰相反，尽职概念的界定在处理信贷人员问责实践中处于前置性位置。问责实践的重点在于确定信贷人员是否应该承担责任、应该承担什么样的责任。一般来说，只有当信贷人员的某个行为被认定为违规行为且信贷人员具有过错时，信贷人员才有承担相应责任的可能性，责任的承担以没有尽职为前提。因此，从该意义上来说，信贷人员的问责过程实际上是一个认定是否尽职的过程，尽职的认定对问责起着前置性和关键性的作用，而对尽职概念的研究，最为直接的目的就是为尽职的认定提供标准和依据。

对一个概念的界定可以有多种方法，无论采用哪种界定方法，其目的都是揭示此概念的本质与属性。概念所指向的对象具有唯一性，即某个概念所涵摄的对象是一类或者一群事物。一个概念的本质与属性，应是从该概念所涵摄对象的属性中抽象和概括出来的，抽象和概括出来的属性必须具有共性，即能普遍适用于该概念所涵摄的对象。概念的本质与属性，又可称为概念的内涵，对一个概念的内涵即其本质与属性的界定，可以采取"下定义"的方式，也可以采取"描述式"的方式。所谓"下定义"的方式，即指通过浓缩、凝练的语言将该概念的本质与属性一体揭示出来；所谓"描述式"的方式，是指将概念的本质与属性分裂为若干项，分别加以阐释。相对于"下定义"的方式，"描述式"的方式对概念本质和属性的揭示更为全面、具体。㊀

我们认为，"尽职"与一切职业所共同关心的一个概念"职业关注"或"职业谨慎"（due professional care）是相通或一致的。它虽是一个职业概念，但首先是一个法律概念。在长期的司法实践中，人们逐渐形成了较为一致的看法，即职业关注或职业谨慎的法律含义包括如下几个方面：①拥有与其提供的服务相适应的技能；②小心谨慎地运用其技能；③保证忠诚老实和公正。㊁这是从法律角度对职业关注概念的一般认识，它适用于任何职业，不同的职业对职业

㊀ 曹昌伟.侵权法上的违法性研究[M].北京：中国政法大学出版社，2017：25-26.

㊁ 洪红.注册会计师法律责任研究[D].南京：南京理工大学，2003：12.

关注或职业谨慎有不同的要求和解释。借鉴这一内涵，我们不妨尝试提出适用于商业银行信贷风险问责领域的"尽职"定义：

所谓尽职，是指信贷人员具备相应的专业胜任能力，以应有的职业谨慎恪守职业道德并履行岗位要求的注意义务，所应有的一种职业关注状态和行为。也可以概而言之为勤勉尽责。

其核心要义包括三个不可分割的部分。

1. 具备专业胜任能力

专业胜任能力是指相关从业人员在真实的工作环境下，可以完成其职责范围内的工作，并使之达到既定标准的能力，具体包括知识、技能及经验等。从实务出发，信贷人员要有专业胜任能力，首先应获取或掌握信贷业务的专业知识，而后有从事信贷业务的工作经验，最终才能从经验中做出一种理性的职业判断，据以判定客户的优劣，以尽可能避免出现信贷风险。可以说，专业胜任能力是信贷人员从事信贷工作的根本前提。对专业人士而言，不具备相应的专业胜任能力，本身就是一种过错。

我们认为，信贷人员是专业人士，是类职业专家，不同于一般社会大众，他们拥有专门的知识技能，有针对性地受过良好的职业训练和专门教育，从事的信贷工作是一种专业性很强的工作。正是由于他们是专业人士，所以他们在实施行为时，应当知道其行为是否存在不当，若是不知道，则他们有义务积极地去获取这些知识和技能，因为其不知道本身也构成一种过失。所以尽职的基本条件首先是具备专业胜任能力。

2. 谨慎履行注意义务

"注意"，在心理学上是指针对一定对象而使意识集中并始终保持紧张状态。由注意衍生出来的注意义务，系由 duty of care 翻译而来，原是英美法上的概念，本义是指"基于某种原因，行为人依据法律规范及社会日常生活的要求为一定行为或不为一定行为时，应当承担谨慎留心以避免给他人的人身或财产造成损害的责任"。这里的原因，具体到信贷领域，就是职业关系。在侵权行为法上可以归结为特殊的注意义务或职业注意义务。它具体包括信贷作业过程中必须遵守的各类作为义务或不作为义务，通俗地讲就是，要求你做的你必须做，禁止你做的坚决不能做。

在尽职或问责的情形下，我们之所以强调注意义务，是因为注意义务是搭建于行为人与违法性或过错之间的桥梁。没有注意义务，就不会违反注意义务，行为就没有违法性，便无所谓行为人的过错，自然也就谈不上问责。当然，注意义务来源广泛，但不管注意义务的根据是什么，一旦它在特定情形中能够约束行为人的行为，注意义务就成为该行为人的"法定"义务，就成为行为人采取行动时应当遵循的依据。行为人若未能履行该注意义务，就必须承担相应的责任。对信贷人员而言，国家相关的法律法规、银行内部的规章制度和流程办法，自然都构成他们应尽的注意义务。

在第 2 章中，我们把信贷人员定位于类职业专家。作为类职业专家，信贷人员不仅要对自己专业相关的业务事项履行特别注意义务（职业注意义务），还要对其他专业机构相关的业务事项履行普通注意义务（通常注意义务），若存在合理怀疑的地方，必须予以核实，否则就要承担相应的法律责任。也就是说，专业人士在自己的职业范围内要承担高于一般人的普通注意义务，而在非自己专业领域履行普通人的注意义务就可以了。

需要注意的是，信贷人员承担的注意义务，不仅包括国家和监管部门的法律、法令、规章制度所规定的注意义务，还包括行业及银行内部关于职业或业务的规章制度规定的注意义务。特别地，还包括可能没有明文规定的、人们习以为常的、自然遵守的操作惯例，即习惯、常理所要求的注意义务，这也是信贷人员必须了然的专业常识。因为从性质上讲，这些习惯和惯例所包含的注意义务同样是开展业务活动必不可少的客观注意义务，它对行为人所要求的心理紧张程度，如意识紧张程度，往往低于法律法规和规章制度明文规定的注意义务的要求，但由于它们早已约定俗成，且向来为从事信贷活动的人所遵从，因而无须明文规定，同样可以期待从事信贷的人员共同遵守。也就是说，一方面,不能因为有关法律法规和规章制度中并无明确规定而否定业务上注意义务的存在;另一方面,也不能仅仅因为行为人遵守了法律法规和规章制度中所规定的注意义务,即认为其已充分履行了全部注意义务,从而可免除行为人的一切责任。

这一相对更高的行为标准,应用在信贷领域的职业群体内部,就要求信贷人员做到熟悉并了解客户,包括客户所处的行业、经营方式、具体业务和内部控制制度等,对调查中发现的异常事项和不熟悉情况做出积极反应,并设法排除对重要信息所持的合理怀疑。对于需要依靠注册会计师、评估师或律师工作成果的部分,也要履行一个普通的谨慎之人的合理注意义务,若发现其存在不合理的地方或存在合理怀疑的地方,必须采取核查程序予以排除或确认。

可以说,应有的职业谨慎不仅要求信贷人员遵守信贷调查和评价的规定流程,更要求其充分运用专业能力,以合理怀疑的态度排除对信贷风险具有重要影响的风险事项,从而形成更加科学的判断。这一要求应是具有平均水平的信贷人员可以达到的,这也是信贷人员确保信贷资产安全的重要途径。

3. 恪守职业道德

在从事信贷业务时,信贷人员必须恪守职业道德,必须以维护银行信贷资产安全为旨归,客观评价企业,不为牟取私利而做出虚假陈述,更不能与企业合谋,故意以欺诈的方式帮助企业获取银行信用或其他融资。这也是学者们普遍认为信贷人员在履行义务过程中应善意地为公司最佳利益行事的内在要求[⊖]。

因为任何一种生活,都不可能没有道德的责任[⊖]。信贷人员在为银行工作的过程中,必须具有善意,且行为的出发点必须是维护银行的最佳利益。如果信贷人员明知其行为会给银行造成损失或损害银行的应有利益,并放任这种行为的发生,或者自身能力不足以胜任工作,但勉为其难而未能寻求其他协助手段,就不能说明其具有善意,从而不符合职业道德的要求。

⊖ DAVIES P L, WORIHINGTON S, MICHELER E. Gower and Davies' principles of modern company law[M].7th ed. London:Sweet & Maxwell,2003:381.

⊖ 西塞罗.西塞罗三论:老年·友谊·责任[M].徐奕春,译.北京:商务印书馆,1998:91.

可以说，恪守职业道德是信贷人员防范信贷风险最重要的防线，也是其专业胜任能力和应有的职业谨慎得以发挥的坚强保障。这一要求，蕴含于《民法典》中广泛存在的类似"公序良俗原则"的一般性条款。

一般而言，我们可以说，一名信贷人员具有本职岗位的专业能力，以勤勉的态度，认真履行各项工作流程和制度要求，甚至超越既有规范的基本要求，做到应查尽查，并充分利用自己的工作经验做出合理的专业判断，且在工作中不牟取私利，不隐瞒信息，不与企业合谋，就做到了"尽职"。此种情况下即使信贷资产出现风险、产生损失，也应对信贷人员予以免责。反之，若信贷人员不具备专业胜任能力，未做到应有的职业谨慎而违反注意义务，出现道德风险，则是"不尽职"，应予以问责。

3.2 注意义务的履行是尽职的判断核心

追究专业人士的法律责任，判断其"是否勤勉尽责是第一要求"[一]。对信贷人员而言，勤勉尽责的本质，就是谨慎履行注意义务。如上所述，专业胜任能力与职业道德的内涵和外延相对固定，容易理解。重点或难点在于对注意义务的谨慎履行上。

1. 义务与注意义务

义务是法律规范的基本粒子，也是法律规范得以运行和可操作的核心要件[二]。义务是与权利相对应的范畴，没有无义务的权利，也没有无权利的义务。权利与义务在社会生活与法学中处于核心地位。义务与责任也密不可分，责任以义务的违反为前提，义务的履行以责任为保障。有人认为，把民法典的责任概念全部归结起来就是督促一切公民和企业履行自己的义务，为保护自己和社

[一] 彭冰.中国证券法学[M].北京：高等教育出版社，2005：464.
[二] 李牧，楚挺征.我国法律义务定义观之检讨——以权利附带定义观为主线[J].南京社会科学，2011（7）：96.

会免遭可能避免的损失而积极合作。㊀信贷人员受雇于银行，享受相应的权利，作为对价，必须履行自己的义务。

从义务的实体内容看，义务可做多种解释，典型的有：

拘束说，认为义务是由法律所规定的应该实施一定的作为或不作为的法律拘束。

责任说，认为法律义务是指法律关系的主体应从事一定行为或不应从事一定行为的责任。

负担说，认为义务是适应权利主张而做出或抑制一定行为的负担或约束。

手段说，认为义务是为满足和保障权利主体活动利益而作为或不作为的一种约束手段。

尽管可以从不同角度对不同学说做出不同评价，但总体而言，所谓义务就是对自己行为的约束，其内容是与法律或社会规范予以制裁的行为相对应的行为，也就是要服从法律或社会规范。作为社会中的个体，我们每个人都负有某种义务。

而"注意"，在心理学上是指针对一定对象而使意识集中并始终保持紧张状态。《辞海》将其解释为人脑有选择地指向和集中于一定对象或活动的心理状态。将注意沿用到法律或行为学上，除了强调将意识集中于某种对象之外，还特别强调"小心谨慎"，即采取慎重的行为以远离导致危险发生的要素。因此，由"注意"衍生出来的"注意义务"，就赋予了特定行为人履行相关义务或行为人从事特定行为时的义务以独特的内涵，注意义务就成为一种"法律义务"，行为人违反了注意义务，就属于未尽职，一旦发生危害结果，就要承担相关责任。

在普通法系国家，注意义务被称为"侵权法领域的圣牛"，是英美侵权法领域中不可替代的核心概念，但并不仅仅是侵权法上的概念。大陆法系通过构筑注意义务，改变了侵权行为法的传统思维模式，即由"结果定位"发展为

㊀ 吕勃兴. 为人民利益服务的法律——德意志民主共和国民法典 [M]// 法学教材编辑部. 外国民法资料选编. 北京：法律出版社，1983：140. 转引自：王卫国. 过错责任原则：第三次勃兴 [M]. 北京：中国法制出版社，2000：153.

"行为定位",从而使大陆法系的侵权法体系产生了根本性变革,成为现代大陆法系侵权法的发展方向。特别是对于信贷活动而言,由于信贷风险的固有影响,任何人不管如何履行其注意义务,都不能保证万无一失,不出任何风险,因此在信贷人员对其行为的结果不能完全予以控制和支配的情形下,义务的履行具有某种不确定性,只能令其承担行为义务,而不能承担结果性义务。这也是对信贷人员问责应采用过错责任原则的逻辑。

《牛津法律大辞典》对过失侵权中注意义务的解释则是:一个人对他人造成损害后,只有法院认定被告在当时的情况下,对原告负有不为加害行为或不让加害行为发生的法律上的注意义务,而被告未加注意或未达到法律所要求的注意程度,或未采取法律所要求的防范措施而违反此种义务时,他才在法律上对受害人承担过失责任。如果当时不存在注意义务,由此发生的损害属于无侵权行为的损害,被告不承担法律责任。⊖

可见,注意义务的本义是指"行为人应采取合理的注意而避免给他人的人身或财产造成损害的义务"。注意义务理论最重要的方法论意义在于它突破了法定义务和契约义务的区分局限。普通法认为,如果原告与被告之间存在着特殊的关系,就会使被告对原告产生合理的注意义务,这类关系可以是职业关系、雇用关系,甚或合同关系。由于信贷人员的类职业专家特征,信贷人员履行的义务是因其具有专门知识和技能所产生的特殊的高度注意义务。

一般而言,对注意义务内容的理解,有结果预见义务说和结果回避义务说。但从实务角度看,认定责任的出发点,是已经发生了损失结果这一事实,在此基础上再来考虑应采取什么样的措施以及是否采取了相应的措施,以避免结果的发生。若没有采取相应的措施,则具有过错,应该承担相应责任。这里所谓的预见义务,就是指行为人根据事件发生时的具体情况所负有的应当预见自己的行为可能引起不利后果发生的义务;而回避义务则是指行为人所负有的避免因自己的行为导致不利后果发生的义务。预见义务和回避义务统一于注意

⊖ 沃克.牛津法律大辞典[M].北京社会与科技发展研究所,译.北京:光明日报出版社,1988:137.

义务之中，它们之间既有联系也有区别。预见义务是回避义务的前奏和先决条件，而回避义务则是预见义务的延伸，因为行为人若是未预见到结果发生的可能性，也就谈不上预防和避免结果发生的问题。

注意义务还有主客观之说。客观的注意义务是指，人们参与社会生活的各种活动，均应谨慎行事，以避免其行为发生危险，而对社会造成危害。行为人在为某种特定行为时，应依据客观情况保持相当之注意程度，即应负有注意义务。[1]若行为人不能正确履行注意义务，则具有客观的注意义务违反性。客观的注意义务的成立，必须基于客观的可预见性和预见义务，以及客观的结果回避可能性和结果回避义务。其要旨在于，仅凭发生了对法益的侵害这一点，尚不能充分判断行为具有违法性或行为人具有过错。为准确界定行为人所应担负的客观注意义务，有必要划定一个界域，即一个理性的人善意行事时，为避免出现危害结果，会采取什么必要的措施。只要行为人遵守这个限定，尽了应尽的注意义务，即使发生了不利后果，也不能算作"违法"，不应承担相关责任。而主观的注意义务，则属于责任范畴，判定行为是否具有主观的注意义务违反性，应依据行为人的个人情况做出认定，若行为人有精神障碍或年龄过小，无法正常履行主观注意义务，则其行为不具备主观的注意义务违反性，一般不应予以责罚。当然除了生理或心理缺陷外，行为人欠缺在特定情形下必须具备的知识、技能和经验等其他情形，也有可能排除其行为的主观注意义务违反性。但是对于特定职业或专家而言，不存在排除其主观注意义务违反性一说，因为不具备相应的专业胜任能力，本身就是一种过错。

就注意义务的根据或来源而言，一方面，注意义务是公民在社会生活中所应负担的一般义务，另一方面，不同的法律规范或契约规定了不同的特别注意义务。不同的行为人处于不同的社会关系之中，且多数身处不同的职业关系之中，除了在社会生活中应负担一般的注意义务之外，还要负担特殊的注意义务。对于信贷人员而言，注意义务至少来源于三个方面：一是国家和监管部门的法律、法令、规章制度所规定的注意义务；二是行业及银行内部关于职业或

---

[1] 周光权.注意义务研究[M].北京：中国政法大学出版社，1998：40.

业务的规章制度规定的注意义务;三是虽没有明文规定但人们习以为常、自然遵守的操作惯例,即习惯、常理、公序良俗所要求的注意义务。

2. 注意义务的履行

注意义务的履行,是注意义务问题的核心。注意义务的履行是指行为人按照法规和业务、道德和常识等所要求的注意义务而付出一定的意志努力,尽到对他人合理而充分的注意。注意义务得到恰当履行,行为人即为尽职。反之,若行为人虽已注意到自己的行为可能会侵害他人利益,但由于注意力不集中,注意对象不准确,注意范围不全面而给他人造成一定的不利益,则构成对注意义务的违反,行为人即未尽职。

广义而言,我们对注意义务的内容、根据等问题的关注,无非是希望行为人能够履行其注意义务,防止损害结果的发生,以维护社会生活秩序。若行为人能够履行注意义务却忽视了这种义务,进而造成严重的损害后果,即具有过错,不履行或不充分履行注意义务的既成事实即成为追究其相关责任的重要依据。因此,行为人是否有不履行或不充分履行注意义务的事实存在,是其过错责任是否成立的前提性判断,是判断其是否尽职的关键。

对于信贷人员而言,谨慎履行注意义务要求他们在信贷工作中勤勉尽责,要以积极的态度来面对自己的工作,要兢兢业业而不是消极懈怠。履行注意义务更多的是代表一种积极的作为义务和对自身身体力行的要求,强调信贷人员要花费足够多的时间和精力用于信贷活动,其工作表现应呈现出符合社会预期的专业知识、技能和经验。同时,信贷人员应当知道或查明的事实、应当得出的结论及应当采取的措施,是一个尽了勤勉职责的人应当知道或查明的、得出的或采取的。只有这样,信贷人员才算尽职。

当然,基于信贷固有的风险属性,即使信贷人员尽职,也不表明其经手的信贷业务一定不出风险。正如有人指出的那样,"每一个以学有所长的专业人士身份进行活动的人,都有义务在其专业活动中运用合理水平的注意和专业技能",但是"有关专业人士责任的法律并没有隐含一个保证条款,要求专业人士取得最理想的结果,它至多只是要求专业人员运用合理的注意和技能"⊖。

对注意义务是否被履行这一问题的判断,必须有一定的次序性。⊜

首先,有必要考察违反注意义务(不注意)的心理内涵。与注意强调意识的紧张和注意力的集中相反,"不注意"是指心理意识没有指向或集中到与主体有意义的特定客体,或者由于外界刺激的吸引而离开了原来的客体。在心理活动出现"不注意"的情况下,注意的功能和作用便得不到有效的发挥,个体就不可能对其活动的性质和未来结果产生清晰、完整的认识,就可能做出不切实际甚至错误的判断。在这种不注意的心理特征影响下,行为人必然无法保持意识的紧张或注意力的集中,对应该预见的危害结果无法以紧张和集中的意识加以预见,对已经预见的危害结果也无法以紧张和集中的意识加以避免。这正是不注意的完整内涵与心理本质。

其次,应当从宏观上把握注意义务的履行问题。行为人有注意义务,且有注意能力,并保持了谨慎注意,即履行了注意义务。行为人有注意义务,且有注意能力,但未加以注意,即违反了注意义务。违反此义务,造成危害后果,即可成立过失责任。因此,对注意义务的履行和违反注意义务的认定,必须以注意能力为中介,结合具体情况来考察。

注意能力作为行为人注意、充分履行其注意义务的前提,对于信贷人员而言具有重要的意义。一般而言,注意能力不仅是一种认识能力、一种保持和集中注意的能力,更是一种预见和避免能力。因为"注意"一词的含义,不仅包括内部的注意,即人脑有选择地指向和集中于一定对象,而且包括外部的注意,即在内部注意的基础上为一定行为或不为一定行为,以避免危害结果的发生。相应地,注意能力的内涵不仅包括内部的注意能力,即认识、预见危害结果可能发生的能力,还应包括外部的注意能力,即在认识、预见到危害结果可能发生的基础上,采取措施以避免损害结果发生的能力。注意能力就是这种认

⊖ JACKSON R M, POWELL J L. Professional negligence[M]. 4th ed. London: Sweet & Maxwell,1996.
⊜ 该部分内容主要参考或引自:周光权.注意义务研究[M].北京:中国政法大学出版社,1998:93-117.

识能力和预见及避免能力的统一。

信贷人员要想避免发生贷款损失，就必须具备对不利后果的预见能力，且能采取充分必要的措施，只有这样才有履行注意义务的可能。"应当预见"和"应当避免"不但是注意义务，更是对注意能力的要求。行为人负有注意义务且有注意能力，即应履行注意义务。因此，信贷人员注意能力的判断标准，对于界定其是否恰当地履行了注意义务尤为重要。

作为一种职业活动，信贷业务中的注意能力要求，显然与普通社会生活中一般的注意能力要求有着天壤之别，判断注意能力之有无或高低亦应奉行不同的标准。

就普通社会生活中的注意能力而言，通常存在个人标准说（主观说）、平均人标准说（客观说），以及主客观结合说（折中说）。主观说以行为人本人的注意能力作为确定是否违反注意义务的过失标准。客观说主张以社会一般人或平均人的注意能力为标准，确定某一具体人违反注意义务的过失责任，如行为人未能发挥其作为一般人所应具有的注意能力，并由此造成不利后果，就应承担过失责任。折中说则把具有相当情况的某些人的注意能力加以抽象化，作为一种类型标准，来分别确定不同类型人的注意能力。例如，从事交通运输的人员，应当具有相同的保障交通运输安全的注意能力；从事信贷工作的人员，应当具有相同的保障信贷资产安全的注意能力。

不管采取哪种学说，行为人个人的注意能力绝不是抽象的，必须在行为当时的时间、空间背景下，结合客观具体情况去考察行为人"此时""此地""此景"的注意能力。为此，不但要分析行为人本身的情况，如业务水平、实践经验、专业知识等，还要分析行为时的客观条件，如行为的时间、地点、环境，当时的政策，行为对象等，只有进行综合评价，才不致得出偏颇的结论。

就信贷业务而言，信贷人员则需要具备特殊注意能力。相对于社会一般成员基于日常社会生活的实践而普遍具有的普通注意能力而言，由于信贷人员是职业人士、类职业专家，具有专门的知识、经验，受过专门训练且从事的是风险性业务，因此，其担负的是特殊的注意义务，相应地要求其必须具备特殊的注意能力。信贷人员是否具备这种特殊注意能力，是评价其能否恰当履行注意义务的重要条件。具有这种特殊注意能力，是信贷人员能够从事信贷这项专门业务、能够对其业务行为的风险性保持必要注意、实现预见或避免风险的前提，也是信贷人员从事信贷业务、经营管理风险所必须具备的资格。也可以反过来说，只要是从事信贷这项专门业务的人员，我们就可推定他具备特殊的注意能力。

当然，我们必须承认，在实际的信贷业务实践中，信贷人员的业务能力参差不齐，注意能力也存在差异。绝大多数信贷人员具有与业务活动所要求的特殊注意能力相当的业务注意能力，有一部分信贷人员的注意能力可能还优于业务活动所要求的特殊注意能力。但是，也有一部分信贷人员的注意能力，达不到业务活动所要求的特殊注意能力水平，这种现象的出现可能是信贷人员业务不精或钻研不够，或者是理解力、领悟力有限所致，他们之所以也成了信贷人员，很大程度是因为银行的准入门槛与资格认证标准不高。

但是，这部分特殊注意能力低下的"不合格"者，在实践中往往并不会得到特殊"关照"，尤其是在出现业务风险或损失的时候。因为在大多数情况下正是由于他们特殊注意能力的低下，造成了业务风险或损失，而这也正是应当谴责或追究责任的情形。在法学理论上，有三种理论可用来处理该种情形，它们完全适用于评价信贷人员对注意义务的违反。

一是"超越承担过失"，具体是指因超越个人注意能力而从事明知自己不能胜任的事务，导致损害发生或出现严重不良后果时所形成的过失。依据"超越承担过失"理论，虽然行为人引发危害结果确因特殊注意能力不够（如心智上的缺陷或受教育训练不足），欠缺从事某种特定业务活动所必需的知识和技能，但行为人在明知自己的主观能力不足以胜任该项工作时，仍冒险承担超越其个人能力的事务，自应负过失责任。正如前文述及尽职的定义时指出的那样，对于专业人士而言，不具备相应的专业胜任能力，本身就是一种过错。

二是"无知犯罪"。如果从业人员注意能力低下，不足以胜任其业务工作的要求，但他仍冒险从业，以致发生危害后果，则应当成立过失，只是这种过失既不是疏忽大意的过失，也不是过于自信的过失，而是与它们并列的一种特殊过失形式。"无知犯罪"之所以成立，是因为"人虽然没有认识到自己的行为具有社会危害性，但他有认识这种危害性的可能性，有义务放弃实施，并有可能认清自己还未具备从事活动的条件"[①]。

　　三是"推定注意能力"。这种理论主张，若不具备特殊注意能力的人在业务活动中造成危害结果的，应当推定行为人具备相应的特殊注意能力，从而确定行为人应当承担过失责任的主观依据。在这个意义上，违反不可能遵守的业务上注意义务的行为人，同样也可能承担过失责任。

　　以上三种理论，其主张名义不同，但实质无异，都在强调一点，即把普通注意能力评判标准的主观说，绝对贯彻到对特殊注意能力的认定中是不可行的。某些不具备业务活动所要求的注意能力的行为人在业务中造成不应有的损害，应从法律上肯定其有注意能力，从而追究其过失责任。

　　对信贷人员注意义务的履行而言，以上三种理论都是适用的。因为从事信贷业务必须事前得到某种许可，信贷业务行为的"合法化"也仅适用于那些具备特殊注意能力的人员。信贷人员一旦开始实施业务行为，就已做出了谨慎行事、恪尽职守、勤勉尽责的承诺，便已负有保护信贷资产安全的注意义务。而那些缺乏业务能力的信贷人员，一旦实施了业务行为，就具有了注意义务的违反性。尽管信贷人员在从事信贷业务活动中确实尽了自己的最大能力，似无"不注意"可言，但由于他从事信贷业务活动的行为本身，已经是违反业务上注意义务的行为，并且主观上他本可以做出不从事信贷业务活动的选择，因此他必须对自己的轻率决定所造成的一切后果负责。

3.3　理性人与谨慎人标准

　　注意义务如何履行才算尽职，其判断标准如何界定是一个极其复杂的问

[①] 戈列利克, 等. 在科技革命条件下如何打击犯罪 [M]. 王长青, 等译. 北京: 群众出版社, 1984: 105. 转引自: 周光权. 注意义务研究 [M]. 北京: 中国政法大学出版社, 1998: 117.

题。若标准过高，信贷人员无论如何努力也达不到，不仅会给信贷人员带来不能承受的责任，甚至可能使信贷人员放弃勤勉的努力或选择退出，伤及银行业的存续和发展。若标准过低，其危害性更加显而易见，不但会助长信贷人员的懈怠之风，更会危及银行信贷资产的安全，危及银行业的健康发展。只有恰当地界定信贷人员的尽职或谨慎履行注意义务的判断标准，才能明确信贷人员的行为边界、弥补银行规章制度的漏洞、合理界定信贷人员的责任，避免信贷人员的不当行为给银行带来损害，同时合理分配银行和信贷人员之间的风险与责任。

我们在定义尽职时说过，信贷人员应谨慎履行注意义务，似乎谨慎就是标准。只有信贷人员保持了应有的职业谨慎态度去履行注意义务，才不构成过错，从而无须承担责任。这里的职业谨慎就是指相关从业人员在从事信贷业务时应具备专业能力，努力勤勉地工作，维护正常的银企关系和双方利益，具备一丝不苟的工作责任感并保持应有的慎重态度。

但具体如何判断信贷人员是否做到了应有的职业谨慎，仍然具有天然的模糊性。客观上应该基于前文述及的特殊注意能力，但具备特殊注意能力，仅是信贷人员能够谨慎履行注意义务的前提。那么判断信贷人员是否谨慎履行了注意义务的标准应该是什么呢？答案可以从侵权法的合理人标准中去寻找。

在侵权法上，所谓合理人，一般而言，是一种抽象的人类行为标准，而不是一个真实的个人。合理人消除了个体性因素并具有独立性，在生理上完全没有人类的弱点。法律创造出这样一个模型，绝非想塑造出一个圣人，作为榜样让大家模仿，而是为了在当事人做一件事之前给当事人提供一个参照，提供一个客观和外在的行为准则。这种准则不是针对某个特定主体的评判，而是对所有的主体一视同仁。合理人有时也被视为一个具有通常注意的合理人，或者一个具有平均程度的注意的人。同时，合理人也是一种理想，一种标准，合理人总是替别人着想，谨慎是他的向导，安全第一是他的生活准则。㊀与普通人相比，合理人作为一种法律技术手段与拟制的行为参照，其标准包含了行为指引

㊀ 苏艳英.侵权法上的作为义务研究[M].北京：人民出版社，2013：158-159.

规范，也就是合理注意的法律规范。

当然，这种遵循中庸之道，对所有人进行平均的合理人理论，主要针对一般人在一般情况下的行为，所谓"通常注意"或"普通合理人"。但司法实践中，会对其进行微调，参照那些与责任人同类性质、同类资质、同种能力和处于同样境况中的人的合理的行为标准。对于信贷人员这类专业人员，应适用专业人士的合理人行为标准，要求他们承担比普通人更严格的注意义务，也就是说信贷人员的注意义务一般会被描述为，必须符合本职业中一个合格的普通专业人员在相同或类似条件下应采取的谨慎行为。显然，专业人士的合理人标准高于普通的合理人标准。相比"通常注意"，需要增加注意和细心的程度。也就是说，专家与常人相比，在其专业领域负有更高标准的义务，但在同一专家群体内部，则适用普通的合理人原则，专家只要尽到所属群体内部的合理注意义务就可以了。如果信贷人员的行为达到了这个标准，就算尽到了勤勉的注意义务，也就是说，以其应有的职业谨慎履行了其注意义务，否则就属于未尽职的行为。

具体而言，合理人标准有两个，一个是"理性人"标准，一个是"谨慎人"标准。

所谓"理性人"，是指在19世纪上半叶，英国侵权法创立的一个具有普通的谨慎注意义务的"拟制平均人"的概念。通过将被告的行为与一个理性之人在相同情况下可能会做到的事加以比较，来衡量行为人的行为是否恰当以及行为人是否违反相关义务。作为法律虚拟出来的标准化的人，"理性人"最初仅指社会中具有一般理智的人，以普通公众的认识水平和条件为参照。这样的标准是不考虑个人特性的，它是根据所有人的共性而确立的一个标准。但随着具有某些职业技能的人或行业在社会中起到越来越大的作用，如何判定行为人是否已经尽到了应有的注意义务变得越来越重要。"理性人"标准不再仅仅是参照社会普通公众的一般水平，而是参照同一行业中具备类似技能的人所应具有的水平。之所以采取"理性人"标准，就是因为在信息瞬息万变、可能需要随时做出决策的情况下，没有更好的办法来明确该项义务，除了将此项义务描述

为一个理性之人在类似情形下应尽的义务。○

所以，将之应用于信贷领域同样如此，每一个信贷人员在履行自身义务时，必须像其他信贷人员在当时的情形下可能做的那样去履行相关义务，才算尽职。"理性人"标准以同业成员作为基本的参照，将信贷人员的勤勉注意义务限定在一个合理的范围内，而不是以行为的结果作为衡量标准。其最终的落脚点往往是细致的规章制度和业务规则，只要信贷人员的执业行为未按照业务规则进行，一般就认为其违反了"理性人"标准。

所谓"谨慎人"标准，是指在19世纪上半叶，美国相关信托投资业务的法案确立的一个标准，即谨慎人对待自己利益的注意标准。《美国信托法重述（第2版）》第174条中规定，客观的谨慎标准要求受托人"运用一个普通谨慎的人管理自己的财产所用的小心和技能，为受益人管理信托财产"○，后在其他领域得到广泛应用。"谨慎人"标准即"一个谨慎的人在管理自己的财产时所达到的标准"，被誉为"在银河中新发现的一颗耀眼的星辰"○。

不同于"理性人"标准的参照物是拟制的"第三人"，"谨慎人"标准的参照物是自己，如果行为人具备高于一般谨慎的人处理自己事务的注意和技能，且未尽此注意，就应该承担相关责任。而"理性人"标准自始至终都是要求行为人按照一个普通理性的人处于类似情形下的行为标准行事，即在同样的或同种情况下，人们通常所达到的注意程度。从中可以看出，从规则产生之日开始，二者的注意程度就完全不一样。源于信托制度的"谨慎人"标准或规则，要求受托人要足够忠诚、勤勉和诚信，在道德层面上有着极高的要求。而"理性人"标准或规则源于普通民事行为，即使后来将"理性人"标准运用到其他领域，要求"理性人"必须具备该类行业的水准，二者对行为人的要求也不可同日而语。更进一步来说，即便是"谨慎人"与"理性人"在技能、道德、勤

○ 龙稳全. 投资银行勤勉义务研究 [M]. 北京：法律出版社，2019：101.
○ 转引自：龙稳全. 投资银行勤勉义务研究 [M]. 法律出版社，2019：72.
○ SHATTUCK M A. The Development of the Prudent Man Rule for Fiduciary Investment in the United States in the Twentieth Century[J]. Ohio State Law Journal, 1951(12):508. 转引自：龙稳全. 投资银行勤勉义务研究 [M]. 北京：法律出版社，2019：113.

勉上已无差异，但"谨慎人"标准参照的情景是"管理自己的财产"，而"理性人"标准参照的情景是"拟制的人在类似情况下"，这意味着"谨慎人"在从事业务的过程中，不再追求自己或他人的利益，而是将他人的利益视为自己的利益并依此行事，毕竟"没有谁能够比自己更加爱惜自己"。因此，二者之间存在显著的差异。"谨慎人"标准下所要求的勤勉程度应是最为严格的道德要求，也是一种最高的勤勉程度标准㊀。因此，"谨慎人"标准在理念上对拟保护利益的保护更为严格、更为彻底。

回到信贷领域，要让信贷人员对贷款的态度做到像是拿自己的资金去放贷一样，现实中确实做不到。职业赋予了信贷人员广泛的注意义务，但确实不能够保证信贷人员的实际工作完全不出差错。即使在外部监管严峻、内部控制制度较为完善的银行内，因信贷人员的违规操作而导致信贷风险发生的事件也经常发生。但不可否认的是，赋予信贷人员应谨慎履行相关注意义务将极大地增强其生产信息的准确性，降低其实施机会主义行为的可能性，而且法理上要求其应成为一个"谨慎人"，比起成为一个"理性人"，显得更符合其职业身份定位，更能彰显其职业的存在价值。但同时，"法律没有办法可以强迫一个人做到他力所能及的优良程度"㊁，并且"理性人"在实际应用中采纳的是"职业理性人"标准，因此对信贷人员而言，判断其能否谨慎履行注意义务，"理性人"标准较为现实和恰当。

实务中，信贷人员是否尽职的判断标准要如何界定确实是一个复杂的问题。正如前文所言，标准定得过高或过低，都不利于银行业的生存与发展。但银行作为一个具有巨大外部性且以安全性为第一要务的机构，针对信贷人员制定或确立的尽职判断标准，绝不能宽泛到谁都可以随意宣称自己已经勤勉谨慎地履行了应尽的注意义务，否则该标准便失去了存在的意义。

当然，对于如何判断行为人是否恰当履行了勤勉注意义务，法律实践过程中分别衍生出了"理性人"标准和"谨慎人"标准，二者高度抽象的判断

㊀ 龙稳全. 投资银行勤勉义务研究 [M]. 北京：法律出版社，2019：114.
㊁ 富勒. 法律的道德性 [M]. 郑戈，译. 北京：商务印书馆，2005：7.

基准特征也赋予了实际应用时的弹性价值，二者在实际应用时都朝着更为明确具体的方向演进。诚如美国最高法院大法官霍姆斯所言，"如被告应尽到普通谨慎人在类似情况下应尽的注意这种缺乏个性的一般化概念，应当逐步让位于具体情形，其所应当达到的标准应是具体的作为或者不作为标准"㊀。因此，在肯定抽象性标准作用的同时，也应制定具体的规则以不断完善具体的履职判断标准。

3.4 合理调查与合理信赖

"理性人"标准还是太过抽象，在实际应用时应该从其核心构成要素入手。那么，"理性人"标准的核心构成要素是哪些呢？结合信贷实践，并借鉴国内外投资银行勤勉义务的判断标准，信贷人员的"理性人"标准主要包括合理调查与合理信赖两个具体标准。

在第 2 章中，我们曾经指出，银行作业模式具有固有的、不可克服的风险或然性。与投资银行对企业股权投资的详细尽调相比，基于成本效益原则，商业银行在制度设计上就没有为企业进行尽职调查预留充足的时间。在此背景下，要做到谨慎履行注意义务，只能是"合理调查"与"合理信赖"。

对于合理调查与合理依赖，我们可以从《美国 1933 年证券法》第 11 条中得到可资借鉴的启示。根据其规定，若信息的虚假陈述或遗漏出现在登记声明中根据专家（除他本人以外）意见和官方意见编制的任何部分，即所谓专家部分，此时适用相对于合理调查要求较低的合理信赖标准；若信息的虚假陈述或遗漏出现在登记声明中不是根据官方和专家意见编制的任何部分，即所谓非专家部分，则应适用更高要求的合理调查标准。㊁因此，对专家意见和官方意见

㊀ HOLMES O W. The Common Law[M]. Charleston: CreateSpace Independent Publishing Platform, 2014: 89.

㊁ SJOSTROM W K, Jr. The Due Diligence Defense under Section 11 of the Securities Act of 1933[J]. Brandeis Law Journal, 2006(44):17.

适用的是合理信赖标准，对非专家意见采用的是合理调查标准。而且一般情况下，合理信赖标准只适用于经审计的财务报表的虚假陈述或遗漏，如果虚假陈述或遗漏出现在招股说明书的其他地方，则应适用于更严格的合理调查标准。⊖

所谓合理调查，是一种积极义务，不是有限调查，仅仅依赖客户提供的资料而进行的有限调查不能说明其已经尽到了谨慎注意义务，相反，它应该被认为还需要付出更多的努力。为了使信贷人员的客户调查对银行具有价值，信贷人员必须做出一些合理的尝试并予以证实后，才能将企业信息提交给流程的后手，而不能仅仅满足于对客户信息进行简单的加工。尽职调查的本质就是了解客户的业务模式及其所面临的风险，然后找出相关事实并对其进行判断，从而对企业信用做出准确的评估。在某种意义上，信贷人员应该站在客户的对立面，采取一种相反的姿态。当然也不能期望信贷人员如同客户自己一样熟悉公司的信息，但是基于维护信贷资产安全的目的，信贷人员仍然被期望对公司的陈述或提供的资料所做的调查与核实体现出更高程度的注意，默认企业提供的资料具有真实性是不可接受的，信贷人员必须唱反调。当然，如果与客户相关的信息仅仅掌握在客户手里（比如资金投向的预期用途，除了企业管理层之外可能根本不可验证），而且不能通过第三方进行合理的交叉验证，那么这种默认就不是不合理的。我们不能期望信贷人员能够了解客户所知道的一切，他们仅仅需要合理的验证以及相信他们提供给流程后手的信息的准确性。

调查的本意应该是系统地关注细节和关系，这意味着完全而彻底地查找，主动地查问，对客户所有的底层数据进行核实和验证。显然，如此作为不是银行能够承受之重或者不为时间所允许。对其加以限定就是"合理"，合理调查要求信贷人员采取规范流程、始终以职业谨慎核实数据，在可疑事项出现时采取恰当手段积极求证，直到内心确信。但合理调查也仅意味着合理控制客户信息错报与漏报的风险，因为信贷人员不可能发现客户信息中的所有错误，而且受制于成本效益的约束，我们不能指望信贷人员为了一个极小概率的事件而把

⊖ SJOSTROM W K, Jr. The Due Diligence Defense under Section 11 of the Securities Act of 1933[J]. Brandeis Law Journal, 2006(44):19.

尽调工作做到极致。所以还是要回归到理性人的标准上来，也就是说，判断是否构成合理调查，其标准就是像同业中其他人一样，在同等条件和情况下，采取类似的平均水平的行为即可。具体而言，合理调查包括独立调查与交叉验证。一线的信贷人员对客户信息具有可及性，可以接触到客户内部信息，基于银行作业模式的约束，他们无须独立核实验证客户所有的底层数据，但至少应调查公司业务与财务状况等核心材料，对重要事项进行重点核查，包括但不限于销售收入、资产状态、负债状况、现金流量、重要合同等，且需要通过实地调查与访谈等方式对员工、主要债权人、主要供货商以及主要客户进行外围调查，通过一手数据或外部信源交叉验证客户提供的信息的真实性。

如某信贷人员在做尽调时，对客户销售收入存疑，随后采取了一系列的措施去独立调查并交叉验证：通过工商信息网站查询客户的工商信息及主要财务数据；询问审计师的函证情况并进行了实地走访，确认销售行为的真实性及合同金额的准确性；根据企业提供的销售明细表检查销售合同，确认收入的准确性；针对合同约定的产品价格对企业管理层进行访谈，了解企业对不同产品的定价策略；获取企业关联方名单，核查公司与客户是否存在关联关系；查询客户银行流水、确认销售回款对应的付款方名称与客户名称的一致性；对部分重要客户进行电话访谈，了解客户采购产品的用途与合理性。这些调查与验证收入真实性的措施非常到位，如果信贷人员做到了这些就非常尽职了。再如某信贷人员在做尽调时发现客户提供的10份建造合同中有6份逾期未交付，但未进一步问询或调查，仅仅凭借客户管理层的口头保证做出尽调结论，最终因客户经营效益不及预期而影响了贷款的偿还，在这种情况下，该信贷人员就未做到勤勉尽责，没有尽职。

所谓合理信赖标准，主要适用于存在专家意见或官方意见的情形，如无特殊情形，一般应予信赖。特殊情形的存在，就是对无条件信赖的修正，也避免了信贷人员陷入无休止的尽职调查之中。可见，合理信赖的本质是一种消极信赖，在没有重大异常情况时可以消极信赖专业人士的工作结果。根据社会分工，某些职业认证的存在自然有其价值，信贷人员对其有基本的信赖至关重要,如注册会计师、资产评估师、律师等。合理调查的本意也并不要求信贷人员对此类专家的工作成果的真实性和完整性进行独立的核查,除了有特殊情形发生或出现,即信贷人员发现有"红旗警报"(red flag)、舞弊红旗(fraud red flag)、舞弊风险因素(fraud risk factors)或警讯(warning signal)。这些特殊情形是指企业的经营环境中可能存在故意错报的高风险征兆,"红旗"标志在一般审计业务中的作用是增加独立审计师对企业经营者是否存在舞弊动机的职业关注,提高其对舞弊财务报告风险领域的警觉。舞弊红旗的存在并不表明舞弊一定发生,但可以指引值得关注的重点领域。⊖信贷人员通常可以信赖审计报告(这也是商业银行授信管理制度通常要求企业提供经注册会计师审计后的财务报告的原因),但这种信赖不是盲目的,当有明显迹象显示审计报告存在问题时,单纯信赖审计报告则不能满足尽职要求。如果信贷人员在做尽调时,依据经审计后的财务报告中的数据,测算出客户的费用收入率、收入获现率、贷款付息率等与同行业相似规模的竞争对手相关指标存在显著差异,那么,这一现象就构成"红旗警报",如不进一步开展合理调查并达到确信的程度,就存在失职行为。通过确立"合理信赖"与"红旗警报"规则,还可以避免合理信赖标准的绝对化,防止信贷人员在一些特殊情况下出现道德风险。因此,红旗警报让信贷人员不再理所当然地信赖专家意见,当与专家意见相关的部分存在红旗警报时,"红旗警报"便触发了调查义务。此时,对于专家意见的信赖不能使信贷人员免责。对官方意见的合理信赖标准与此类似。

除此之外,实务中还存在一种合理信赖的情形。美国 SEC(美国证券交易委员会)在 1978 年制定了 175 规则——"发行人对某些特定陈述的责任",根据该规定,投资银行对披露文件中的收入、盈利、管理层分析与讨论等预测性及展望性陈述可以合理信赖。随后从判例上正式确认了投资银行对预测信息不需要承担尽职调查责任。该规则实际上为发行人或投资银行对公司经营状况的预测设立了一个"安全港",发行人或投资银行等所做的预测及展望性陈述,除非能被证明缺乏合理基础或属于恶意披露,一般不应当被认定为具有欺

⊖ 崔宏. 财务报表阅读与信贷分析实务 [M].2 版. 北京:机械工业出版社,2021:168.

诈性质。由此，投资银行对预测性信息实际上使用的是合理信赖标准⊖。借鉴此规则，信贷人员在执业过程中，对于企业所做的项目前景预测、未来经营展望等，若没有确切的逻辑错误或背离常识，一般应予合理信赖，即使后续证明偏差较大，也不应当认为信贷人员没有尽职。

"合理调查"与"合理信赖"，就如同"理性人"和"谨慎人"一样，具有一定的抽象性。在实务中，特别是在信贷人员的责任认定过程中，必须结合具体情况具体分析，特别是结合信贷人员对具体注意义务的履行情况来评价。例如判断信贷人员的尽职标准时，需要考虑客户性质（国有与民营）、业务品种（不同产品的风险不同、银行承担的责任不同）等，一事一议，量体裁衣，否则该标准仅具备指导意义，而欠缺操作价值。但不管如何，尽职的底线是对客户信息保持必要怀疑；对可资借鉴、依靠的专家意见或官方意见，予以合理或消极信赖，除非有相反证据提示存在信息不实的重大风险；对其他部分的内容则要保持积极行动状态，集中精力，通过合理调查，达到内心确信。

⊖ 龙稳全. 投资银行勤勉义务研究 [M]. 北京：法律出版社，2019：88.

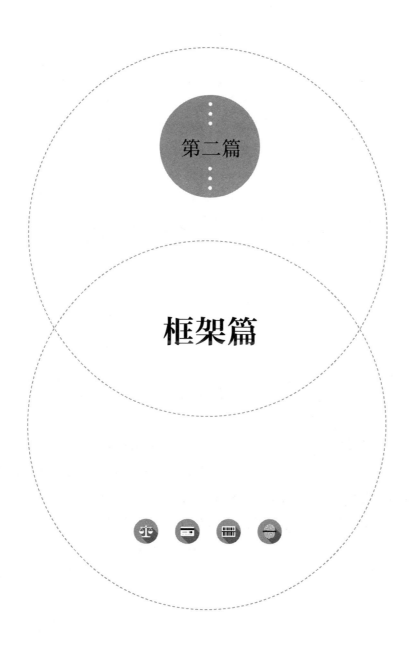

第二篇

框架篇

第 4 章

归责原则与责任构成要件

我们研究信贷风险问责,其实包括两个次生问题,一是判断信贷人员是否存在可责性,二是若存在可责性,信贷人员应承担什么责任。前者即归责,后者即责任。可以说,责任是归责的结果,但归责并不必然导致责任的产生。责任的成立与否,取决于行为人的行为及其后果是否符合责任构成要件,而归责只是为责任是否成立寻求根据,并不以责任的成立为最终目的。

在法律上,归责的含义是:行为人因其行为和物件致他人损害的事实发生以后,应依何种根据使其负责,此种根据体现了法律的价值判断,即法律应当以行为人的过错还是以发生的损害结果为价值判断标准,抑或以公平考虑等作为价值判断标准,而使行为人承担侵权责任⊖。由于考虑因素众多,归责是一个复杂的责任判断过程。其根本含义是确定责任的归属,就是将不当行为造成的

⊖ 王利明.侵权行为法归责原则研究 [M].2 版.北京:中国政法大学出版社,2004:16-17.

损害后果归于对此损害后果负有责任的人，它是针对不当行为所引起的相关责任进行判断、确认、追究和免除的活动。[一]其核心是标准问题，即应依据何种标准决定何人对不当行为的结果承担责任。

因此，适当的归责原则在信贷人员是否尽职的认定过程中显得极为重要。试问，若出现了信贷风险或贷款损失，信贷人员就需要承担相应责任，而对于其是否谨慎履行了注意义务，是否勤勉地履行了职责在所不问，那么，有谁还会去努力提升工作的质量？

4.1 归责原则的概念与意义

1. 归责原则的概念与体系

侵权法的逻辑起点是"所有者自负其责"。而侵权责任的认定、归结、承担是要将权利人受到的损害转由应对此负责之他人承担，这是对权利人自担损害原则的突破，因此这种突破必须具有正当的、特别的理由。此种"特别的理由"就是归责事由，即请求、责令某人承担责任的根据和理由。归责事由可能有多种，但要求其承担责任时应遵守的一般性规则就是所谓的可归责性。所以，要让他人来承担责任，就必须以可归责性为基础。我国法学界一般将可归责性表述为归责原则。

所谓归责原则，纯粹是一个学理概念。"损害赔偿法旨在规定于何种要件，被害人就何种损害得向加害人请求赔偿。不论其请求权基础为何，损害赔偿责任的成立，均须有得将损害归由加害人负责的理由，学说上称为归责原则"[二]。

借鉴侵权行为法的理论，要想认定信贷人员的责任，对其问责，首先要确立归责原则。根据归责原则的定义，归责原则实际上是归责的规则，是判断信贷人员能否被问责的根据和标准，是信贷人员应该承担相关责任的基础。具体

[一] 张文显.法理学[M].3版.北京：高等教育出版社，2007：173.

[二] LARENZ K. Die Prinzipien der Schadenszurechnung[M]. Ihr Zusammenspiel im modernen Schuldrecht, 1965: 373. 转引自王泽鉴.损害赔偿[M].北京：北京大学出版社，2017：41.

来说是对于各种具体项目的信贷风险（或不良资产）的可归责事由（责任基础）进行的一般性抽象，从而得出同类不尽职行为共同的责任基础。确立了归责原则，就能对应地确立整个"勤勉尽责"的基本架构。

归责原则能够解决最终责任依据问题，也就是法律价值判断上"最后界点"或责任的根本要素问题，所以归责原则决定了责任的构成要件、举证责任的负担、免责条件、损害赔偿的原则和方法、减轻责任的根据等，能起到定海神针的作用，实乃牵一发而动全身。

简单回顾一下归责原则的历史，我们就会发现，归责原则经历了从人类社会早期的同态复仇到结果责任原则、从结果责任原则到过错责任原则、再到过错责任原则与危险责任原则的并轨制等主要阶段。而我国法上的归责原则，存在多种不同的观点，主要有一元说（过错责任原则）、二元说（过错责任原则与无过错责任原则）、三元说（过错责任原则、过错推定责任原则和无过错责任原则）、四元说（过错责任原则、过错推定责任原则、严格责任原则、公平责任原则），甚至更多的 N 元说。

2. 归责原则的属性与意义

首先，归责原则解决责任的归属问题，是信贷风险问责领域的核心规则和灵魂，是确定信贷人员具体责任的根本标准。

信贷风险的问责，涉及全部侵权责任法的内容，其实就是要解决侵权行为的责任承担问题。信贷风险问责基本围绕责任来确定，而归责原则又是责任的核心问题，故整个信贷风险问责的规则奠定在归责原则之上。确定合理的归责原则，建立统一的归责原则体系，实际上就是构建信贷风险问责的内容和体系。因为归责原则是在当事人之间进行损害分配时所要遵循的准则，不管是过错责任，还是无过错责任，都体现了法所追求的矫正正义或分配正义的理念。

其次，归责原则概括了信贷风险归责的核心基础，同时也是归责的共同基础。比如过错责任原则是以过错作为归责的核心基础；危险责任原则是以特别的风险作为归责的核心基础。同时，既然称之为原则，也就意味着其适用的范围比较广泛，对信贷风险问责具有统合的作用，实际上它是从信贷风险问责实践中抽取其共同的基础而形成的。

再次，归责原则影响了信贷人员责任的构成要件以及举证责任的负担，确定了不同的免责事由。

在各种归责原则下，损害和因果关系是基本的构成要件。过错作为过错责任的构成要件，在无过错责任中由法律直接推定，无须受害人对加害人的过错进行举证；在公平责任下，过错不被考虑。同时，不同的归责原则有不同的免责事由。过错责任的免责事由最为宽泛，信贷人员可以从多个角度证明自己具有不承担责任或减轻责任的情节或情形，相应的抗辩事有很多，本书第 10 章就列举了近 20 种。

最后，归责原则会随着社会生活的发展不断变化，从而体现出时代的主流价值观。

经过不同的历史时期，核心的归责原则不断变化，最终走向了责任的多轨制。

3. 归责原则与归责事由体系

严格而言，侵权法或民法的归责原则，包括信贷人员问责，是一种一般性原则。既然称为原则，它就应该是单一的，否则难以谓之"一般"。之所以存在以上提到的不同归责学说，主要是由于众多学者采纳了这样的观点——归责原则就是归责事由。或者说，所谓的归责原则，是通过将具体侵权案件的可归责事由进行一般性抽象，抽象出同类侵权行为共同的归责事由而形成的。如过错责任的归责事由是过错，无过错责任的归责事由是非过错的其他各种事由，而过错或其他事由则是从同类侵权行为归责事由中抽象出来的一般性归责事由，此种一般性归责事由即为归责原则[⊖]。

可见以上所言及的多元化或多轨制归责原则，是对同类侵权行为，而不是全部的侵权行为而言的。若针对整个侵权责任法或全部侵权行为，则上述抽象出来的一般性原则还不够抽象，还不够一般，还不够根本。从终极一般性

⊖ 张新宝. 侵权责任法原理 [M]. 北京：中国人民大学出版社，2005：25.

归责事由来看，如认为归责原则是基于一定的归责事由确定某人是否承担责任时应遵守的一般性规则，也就是在一定的法律事实状态下确定责任归属的通常规则，就应该适用于全部侵权行为，而不是部分。在此意义上，应该说，侵权法的基本原则和唯一原则是公平原则。公平原则作为侵权责任归责的一般性规则，不仅影响着归责事由的种类、内容，归责过程中归责事由的选取等，而且也是各种归责事由的"统帅"和统一的基础。㊀在归责依据已经多元化的现代侵权法中，过错、危险、利益衡平等都不具有法律原则的地位，正如专家所言，"如果要说在侵权行为法上有什么归责原则的话，那么公平原则是其唯一的归责原则，而过错、危险、利益衡平都不过是在公平原则指导下确定的符合公平原则要求的归责依据"㊁。

但是任何事物都是对立统一的。太过抽象和一般的原则，往往指导性较差。就如公平原则一样，其在问责事项中的具体适用，在很大程度上依赖于对原则的正确解释以及在此基础上的逻辑推理。因为适用终极原则进行裁判困难重重，往往造成裁判结果的不一致，所以利用"类型化"这一法学上最为核心的方法之一，可以通过对原则进行类型化，从而有效化解原则的应用困难，能够较好地满足问责的实际需求。引进类型化的研究思路使得原本的原则具体化思路加以转变，不再是艰难的从上到下的推演，而是自下而上的归纳。正如公平原则适用于全部侵权行为而不是部分一样，若聚焦于某一类侵权行为，如信贷人员的行为，则可以将信贷风险问责的"归责事由"升级为"归责原则"，在实务中就可以起到更好的指导作用。

可见，一方面我们有必要从法理上理清归责原则与归责事由，对二者进行必要的区分。另一方面，我们不妨在实务应用中采纳类型化方法，在不违背终极原则的前提下，将归纳总结的归责事由提升为"原则"，在这里我们不妨将其理解为应用原则，而不是基本原则。

㊀ 曹昌伟. 侵权法上的违法性研究 [M]. 北京：中国政法大学出版社，2017：223.
㊁ 李开国. 侵权责任构成理论研究：一种新的分析框架和路径的提出 [J]. 中国法学，2008（2）：45.

故此，本书结合信贷风险的问责实践，综合各种学说，将归责原则（准确地说应该是归责应用原则）解释为三个原则：过错责任原则为核心应用原则，危险责任原则、替代责任原则为补充和辅助性应用原则。如表 4-1 所示。

所谓过错责任原则，即以信贷人员的过错作为归责基础和归责核心的原则。所谓危险责任原则和替代责任原则，不是信贷人员的归责基础，而是银行因开启了业务风险或承担了雇主责任而应承担相关责任的原则。这两种责任的存在可以适用于减轻信贷人员的责任。

表 4-1 适用于信贷人员的归责原则与归责事由体系

归责原则（基本原则）	公平原则	
归责事由（核心应用原则）	过错责任	
归责事由（辅助应用原则）	危险责任	替代责任

4.2 过错责任原则

1. 过错责任原则的含义与特征

从比较法的视角来看，归责体系在各国的立法文本及理论阐释中存在诸多不同的结构，有一元归责体系、二元归责体系、三元归责体系等几种主要流派。对于信贷风险的问责，我们坚持一元归责说，即以过错责任为核心应用原则的一元归责体系，其他归责事由均为补充或辅助。

所谓过错责任原则，是指以过错作为归责的基础和核心的原则。即以过错为追究责任的必要条件，"无过错即无责任"的原则。其基本内容，就是要求对不当行为进行客观的评判，根据行为人应遵守的注意义务和他实施行为时的实际注意程度，查明他是否应当避免和能够避免信贷风险或不良资产的发生，以及他是否足够谨慎和努力，以避免风险或损失的发生。在此基础上辨明该行为是"应受谴责的"还是"可以原谅的"，确定行为人责任的有无，从而使行为的责任界限得到明确划分。

过错责任原则作为一项最重要的归责原则,最早出现在1804年世界上第一部民法典——《法国民法典》中。约100年后施行的《德国民法典》也接受并采用了过错责任原则。之后,各国民法典都陆续确认了这一归责原则。我国《民法典》也将过错责任原则确立为主要原则,体现为第一千一百六十五条:行为人因过错侵害他人民事权益造成损害的,应当承担侵权责任。依照法律规定推定行为人有过错,其不能证明自己没有过错的,应当承担侵权责任。

根据第2章对尽职的定义,可以反向推出这样的结论:若银行从业人员不具备相应的专业胜任能力,未能以合理人应有的职业谨慎作业,故意违背职业道德,违反岗位注意义务,则构成不尽职行为。若因此产生信贷风险,就应当被问责。

用法律术语归纳上述不尽职行为,即存在过错。所谓"有过错即有责任"。

在侵权法中,过错责任不仅指以过错作为归责的构成要件,而且是指以过错作为归责的最终要件,同时,以过错作为确定行为人责任范围的重要依据。⊖ 对信贷人员问责而言,亦如是。具体来说,过错责任包括以下几个方面的含义。

第一,以过错作为责任的构成要件。我国《民法典》第一千一百六十五条规定了过错责任原则,行为人只有因过错造成损害才需要承担侵权责任。确定行为人的责任,不仅要考察不当行为与损害结果之间是否存在因果关系,而且还要考察行为人是否存在主观过错。若行为人没有过错,则即使存在因果关系,行为人也不负相关责任。所以,过错本身即是过错责任的构成要件。

第二,以过错作为归责的最终要件。过错责任原则的重要意义,不仅仅在于表明过错为归责的内涵,更重要的是宣告过错是归责的最终要件,这样才能贯彻"无过错即无责任"的精神。过错为归责的最终要件,意味着对行为人的过错应作为最后的因素和基本的因素来加以考察。只有检验了行为人是否具有过错,才能具体确定责任主体。据此,有学者将过错的判断称为"最后界点"。这喻示了过错责任的构成要件体系不是平面结构,而是分层结构。

第三,以过错作为确定责任范围的依据。在受害人对损害的发生也有过错

⊖ 王利明. 侵权行为法归责原则研究 [M]. 修订2版. 北京: 中国政法大学出版社, 2004: 49-50.

的情况下，应该把行为人和受害人的行为加以比较，从而确定行为人应该承担责任的范围和受害人所应承担的损失。在多人共同侵权的情况下，各个当事人的责任范围应以其过错程度为依据。即使只有行为人有过错，行为人过错程度的不同如故意和过失的轻重也将导致责任的减轻或加重。

过错责任原则具有如下特征[1]。

第一，它是以侵权人的过错为归责基础和核心的归责原则。过错责任原则的归责基础是侵权人的过错（包括推定的过错），这是过错责任原则与其他归责原则的核心区别。在过错责任原则之下，受害人过错对于归责没有意义，它只是使用过失相抵归责原则的前提，而且是普遍适用于各种侵权责任的。当然也适用于信贷人员问责领域。

第二，它是基础性的归责原则。在近代侵权法上，过错责任原则曾经是唯一的归责原则。例如，《德国民法典》中几乎没有危险责任的规定。时至今日，尽管危险责任原则和替代责任原则都已经被认可，过错责任原则的地位也受到一定的挑战，但过错责任原则在侵权法上依然占据着基础性的地位，危险责任原则和替代责任原则只是补充性的归责原则。这就是说，凡是无法适用危险责任原则和替代责任原则的案件，都可以适用过错责任原则。

第三，它与自己责任原则具有内在的一致性。自己责任原则，也称为个人责任原则，是指个人仅对自己行为所造成的损害负责，对他人行为所造成的损害不负责任。自己责任原则是为了反对古代法上株连、连坐等制度而产生的近代法上的原则，它与过错责任原则具有内在的一致性，即个人仅对自己的过错行为负责。

第四，它是私法自治原则的体现。过错责任原则是从私法自治原则派生出来的，个人只有依其意思活动，即因其故意或过失的行为造成他人损害，才应承担责任。对于因他人的行为或自己无意识的行为所造成的后果，不负任何的责任。侵权法上过错的认定只有以意思能力或识别能力为前提，且行为人必须具有决定自己行为的自由，才符合私法自治原则。

---

[1] 周友军.侵权责任法专题讲座[M].北京：人民法院出版社，2011：37.

2. 过错责任的功能

坚持信贷风险问责的过错责任原则，旨在发挥以下教育、制裁和预防功能。

一是确定行为标准，促使义务履行。过错责任原则存在的理论前提是，人们能够按照社会行为规范自觉地选择合理的行为，并能够通过控制自己的行为达到控制行为结果的目的。过错责任要求办理银行业务的行为人要谨慎作业，按照法规、制度流程的要求，恰当履行作为和不作为的义务，努力避免信贷风险和不良资产的发生。而过错的发生意味着行为人选择了一种与法律法规、规章制度、操作流程和职业操守等规范要求不相容的行为，行为人应对此行为造成的不良后果负责。可见，过错体现了对行为人行为的违法性、非道德性的价值评判。过错的概念中包括了一定的行为模式以及对过错和非过错的评价，过错概念的确定实际上是行为准则的确定。如果一个人实施了一个理智的、谨慎的人所不会实施的行为，他就存在过错。坚持过错责任原则，要求在银行内部必须保证作业行为的组织性和纪律性，促使员工履行义务，从而把员工的行为引向正确的轨道。

二是制裁不当行为，强化警示教育。制裁是法律或内部问责机制对不当行为的约束性反应，责任就是这种约束性反应作用于一定行为时的强制性后果。在信贷风险问责实践中，坚持过错责任原则，将以其鲜明的制裁性，实现对信贷人员的行为控制和警示教育。当问责将一定的强制性后果加之于某个不当行为人时，也向全行传递了一种约束性信息，使全行员工了解到不当行为的性质、危害及其后果，从而使他们在以后的工作中注意避免类似的行为。这类信息包含了对"已为之行为"的否定，也包含了对"应为之行为"的肯定。如果这类约束性信息长期作用于全行，必然会造成一种普遍的信念，即对不当行为的鄙视和憎恶，从而对不当行为的发生起着有力的警示教育和遏制的作用。被问责的人员往往也会"吃一堑，长一智"，从中吸取经验教训，从而达到"惩前毖后，治病救人"的效果。

三是醇化道德风尚，提升合规意识。道德标准是由一定的社会经济条件决定的，是评价人们思想和行为的善与恶的尺度。道德属于社会意识形态范畴，强调对他人、对集体、对社会履行义务，承担责任。德国哲学家康德说过"法律是道德标准的底线"，国际法学创始人格劳秀斯也说过"法律乃道德的产物"。一个人对自己的过错行为所造成的损害应承担相应的赔偿责任，是因为过错行为本身就是道德所谴责的。也就是说，过错应以道德为评价标准，对过错的确定必然包含了道德上的非难。因此，通过对过错行为的制裁，使过错责任原则成为维护道德的工具。各国民法典中广泛存在的类似"禁止违背善良风俗故意对他人施加损害"的一般性条款，就是这一功能的具体实现。在信贷实践中，除了法律和行内规章制度的约束，每名工作人员必须按照合乎道德准则的要求去行事。道德要求不仅促进了合规意识的养成，更为全行员工维护集体利益、正确行事提供了兜底条款和行为指南。

四是预防风险发生，适当弥补损害。过错责任的价值之一，就在于通过惩戒有过错的人、指导人的正确行为，预防不当行为的发生。法国学者丹克指出，法律不能确保人们不出任何偏差，但能够阻止偏差活动的继续，最轻微的责任也能够给侵权行为人某种有用的警告，使其意识到自己活动的危险性。[一]然而，并不是任何责任都具有此种价值，只有过错责任才能达到这样的目的。过错责任把过错程度作为确定责任范围的依据，从而要求人们尽可能地控制自己的行为，选择更合理的行为，以避免不利的后果。同时让有过错的人承担责任，也可以在一定程度上弥补受害人的损害。囿于商业银行的特点，一般而言，即使造成了不良资产的发生，损害金额巨大，信贷人员也没有能力全额赔偿。但赔偿责任作为一项惩戒措施，在一定程度上也可以适当弥补银行的损失。

五是维护职业自由，促进业务发展。传统民法采用过错责任原则的原因是，在资本主义自由竞争时期，民事主体需要保持权利行使的绝对性，不能受到任何限制。而行使权利不可避免地会损害他人的利益，所以要将过错这个价值判断标准，作为构成侵权损害赔偿责任的必要条件。实行过错责任原则，能

[一] 转引自：王利明.侵权行为法归责原则研究[M].修订2版.北京：中国政法大学出版社，2004：59.

够保证行为自由，只要行为人尽到注意义务，即使是造成损害也不必负责。同时，鼓励资产阶级大胆地改革创新，促进生产力和社会的发展。任何法律都必须强调"个人自由"和"社会安全"两大基本价值，过错责任原则被认为最能达成此项任务，因为如果个人尽到其注意义务，即可免除损害赔偿责任，则个人的自由不受约束，聪明才智也得以发挥。人人尽其注意，一般损害便可避免，社会安全亦足维护。根据上述法理，在信贷风险问责领域，实行过错责任原则，同样可以维护信贷人员的职业自由，只要他们具备职业岗位的相应专业胜任能力，以应有的职业谨慎去履行相应注意义务，不违背职业道德，就不用担心被问责。即使因其行为造成信贷风险或不良资产损失，信贷人员也无须承担责任。如此便可以鼓励信贷人员放开手脚，丢掉畏难情绪，积极开拓业务。这也正是国家政策、监管制度和银行所追求的激励效果。

4.3 过错责任的一般构成要件

虽然，责任的判断需要以归责原则或应用原则为指导，但即使是应用原则也较为抽象和普遍，它本身仍是对责任追究的高度概括，并不是审查人员在具体案件中做出责任判断的具体规则，并不能提供一种归责的具体判断方式和方法。这就进一步需要较归责基本原则和应用原则更为具体和明确的责任构成要件。归责原则和责任构成要件二者相辅相成，归责原则是责任构成要件的基础和前提，而责任构成要件是归责原则的具体体现，其目的就是要实现归责基本原则和应用原则的功能与价值。

责任构成要件是判断行为人是否应负责任的标准。受害人就其利益损害要求加害人予以赔偿，需要在主观上和客观上满足某些条件，以证明对其进行赔偿的公平合理性。这些主观和客观条件即是侵权责任的构成要件。对于过错责任而言，必须具备这些条件，才能构成侵权责任。"侵权责任的构成要件不仅是证明侵权责任构成的工具，而且也是证明侵权责任不构成的工具"⊖。因此，

⊖ 张新宝.侵权责任构成要件研究[M].北京：法律出版社，2007：1.

对信贷人员问责的过程，特别是责任认定的过程，实质上就是对过错责任的构成要件进行分析和判定的过程。

关于过错责任的构成要件，理论上也存在多种学说。典型的有三要件说和四要件说。"三要件说"认为过错责任的三个构成要件为损害事实、因果关系和过错。该学说认为，我国《民法典》第一千一百六十五条规定的过错责任原则，并未出现"不法"字样，侵权行为即为不法行为，违法性概念被过错吸纳，只要违法了就有过错。"四要件说"认为违法行为、损害事实、因果关系和主观过错，是构成侵权责任的四个要件。最高人民法院的有关司法解释也采取此学说㊀。

"三要件说"和"四要件说"的共同特点是，"侵权责任构成由具有等价性的要件组成，各个要件处于平面关系，行为要么符合全部构成要件，成立侵权责任；要么不符合某个要件，根本不成立侵权责任，要件的排列顺序似乎也并不重要"㊁。二者主要的分歧或区别在于，是否区分过错与违法性。不加区分或认为过错吸收了违法性的是三要件说，认为有必要区分二者的为四要件说。

与上述平面型的要素说不同，近来有学者提出了"三阶层体系"也称"要件位阶关系"理论。该理论是大陆法系国家德国、日本的犯罪成立理论，其内容包括构成要件该当性、违法性和有责性，这三个要件是对行为的三重评价，但这三重评价并非同时进行，而是依次进行，从而呈现出犯罪构成要件之间的位阶性。前一要件是后一要件的前提，无此前提则不能进入后一要件的判断，后一要件依附于前一要件而存在，要件之间的位阶关系十分明确，依次评价的逻辑关系不可动摇。㊂

对我们讨论的过错责任而言，借鉴上述"要件位阶关系"理论，当存在事

㊀ 最高人民法院审判委员会 1993 年 6 月 15 日第 579 次会议讨论通过，1993 年 8 月 7 日施行的《最高人民法院关于审理名誉权案件若干问题的解答》（法发 [1993]15 号）第 7 条认为，是否构成侵害名誉权的责任，应当根据受害人确有名誉被损害的事实、行为人行为违法、违法行为与损害后果之间有因果关系、行为人主观上有过错来认定。

㊁ 廖焕国. 侵权法上的注意义务比较研究 [D]. 武汉：武汉大学，2005：161.

㊂ 陈兴良. 论犯罪构成要件的位阶关系 [J]. 法学，2005（4）：5.

实构成该当性之后，则初步证明其行为具有违法性，如果不存在合法的抗辩理由，或者经各种价值裁量之后亦不能认定存在违法性，则无须检查行为人是否存在过错，当然也不存在过错责任。[一]

三阶层体系中的"要件该当性"也称"要件符合性"，是指侵害他人权利的行为，组成要素包括加害行为、权益侵害及因果关系，当我们说某一行为具备构成要件该当性，意思就是该行为已经具备了侵权行为的构成要件；违法性是指对法秩序的违反，主要关注是否存在违法阻却事由；有责性则是指行为人所受到的主观非难，主要关注过错、侵权责任能力。

此外，还有学者提出了一种新的分析框架，即在侵权责任构成要件基础上建立对客观构成要件、主观归责依据、免责事由分别分析的框架。在这个分析框架中，可将侵权责任构成要件概括为：①须具备客观构成要件（即损害事实、加害行为和因果关系）；②须具备主观的归责依据。过错责任、无过错责任、衡平责任。尽管归责依据有所不同，但是都必须具有法律规定的或者依公平、正义的理念、原则确定的合理依据，在这一点上是一样的；③须不存在免责事由。在这三类要件中，"客观构成要件"和"主观归责依据"为侵权责任构成的积极要件，以其存在或具备为侵权责任的构成要件；"免责事由"为侵权责任构成的消极要件，以其不存在为侵权责任的构成要件[二]。

这一理论采取从积极到消极、从客观到主观的逻辑分析路径，实质上也是一种"要件位阶关系"理论。

在此，我们借鉴上述理论观点，并考虑到信贷风险问责实践与理论分析的区别，尝试提出适用于信贷风险问责领域中信贷人员归责的核心分析框架。在理论上，我们可以沿着"注意义务→注意义务的违反→信贷风险或损失→可归责性"这样的过程进行判断。但在实践中，对相关人员进行责任认定时，我们总是在损害事实发生后，再来考察行为人的责任问题。也就是说，我们是从损

[一] 朱岩. 侵权责任法通论：总论（上册）[M]. 北京：法律出版社，2011：246-247.

[二] 李开国. 侵权责任构成理论研究：一种新的分析框架和路径的提出 [J]. 中国法学，2008（2）：45.

害结果开始,进行由果及因的推断。责任认定的第一步,就是针对该不利结果,考察信贷人员是否存在违规作业的情形,也就是判断信贷人员是否存在违规行为。若是,则进入第二步,即判断信贷人员的违规行为是否是造成信贷风险或损失的主要原因,也就是判断违规行为与信贷风险或损失之间是否存在因果关系。若是,则进入第三步,即追问信贷人员是否存在过错,也就是界定信贷人员是否具有可归责性。若是,则考虑减免责事由,进行具体责任认定和问责。因此,实务中适合信贷风险问责的构成要件,应是"4+1"要素式的复合分层立体结构,详见图4-1。

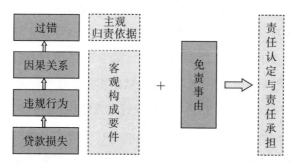

图 4-1　信贷人员过错责任构成要件分析框架

由此可见,信贷人员的责任认定,实质上是在确定贷款损失、违规行为和因果关系等客观构成要件的基础上,判定信贷人员是否存在过错,并综合考虑信贷人员的抗辩理由(减责、免责事由),最后予以认定,并做出具体的责任承担方式。

(1)贷款损失。侵权法上一般称之为损害事实。损害与利益反义,损害等同于不利益,或者是利益的减少或灭失。对信贷风险的问责而言,损害是指不良资产的形成或实际发生的损失,也就是信贷工作人员一定的行为(作为或不作为)致使银行的信贷资金(本金及应收利息)发生减少或灭失的客观事实。这是问责的源头,没有造成信贷风险,则不会被问责,也不应被问责,因为问责事项无从谈起。也就是说,损害事实的客观存在,是信贷风险问责关系或事项赖以发生的根据,问责只有在造成了实际损害的条件下,才能发生或者发起。如果仅有行为的不当而无损害的结果，那么，问责也是无从谈起的。当然，对于贷款损失问责之外的其他违规情形的问责，不需要以实际损失为前提，违规即可问责。

（2）违规行为。作为问责起因的贷款损失发生后，一个初步的假设即为信贷人员存在不尽职行为，核心在于其执业行为不符合国家、监管机构的一系列规定和行内的规章制度及业务流程。这种不当行为可以是作为，也可以是不作为。作为是积极的身体活动，不作为是消极的身体动作，它不是指没有任何身体动作，而是行为人没有实施国家、监管机构的一系列规定和行内的规章制度及业务流程所期待的行为。从信贷人员的注意义务来看，信贷人员违反了注意义务，其作为违反了禁止性规范，不作为违反了命令性规范。因为贷款的贷前、贷中和贷后都有一系列的管理要求，贷款风险的出现或损失的形成，多是信贷人员违背了管理要求或注意义务，也就是实施了违规行为造成的。

（3）因果关系。所谓因果关系是指以行为人的违规行为为原因，以损害事实（信贷风险或损失）为结果，在它们之间存在的前者引起后者、后者被前者引起的客观联系。因果关系要件承担的任务，是判断损害事实结果是否为违规行为所引起，该违规行为是否为该损害事实发生的客观原因。因果关系要件承担的职能是在拟被问责的事项中，判断行为人的违规行为与损害事实之间有否具有引起与被引起的因果关系，若有因果关系，则需要承担责任，反之则不需要承担责任。一般而言，因果关系要件只适用于过失侵权责任，在故意情形下即使不问因果关系，也会责令行为人承担相应的侵权责任。

（4）过错。过错对应构成要件中的可责性，即对违规行为的非难可能性。19世纪的德国法学家耶林曾指出，"使人负损害赔偿的，不是因为有损害，而是因为有过失，其道理就如同化学上之原则，使蜡烛燃烧的，不是光，而是氧，一般的浅显明白"⊖。换言之，以过错作为责任归属之标准时，过错不仅是侵权责任的必要条件，还是决定侵权责任是否构成的终局条件，正所谓"无过错即

⊖ 转引自：王泽鉴.民法学说与判例研究（重排合订本）[M].北京：北京大学出版社，2015：481.

无责任"。在法学理论中，过错是一个非常复杂的法律概念，侵权行为法中也有多种界说和争论：主观说认为，过错是由行为人内在的意志决定的，是行为人实施侵害行为时的一种心理状态，过错之所以应该受到非难，原因在于行为人能够意识到自己行为的后果；客观说认为，过错是一种行为，是指行为人违反了某种行为标准，也就是作为或不作为的注意义务，在此意义上与违规行为含义重合；主客观的综合概念说认为，过错既是一种心理状态，又是一种行为活动，还是一种舆论和道德谴责。由于在信贷人员责任构成要件中，我们区分了违规行为和过错，因此我们的观点采纳主观说，认为过错是一种心理状态，包括故意和过失。虽然概念本身是主观的，但其认定标准可以客观化。考察过错，需要分析行为人对自己的行为或后果的理解、判断、控制、认识等方面的状况及能力，从意志的活动过程来确定过错程度，并决定行为人的责任或责任范围。㊀

（5）免责或减责事由。也称抗辩事由，具体是指信贷人员针对银行问责提出的使自己免责或减轻责任的事由，也就是信贷人员针对银行的问责事项提出的证明问责事项不成立或不完全成立的事实。信贷人员提出抗辩事由后，一旦被接受认可，将导致责任的减轻或免除。正是在这个意义上说，抗辩事由就是免责事由或减责事由，部分免除也即减轻。抗辩事由的范围很广，类型很多，既可以基于损害事实、违规行为、因果关系、过错等责任构成要件上有瑕疵而提出，也可以从固有（自甘）风险和特殊关系等角度提出，还可以从时效性出发进行抗辩。作为侵权责任的消极构成要件，抗辩事由对于认定信贷人员的责任与责任范围，从相反方向发挥着一体作用，是保护信贷人员正当权益的必要工具。

4.4 辅助应用原则

除上述过错责任原则外，信贷人员问责还可能适用危险责任原则和雇主责

㊀ 王利明. 侵权行为法归责原则研究 [M]. 修订 2 版. 北京：中国政法大学出版社，2004：239.

任原则两种辅助性应用原则①。

1. 危险责任原则

危险责任产生的基础是一种法律思想，即为自己的利益开启和控制风险源的人，应当对因此产生的、尽到了最大注意也不能避免的损害负责。前文述及，信贷业务是一项固有风险较高的业务，即使信贷人员做到了尽职，也不能保证业务不出现风险，不发生损失。这一点，银行当然自知。既然如此，银行还要从事该业务的行为，可以视为自甘风险，该行为表明银行自愿接受了损害的发生。法谚有云："自甘风险者自食其果"。这一古老的谚语一直流传至今。信贷人员可以应用该原则，在某些场合作为一种正当的抗辩理由，用于减轻甚或免除自己的责任。

风险作为银行自身的归责基础或归责事由，具有相当的内在合理性。判断危险性主要有三个重要的因素：发生损害的盖然性、可能发生损害的程度以及风险的可控制性。以上三个因素对于危险责任的判断有不同的影响，但只有在综合考虑该三个因素的基础上，才可判断是否成立危险责任。如果存在高度致害的可能，即使发生的损害后果可能并不严重，此时仍然可以成立危险责任。同样地，虽然发生损害的盖然性并不高，但一旦发生，其损害后果就极其严重，亦可成立危险责任。此外，能够对危险来源加以控制的人，应当承担相应的侵权责任。②银行作为从事风险业务的主体，符合上述三个因素，对于自身从事风险业务导致的损害，理应承担损害责任。当然此举并不排斥信贷人员在自身存在过错的情形下，承担自己范围内的责任。

作为一项以特别的风险作为归责基础的应用原则，危险责任原则的特征在于：③

---

① 其实，从归责原则的体系看，过错责任原则和无过错责任原则二者构成了一个周延完整的体系，而危险责任和雇主责任不过是无过错责任原则下的两个特殊归责事由而已。

② 库齐奥.侵权责任法的基本问题：第一卷：德语国家的视角 [M].朱岩，译.北京：北京大学出版社，2017：238、234.

③ 周友军.侵权责任法专题讲座 [M].北京：人民法院出版社，2011：42-43.

第一，它以特别的风险作为归责基础。所谓特别的风险，是指损害发生的可能性特别大或损害巨大，或者是指潜在的危险具有不可知性。当然，从法政策来考量，也可能针对并非具有特别危险的情形规定危险责任。信贷业务由于其特有的性质，完全符合以上"特别的风险"类别。

第二，它统合了合法的危险行为的责任。过错责任原则是对违法行为的归责，而危险责任原则是对合法行为的归责，不以过错和违法为前提。危险责任原则针对的是社会许可的、有益于社会但有潜在危险的行为所致的"不幸事件"。危险活动虽然使危险开始或持续，但它并不是违法性判断的客体，因为它是法律允许的活动，不能因为事后的损害后果而将其视为违法。信贷业务正是这样一项充满风险但有益于社会的活动。

第三，它体现了分配正义。按照亚里士多德的理论，正义分为分配正义和矫正正义。矫正正义不考虑当事人的地位，只要一个人对另一个人造成了损害，就要求其进行补偿。而分配正义强调"各取所值"，按照各自的价值进行分配。侵权法区分"不法"与"不幸"，过错责任是要救济"不法"的，属于矫正正义的范畴，而危险责任是要分配"不幸"的，因而属于分配正义的范围。

危险责任原则的理论基础可以通过危险的开启、危险的控制和利益的获取三个角度来解释。⊖

其一，危险的开启。法律要求特定的主体承担危险责任，是因为他们开启了危险。银行从事信贷业务，就开启了已知或未知、可以预见或无法预见的风险，贷款出现不良或发生损失，不可能不出现，只是可能性或大或小。危险责任源自这一理念，即对于因享受的特殊权利而造成的不幸事件，权利人应当承担责任。通过危险责任的承担，行为人（银行）可以事先权衡其得失，以决定是否要实施危险活动。

其二，危险的控制。信贷活动的风险并非完全无法控制，否则行业已不存在。银行作为经营风险的机构，可以采取许多措施对危险实施相当的控制。与损害发生后的损失相比，银行采取预防损害的措施在经营成本上尤为有利。

⊖ 周友军.侵权责任法专题讲座[M].北京：人民法院出版社，2011：43-44.

若银行对业务风险完全未知或无法预见，就不应该认定其存在过错而承担相关结果责任。即使银行无法确定信贷活动的具体风险有多大，只要其对不确定性具有确定认识，即始终存在一个风险范围，则采纳严格责任显然也是合理的。㊀

其三，利益的获取。银行承担危险责任的依据还在于，作为从事风险业务的管理者，其自身获取了利益。除了为存款人支付固有的有限收益，银行获取了资金使用的大部分利益，所以，其应当承担比较严格的责任。要求利益获得者承担责任，也符合"利之所在，损之所归"的法律理念，即从中获得利益的人必须同时负担其中的不利益。只有令一人同时负担其行为所带来的利益和不利益，才能维护补偿正义原则。

2. 雇主责任原则

法律上有一条不证自明的规则是，未参与他人所从事的违法行为的行为人，原则上无须为他人承担责任。但若行为人与他人存在特殊关系或者自身也存在瑕疵，则可能就需要为他人的不法行为承担责任。雇主责任正是这样一种特殊的责任承担方式。

雇主责任即用工责任，它是一项古老的侵权法制度。据学者考证，雇主责任作为替代责任中的一个重要类型，最早起源于罗马法，甚或有人认为古日耳曼法中就已经出现了雇主责任的雏形。近代以来，各国法律都规定了雇主责任。雇主责任的产生和发展是劳动分工的结果，从历史发展的角度看，雇主责任经历了从结果责任到过错责任再到替代责任的发展过程，即雇员执行受雇的任务所造成的损害，应由雇主承担责任，而雇主不需要存在过错，只需要赋予雇员致害的工具和机会即可。然而，雇主对员工的行为承担替代责任，并不意味着雇主承担终局责任，也不排除雇主对员工的追偿权，但法律一般会对雇主责任中的追偿权做出必要的限制。利用这一规定，信贷人员也可以向雇主申述

㊀ 库齐奥.侵权责任法的基本问题：第一卷：德语国家的视角[M].朱岩，译.北京：北京大学出版社，2017：234.

或抗辩，以免除或减轻自己的责任。

雇主责任原则以当事人之间的特殊关系作为归责基础。由于这一问题一直以来没有得到广大信贷人员的关注或重视，这里稍加引证。

（1）雇主应该承担替代责任的法理解释。雇主应该承担替代责任，或者说法律对雇主责任中的追偿权进行严格限制的理由主要在于：

第一，是雇主将雇员置于容易造成他人损害的位置，或者雇员在实施用工行为时通常受到雇主的监督和指示。在雇员造成他人损害的情况下，往往雇主对损害的发生也有过错，因此，应当限制雇主对雇员的追偿权。最新的一种理论认为，雇主从雇员的工作中获益，而且雇主安排雇员从事某项工作，实际上是将雇员置于造成损害的位置，当损害实际发生时，无论雇员是否有重大过错，雇主都应当负责。因此，限制追偿权，实际上就是扩张雇主对雇员的责任。虽然对于损害的发生而言，雇员是有过错的，但是，这种过错在很多情况下很难认定为造成损害的唯一原因。造成损害的雇员和其他雇员一同为企业工作，因此很难判断是否是某一雇员的行为单独造成了损害，有许多因素可能导致损害，例如管理措施不当、纪律约束不严、技能不强等。而企业从员工的行为中获利，也应当分担损失。另外，在国外，雇主追偿权的行使受到限制，与工会势力的强大有直接的关系，因为行使此种追偿权常常会招致工会的强烈抗议，引起工人的强烈不满，因此雇主也不敢轻易行使追偿权。⊖

第二，对追偿权做出严格限制符合报偿理论。从经济学的角度看，雇主通过雇员的行为获得了利益，如果雇主通过行使追偿权完全免责，就违背了"利之所在、损之所归"的基本原理。虽然一些国家的法律规定第三人可以直接起诉雇员，但是考虑到雇员财力有限，一般都是直接起诉雇主。雇主承担责任后，可以调换雇员的岗位，不让其做不适合的工作。考虑到某些现代社会活动的危险性，企业活动本身就具有内在风险，该风险应当由企业所有者而非雇员承担。允许雇主向雇员追偿，将最终的责任放在雇员身上是不恰当的，甚至是错误的，因为即便个人尽到了谨慎行为的义务，事故可能也是不可避免的，因

⊖ 王利明.王利明学术文集：侵权责任编[M].北京：北京大学出版社，2020：515-516.

此，应当由雇主承担责任。①银行展业即引致了一个危险，此种危险构成服务于自身经营活动的手段。从广义上来讲，承受此种风险意味着一种支出，在发生问题时，应当由雇主承担此种风险成本。②也就是说，银行为了自身的经济利益，在通过雇佣履行辅助人提高自身经济机会的同时，也必须负担雇佣履行辅助人所可能带来的损害，益处与可以预见的弊端不可分离，相互关联，构成一体。③

第三，深口袋理论④。该理论认为，雇主往往比雇员更有钱，能够更加容易地承担损失，所以雇主要承担责任。在通常情形下，劳动者属于弱势群体，无法对严重的侵权事件承担最终责任。由于雇员通常没有足够的经济能力来赔偿其所造成的损害，因此应当由雇主对雇员造成的损害承担责任。个人相对于企业而言，财力有限，因此雇员责任应当受限。⑤而雇主则可以通过对雇员的行为进行控制，预防雇员实施侵权行为，从而避免自己承担责任。在雇主责任中，应当采取损害分担责任，雇主向第三人支付赔偿后，不能全部向雇员要求追偿，相当一部分应当是雇主承担的损失。可见"深口袋"理论是从受害人保障角度进行的经济计算，所谓替代责任不过是提供一个更高资历的被告来承担原告损失的策略，既然雇主比雇员更有能力赔偿损失，适用替代责任就会达到填补损害的目的。⑥

第四，损失分担理论。雇主在承担责任之后，可以很便利地利用价格和保险机制实现成本的分摊或进行损失的社会化分担。在现代社会，损害的社会化分担是民法发展中的重要趋势，其是指通过保险、提高产品或服务的价格等方

---

① 王利明. 王利明学术文集：侵权责任编 [M]. 北京：北京大学出版社，2020：516.
② 库齐奥. 侵权责任法的基本问题：第一卷：德语国家的视角 [M]. 朱岩，译. 北京：北京大学出版社，2017：245.
③ 库齐奥. 侵权责任法的基本问题：第一卷：德语国家的视角 [M]. 朱岩，译. 北京：北京大学出版社，2017：217.
④ 亨德森，皮尔森，凯萨，等. 美国侵权法实体与程序 [M].7 版. 王竹，丁海俊，董春华，等译. 北京：北京大学出版社，2014：141.
⑤ 王利明. 王利明学术文集：侵权责任编 [M]. 北京：北京大学出版社，2020：516.
⑥ 曹艳春. 雇主替代责任研究 [M]. 北京：法律出版社，2008：120.

式，将损害分散到社会中。雇主承担严格责任有助于实现损害的社会化分担，因为雇主可以有效地通过保险和价格机制将其责任分散到社会之中。法律经济分析的方法也进一步论证了由雇主承担责任而限制追偿权是有其合理性的，这是因为按照损失分担理论，企业从其雇员的行为中获得了利益，那么其应当负担雇员行为所带来的损失，而且企业可以通过提高价格或者降低分红等方式，实现对损害的分担。㊀

第五，雇主承担替代责任可以促使雇主产生强烈的合理谨慎选择和监督雇员的动机。㊁因为雇主知道他们将为其雇员在雇佣范围内的侵权行为承担赔偿责任，所以他们在员工的聘用、训练、监督和雇佣方面将予以更多的注意。当然，若能证明雇主在合理选择、训练和监督其员工的义务上存在过错，他们就应该承担直接责任。考虑到其他人证明雇主存在过错的现实困难性，现代法律普遍确认雇主的无过失侵权责任，完全免除了证明雇主责任的必要，从而弥补了雇主在这方面存在的动机不足的问题。雇主不仅应该为雇员的选任监督方面的过失承担责任，还应该为雇员因缺乏必要的智识所引发的损害承担无过错的严格责任。此种归责思想体现为：因雇主雇佣此种缺乏必要能力的人为其从事特定的活动，从而制造了一种特殊的危险来源。若因此发生损害，当然可以将此种损害归责于雇主。㊂

（2）雇主追偿事由的限制。法理上一般只有在雇员具有故意和重大过失两种情形下，雇主才能进行追偿。我国《民法典》也对此种权利的行使做出了严格的限制。

《民法典》第一千一百九十一条规定，用人单位的工作人员因执行工作任务造成他人损害的，由用人单位承担侵权责任。用人单位承担侵权责任后，可以向有故意或者重大过失的工作人员追偿。劳务派遣期间，被派遣的工作人员

㊀ 王利明.王利明学术文集：侵权责任编 [M].北京：北京大学出版社，2020：517.
㊁ 亨德森，皮尔森，凯萨，等.美国侵权法实体与程序 [M].7版.王竹，丁海俊，董春华，等译.北京：北京大学出版社，2014：142.
㊂ 库齐奥.侵权责任法的基本问题：第一卷：德语国家的视角 [M].朱岩，译.北京：北京大学出版社，2017：226.

因执行工作任务造成他人损害的，由接受劳务派遣的用工单位承担侵权责任；劳务派遣单位有过错的，承担相应的责任。第一千一百九十二条规定，个人之间形成劳务关系，提供劳务一方因劳务造成他人损害的，由接受劳务一方承担侵权责任。接受劳务一方承担侵权责任后，可以向有故意或者重大过失的提供劳务一方追偿。上述规定表明，我国法律将雇主的追偿权明确限定在雇员具有故意和重大过失的情形。

推而言之，在雇员仅存在轻微或一般过失的情形下，禁止雇主行使追偿权。此规定的合理性在于○：

一是在雇员仅存在一般过失的情形下，雇员仍然是按照雇主的指示和意志实施行为，按照责任自负原则，仍然应当由雇主承担责任。

二是在雇员因一般过失致人损害的情形下，损害发生应当属于用工行为的正常风险，甚至是难以避免的风险。也就是说，即便雇主选择了更为谨慎、细心的雇员，也难以避免雇员的过失侵权行为。从这一意义上说，因雇员的过失侵权而造成的损害在性质上属于雇主正常的经营风险，应当由雇主承担责任。

三是有利于保护雇员。从雇员的角度看，虽然其在执行工作任务时应当谨慎行为，但不能要求雇员在执行工作任务时不存在任何过失，在雇员具有一般过失的情形下，其造成的损害应当被认定为执行工作任务的正常风险。因此，在雇员因过失而侵害他人权利时，如果允许雇主向雇员追偿，将会不当加重雇员的负担。

四是有助于侵权行为的预防。在雇员故意侵害他人权利的情形下，雇员的行为实质上已经超出了执行工作任务的范畴，雇主在承担责任后，应当有权向雇员追偿，以避免故意造成他人损害的雇员继续实施侵权行为；在雇员因重大过失侵害他人权利的情形下，雇员在执行工作任务时显然没有尽到最基本的注意义务，雇主在承担责任后，应当有权向雇员追偿，而且此时如果不允许雇主向雇员追偿，就不利于督促雇员切实履行工作职责。

○ 王利明. 王利明学术文集：侵权责任编 [M]. 北京：北京大学出版社，2020：519.

第 5 章

违规行为的本质与认定

不良贷款发生后,银行启动问责的第一步是,审计人员进行责任认定。首先默认的就是,信贷人员的违规导致不良发生。所以如何认识和认定违规行为,成为既成事实下的第一道检验关口。违规行为与侵权法中的侵权行为或不法行为,都是对行为的一种否定性评价。广而言之,违规行为违反了注意义务,从而使行为具有违法性。对信贷人员而言,基于内部规范的视角,我们称之为违规行为。

正如我们在第 4 章中提出的实务中适合信贷风险问责的构成要件,即"4+1"要素式的复合分层立体结构所示,从损害结果开始启动问责,是由果及因的推断。责任认定的第一步,就是针对该不利结果的发生,判断信贷人员是否存在违规作业的情形,也就是判断信贷人员是否存在违规行为。若存在,则进入第二步,即判断信贷人员的违规行为是否是造成信贷风险或损失的主要原因,也就是违规行为与信贷风险或损失之间是否存在因果关系。如行为没有违规性,从问责角度看,则无须进入下一步,问责即行终止。

5.1 作为与不作为

违规行为,无论是作为还是不作为,作为过错责任原则的构成要件之一,其本质上被用来指称使行为人依据过错责任原则负有责任的行为。

所有问责的讨论都是以"行为"为基础展开的,行为这个概念包括"积极行为"和"消极行为",即"作为"和"不作为"。在侵权法上,作为义务是相对于不作为义务而言的。所谓不作为义务是指行为人不采取积极措施并抑制自己的行为,以免引起他人利益的损害。所谓作为义务是指由法律规定或约定,或者通过考量其他政策、原则等因素推定行为人负有的,通过积极行动防止和制止危险之发生,以避免或减少受害人损害的义务。[⊖]从其含义上讲,注意义务是作为义务和不作为义务的上位概念,作为义务和不作为义务是注意义务的两种义务类型。从义务违反的角度看,作为违规行为是对不作为义务的违反,即"不应为而为";不作为违规行为是对作为义务的违反,即"应为而不为"。

例如,《商业银行授信工作尽职指引》(银监发[2004]51号)规定,在客户调查和业务受理时:商业银行应关注和搜集集团客户及关联客户的有关信息,有效识别授信集中风险及关联客户授信风险;应对客户提供的身份证明、授信主体资格、财务状况等资料的合法性、真实性和有效性进行认真核实,并将核实过程和结果以书面形式记载。

在分析与评价方面:商业银行应根据不同授信品种的特点,对客户申请的授信业务进行分析评价,重点关注可能影响授信安全的因素,有效识别各类风险;商业银行应认真评估客户的财务报表,对影响客户财务状况的各项因素进行分析评价,预测客户未来的财务和经营情况。必要时应进行利率、汇率等的敏感度分析;商业银行应对客户的非财务因素进行分析评价,对客户公司治理、管理层素质、履约记录、生产装备和技术能力、产品和市场、行业特点以及宏

⊖ 苏艳英.侵权法上的作为义务研究[M].北京:人民出版社,2013:52.

观经济环境等方面的风险进行识别；商业银行应对第二还款来源进行分析评价，确认保证人的保证主体资格和代偿能力，以及抵押、质押的合法性、充分性和可实现性。

实际上在实务中，上述要求都是对信贷人员的要求，这里的"应"即是信贷人员的"作为义务"的具体要求。若信贷人员违反要求，"应为而不为"，则构成不作为违规行为。

再如，《商业银行授信工作尽职指引》（银监发[2004]51号）规定，授信决策与实施要求：商业银行授信决策应在书面授权范围内进行，不得超越权限进行授信；商业银行授信决策应依据规定的程序进行，不得违反程序或减少程序进行授信；商业银行在授信决策过程中，应严格要求授信工作人员遵循客观、公正的原则，独立发表决策意见，不受任何外部因素的干扰；商业银行不得对国家明令禁止的产品或项目等业务进行授信。

上述要求都是对授信工作人员包括信贷人员的要求，这里的"不"即是信贷人员的"不作为义务"的具体要求。若信贷人员违反上述要求，"不应为而为"，则构成作为违规行为。

同样，按照《商业银行授信工作尽职指引》的规定，若信贷工作人员具有以下情节，商业银行应依法、依规追究责任：进行虚假记载、误导性陈述或重大疏漏的；未对客户资料进行认真和全面核实的；授信决策过程中超越权限、违反程序审批的；未按照规定时间和程序对授信和担保物进行授信后检查的；授信客户发生重大变化和突发事件时，未及时实地调查的；未根据预警信号及时采取必要保全措施的；故意隐瞒真实情况的；不配合授信尽职调查人员工作或提供虚假信息的。这些行为的存在都是违反了相关作为或不作为义务，而证成违规行为，从而应受到问责处分。

从表现形式上看，作为是积极的身体活动，不作为是消极的身体动作，不作为不是指没有任何的身体动作，而是行为人没有实施法律所期待的行为。从违反注意义务或法律规范的角度看，作为违规行为违反了法律禁止性规范，不作为违规行为违反了命令性规范。但实务中的作为与不作为，有时并不容易区分，而且从功利主义出发，有时区分二者也并无实益。㊀不管是作为义务还是不作为义务，不管是作为行为还是不作为行为，不管是作为违规行为还是不作为违规行为，实务中均表现为行为人没有按照要求（义务）去做。当然，不作为也并非单纯的静止称谓，本质上是因为有特定作为义务而不履行，与作为是一种"积极行为"相比，不作为可以看作是一种"消极行为"，而消极的不作为亦为行为。㊁

在信贷业务实践中，要求信贷人员去做的，绝大多数信贷人员并不是完全不去做，有较大可能性是其做的不完全符合要求，如要求其去做"A"，实际却做了"A+"或"A-"；要求信贷人员不去做的，绝大多数信贷人员可能也不是完全没有去做，有可能是不要求其做"A"，其虽没有做"A"，却去做了"B"。所以，从信贷问责实践角度出发，大多情况下，作为与不作为的违规行为，表现为"滥作为"，本质上是对注意义务的违反。

5.2 对注意义务的违反

行为之所以被称为违规行为，是因为在形式上没有按照或没有完全按照行为人应该遵循的规范行事，即违规行为就是违反了相关"规范"的行为。其实质是行为人对受害人负有注意义务，且行为人违反了对受害人的注意义务，即行为人违反了合理人或谨慎人之注意义务，表现为具有相当专业知识经验且勤勉负责之人，可预见而未避免或防止损害结果的发生。

无论行为人是因为作为还是因为不作为而产生了侵权责任，均以行为人有注意义务为前提。

㊀ 从法律角度看，在具体案件中，当行为主体具有保证人地位时，区分作为与不作为的意义不大。这里的保证人地位是指履行结果回避义务。只有在具有保证人地位之人能够尽保证义务之时怠于履行义务，从而发生危害结果的场合，才会出现不作为与作为等置的问题。可参见：宫厚军. 保证人说之演变及其启示 [J]. 法商研究, 2007（1）: 111-116.

㊁ 郭明龙. 侵权责任一般条款研究 [M]. 北京: 中国法制出版社, 2019: 231.

在民事领域，义务一词是指个人的行为在涉及他人权利时要尽到合理、谨慎的注意。概言之，注意义务是行为人在民事活动中，应当运用自己所掌握的知识、经验和技能，并达到理性人的行为标准，不应形成对他人人身和财产可能造成重大的不合理损害的危险。㊀注意义务发源于英美法国家，并在普通法系国家得到了普遍认可，成为侵权法领域中不可替代的一个核心概念。

对注意义务的界定，理论上存在多种观点。有的观点认为注意义务是指使精神紧张而预见结果发生的一种主观心理义务，所谓对注意义务的违反，是指欠缺精神紧张的状态。有的观点认为，注意义务是指采用某种措施以回避结果发生的客观行为义务，是在具体情况下为防止结果发生而实施所要求的适当作为与不作为。也有的观点认为注意义务是主观心理义务与客观行为义务的统一体。㊁大体而言，注意义务实乃预见自己的行为会导致不利后果的发生，并形成避免结果发生的意思，以及采取适当的结果回避措施的责任。

在起源上，确立注意义务的最著名的案例是 1932 年的 Donoghue v. Stevenson 案。该案在侵权法上占有重要的地位，它对整个侵权法的发展产生了深远的影响。该案中原告 Donoghue 太太与朋友在咖啡屋一道消遣。一位朋友为她购买了一杯生姜啤酒，当她喝了一些之后，将剩余部分倒入酒杯时，发现了一些腐烂的蜗牛尸体。Donoghue 太太声称这使她得了肠胃炎并遭受了"神经震撼"，于是状告啤酒生产厂家要求赔偿。该案的特殊之处在于原告并非直接购买啤酒之人，与被告之间并无契约关系。之前的判例都是生产厂家对与其没有直接合同关系的消费者不承担责任，而该案于 1932 年上诉至英国上议院，上议院的五名法官以 3∶2 的比例判定啤酒厂商应承担责任。因该判决的确立，诞生了一项新的规则——邻人规则，并建立了判断案件"注意义务"的标准。

邻人规则是由法官 Lord Atkin 爵士在上议院大法官会议上阐述其判决理

㊀ 张安民. 过错侵权责任制度研究 [M]. 北京：中国政法大学出版社，2002：293.
㊁ 程皓. 注意义务比较研究：以德日刑法理论和刑事判例为中心 [M]. 武汉：武汉大学出版社，2009：1-3.

由时的一段著名演讲中确立的。Lord Atkin 爵士讲道：你必须爱你的邻居，这一规则演变为法律就是，你不能伤害你的邻居。律师们的问题是，谁是我的邻居？对此的答复是有严格限定的。你必须采取合理的注意，以避免那些可能损害你的邻居的作为或不作为。那么，从法律的角度而言，谁是我的邻居？答案似乎是：他们是那些与我有如此紧密与直接的关系，以至于当我打算从事有关活动时，我应该合理地预见到会受我的行为影响的人。○

当然，这一规则是极富弹性的。因为该规则实际确立的就是一个合理预见的弹性标准：在合理预见范围内，受到行为人行为影响者即为"邻人"。为使该规则更加明确，在1978年的相关案件中，法官归纳了一个两步检验法。

第一步，根据损害事实，探究当事人之间是否具有紧密关联性，足以认定行为人应有合理预期，其不注意足以导致他人发生损害。若有该项紧密关联性，即可初步确认注意义务存在。

第二步，在当事人之间具有上述紧密关联性的基础上，具体考虑有无正当理由排除或限制该注意义务的存在。

这里所谓根据损害事实初步确认注意义务存在，含义即是初步认定行为人违反了注意义务，应当承担相关责任，除非有证据予以否定。而当事人之间是否具有注意义务，原则上应该依据行为人对损害的合理预见可能性来判断。

随后，两步检验法又在1990年的案例中被推翻，取而代之的是英国侵权法上一直适用至今的三步检验法。

第一步，探讨损害是否可合理预见；

第二步，探究当事人之间是否有足够紧密的联系或关联；

第三步，结合具体案例情况，进一步考虑为保护一方之利益，而赋予他方注意义务是否公平合理、符合正义要求。

虽然三步检验法的本意是要限制注意义务范围的扩大，甚至否认注意义务

○ HEPPLE B A, MATTHEWS M H. Tort: cases and materials[M]. London: Butterworths,1974:31. 转引自：胡雪梅. 过错的死亡：中英侵权法宏观比较研究及思考[M]. 北京：中国政法大学出版社，2004：150.

的存在，并将法律政策作为决定注意义务是否存在的最后标准，然而，将该检验法应用于信贷风险的问责领域时，上述条件显然并不容易被否决，反而很容易确认信贷人员对注意义务的违反。

但是，预见也是一个弹性十足的概念，有多大可能性算是合理预见？概念基准的不同可能导致认定标准的不同。关于预见可能性的程度问题，有不同的理论界说。一种是"具体的预见可能性说"，一种是"抽象的预见可能性说"。前者要求预见到危险的盖然性很高，后者则只要求行为人感觉到可能会有某种危险就够了，故又称为"危惧感说"。对于信贷人员来说，为客户授信，天然存在企业不能还本付息的可能性。若其不按照规章制度流程作业，对客户信用评价不准确，大概率会发生较高的信贷风险。若是疏忽大意、过于自信，甚或未能完整取得客户真实信息而盲目决策，不仅会使理性的信贷人员产生业务风险的"危惧感"，更是极有可能形成不良资产。合理预见成为信贷人员不能回避的注意义务。

当然，就注意义务的产生根据而言，除了上述可预见性理论产生的注意义务，还有多种来源根据。

（1）制定法产生的注意义务。主要是国家相关法律和规章制度规定的注意义务，行为人一旦违反了制定法上的义务即为违规。这在信贷领域表现得非常明显。

（2）先前行为产生的注意义务。即"基于制造了有损害危险的先前行为而产生的注意义务"。行为人如果以自己的行为积极地启动了一个危险链，则其有义务防止该危险对他人造成损害，如果没有采取积极的行为以防止危险的出现，则行为人对遭受损害的一方负有侵权责任。因此，危险的开启产生了合理注意义务。当然这里的先前行为不管是侵权行为还是无辜行为，并不影响后续注意义务的形成，行为人均负有防止损害发生或将损害限制在最小范围内的积极的注意义务。即使行为人在实施行为时有合理的理由没有意识到其行为包含给他人造成损害的不合理风险，但是由于情势的变化或者是行为人对该情势的进一步了解而意识到或应当意识到他已造成此类风险时，仍应当承担积极的作为义务以防止损害的出现。㊀如信贷人员的贷后管理责任,不管尽调和发放贷款环节是否存在不尽职行为,只要贷款已经发放,信贷人员就会产生相应的贷后管理义务。

(3)契约产生的注意义务。双方当事人以合同约定了权利和义务,自然产生相应的注意义务。

(4)特殊关系产生的注意义务。具有特殊关系的主体之间会产生注意义务,或源于法律的规定或源于合同关系。此外,职业活动或专业资格也是延伸出大量注意义务的源泉,多数情况下不是"是否"存在,而是"在何种程度上"存在应有的注意义务。《美国侵权法复述》第41条规定,若行为人与他人之间存在特殊关系,则行为人应就在该种特殊关系内出现的危险对特殊关系相对人承担合理的注意义务。㊁典型的如雇佣关系等。

在信贷领域,注意义务具有如下特点。

一是信贷业务注意义务具有行为规范性。注意义务多是相关法律法规、规章和规范性文件以及银行授信业务制度与内部流程明确规定的义务。当然还包括习惯、法理、职业惯例等非成文规范的要求。

二是信贷业务注意义务具有内部强制性。作为作业依据的外部法律法规以及内部管理制度,信贷人员必须遵守,这具有相当的强制性,一旦违反则构成"不法性"。

三是信贷业务注意义务具有相对具体性。这种具体性表现为注意义务都是针对信贷业务、甚至根据不同项目性质设定的,既有一般性的要求,也有针对特定风险的细化要求。

四是信贷业务注意义务具有主客观统一性。不仅对信贷人员的客观行为赋予了为一定行为和不为一定行为的义务,而且在信贷人员的主观心态和心理道德上也有相应的义务要求。

㊀ 亚伯拉罕,泰特.侵权法重述——纲要[M].许传玺,石宏,等译.北京:法律出版社,2006:72.

㊁ 转引自:苏艳英.侵权法上的作为义务研究[M].北京:人民出版社,2013:85.

所以说，信贷人员违反了注意义务，其行为就构成违规，成为违规行为。

在信贷实务中，信贷人员对注意义务的违反，除了道德风险因素，核心的表现为提供的客户信息不准确，以及遗漏重要信息，进而使后续流程对客户信用风险的判断出现了偏差，导致贷款出现风险或损失。遗漏重要信息，即在提供客户授信信息时出现"重大疏漏"，造成信息的不完整。提供信息不准确，即通常所言的"虚假记载、误导性陈述"，造成信息的不真实、不准确。当然只有二者满足重大性标准，导致了实际贷款损失，才会做出信贷人员明显违反了注意义务的判断，进而令其承担相关责任。

当然，在具体判断行为人是否违反了注意义务时，适用的标准正是本书第3章论及的"理性人"或"谨慎人"标准。该标准下，行为人违反了注意义务，是指他没有像一个合理的人那样，根据人们惯常处理事务的方式去做其该做的事，或者在某些时候，做了一些理性的、谨慎的人不会做的事。具体到信贷领域，由于信贷人员是职业人士、类职业专家，具有专门的知识、经验，受过专门训练且从事风险性业务，其担负的是特殊的注意义务，相应地要求其必须具备特殊的注意能力。对于信贷人员这类专业人员，要求他们对公众承担比普通人标准更高的注意义务，也就是说信贷人员的行为必须符合本职业中一个合格的专业人员在相同或类似条件下应采取的谨慎行为。如果信贷人员的行为达到了这个标准，就算是尽到了勤勉的注意义务，也就是说他以其应有的职业谨慎履行了注意义务，否则就违反了注意义务，自动构成违规，其行为应判定为未尽职行为。

例如在某个投资亏损项目的问责中，审计人员认为某评审经理在审批时不慎重，应承担一定的责任。在事实认定书的复函中，该评审经理提出了两个理由：一是作为银行的评审人员，自己一直以来从事债权（贷款）的评审工作，专业能力是与岗位匹配的，而评审股权投资属于新兴业务，自己也是头一遭，虽然银行鼓励并要求员工去做，但缺乏培训和明确的授信审批指引，自己只能依据常识进行评价；二是该项目当时在市场（银行同业）上是被追捧和哄抢的，本来客户经理说争取了8个亿的额度，但审批后实际投资的额度仅仅是3个亿，多家银行最后平分了投资额度。由此可见，不同的银行都通过了审批，且投资额度相同，自己尽到了业内一个具有平均水平的评审员的注意义务，审批行为不存在违规性，自己也没有过错。后来，该问责事宜不了了之。

5.3 违规行为的本质属性

违规行为的本质在于"违法性"或"不法性"。从表面上看，违法就是指行为违反了相关的强制性和禁止性规定，即行为为法律法规与规章制度等行为规范所不允许，在规范上是无价值的、反价值的。但从实质意义上来看，违法表现为行为人无法律法规和规章制度等行为规范支撑的合理理由，违反应履行的义务而侵害了他人受保护的利益。所以，违规行为是侵害他人权益与违反注意义务的统一，二者是一体两面的关系。所以，有学者认为"侵权行为应为无法律上的理由，违反法定义务，侵害他人权益应依法承担侵权责任的行为"[1]，鲜明地指出了侵权行为的违法性是侵权行为的本质属性。类似地，我们所说的违规行为，其本质属性也是"违法性"。

违法性与过错的关系或异同，曾是法律历史中的一个极具争议的问题，目前亦然。在二者关系的处理上，是将违法性与过错概念合二为一，将违法性蕴含在过错之中或者将过错蕴含在违法性之中，还是将违法性与过错作为两个独立的概念，有着不同的学说史和制度背景。在罗马法上，违法性与过错不加区分，过错被包含在违法性概念之中。法国侵权法继承了罗马法的传统，及至今天，其对过错的定义仍是从纯客观的角度进行的，过错指的是一种"有缺陷的行为"，不仅包含那些违反了强制性规范的行为，而且包括有违理性人行为标准的所有行为或疏忽。[2] 可见，在法国法上，过错不仅包括行为人实施行为时的主观心理状态，还包括违法行为本身，过错与违法性实质上同义。而在德国

---

[1] 曹昌伟. 侵权法上的违法性研究 [M]. 北京：中国政法大学出版社，2017：41.
[2] 考茨欧. 侵权法的统一：违法性 [M]. 北京：法律出版社，2009：74.

侵权法上，过错与违法性则被分离为两个不同的要件，过错被认为是一种态度，而违法性仅简单表明行为人缺乏法定事由而违反某项法律规范，㊀这一区分源自法学家耶林提出的"客观不法"和"主观不法"的概念。所谓"客观不法"是指行为人的行为违法，即违法性是客观的；而"主观不法"是指行为人致人损害的一种态度。过错指的就是行为人实施行为时的态度，因而是主观的，与"主观不法"同义。因此，过错与违法性具有不同的属性，分属不同的范畴。与法国法不同，德国法与奥地利法一样，实际上将过错定义为一种"有缺陷的意志"。㊁

区分违法性与过错，自然衍生出的一个理由或判断是：并不是每个不法行为都是应受谴责的行为。具体到信贷领域，比如对于刚刚入职的员工，并不能当然地认为其完全具备专业胜任能力，但有些银行奉行"拿来主义"，导致在个别情况下有些工作人员被上级"诱导"或"逼迫"签字，此时若信贷人员没有遵从客观的注意义务，没有像一个理性、谨慎的人那样去行为，那么他的行为就具有违法性，但过错问题并不一定存在。换句话说，"没有责任的不法"之所以存在，正是因为违法性与过错相独立、相区分，虽然行为具有违法性，行为人并不一定要承担责任。违法性可以解释行为与不利后果的因果关系，但若不存在过错，则不构成责任的承担。

综上，本书在论述责任构成时，采纳违法性和过错独立区分的观点。违法性要件与过错要件泾渭分明，违法性是从法秩序角度对行为进行评价，具有客观性；而过错体现为一种有瑕疵的、应受谴责的心理状态，是对行为人的一种主观非难。也就是说，对于过错，我们采纳的是主观过错的观点，从而与客观违法性相区别。

作为独立的构成要件，违法性的特征在于，首先，它是与过错相分离的构成要件，不同于过错是对行为人的否定性评价，违法性是对行为人行为的否定

㊀ MARKESINIS B S. The German Law of obligations. The Law of Torts: A Comparative Introduction[M]. 3rd ed. Oxford: Claredon Press, 1997:68.

㊁ 考茨欧. 侵权法的统一：违法性 [M]. 北京：法律出版社，2009：20.

性评价；其次，它是过错责任的构成要件，不是危险责任和替代责任的构成要件；最后，它是归责的重要依据，如果行为没有违法，即使满足因果关系和过错要件，也缺乏证明责任的正当性。㊀

行为是违规行为最基本的构成要素，没有行为也就无所谓违规行为，但是并非所有的行为都是违规行为。违规行为是各类行为规范对行为做出的否定性评价，从而使违法性成为违规行为的本质属性。这种违法性，不是主观的而是客观的，是形式违法与实质违法的统一，是结果违法与行为违法的统一。

就客观违法性而言，有必要明晰如下几个既相互区别又相互联系的范畴。

一是形式违法性与实质违法性。违法性形式上是对各种法规范或行为规范的违反，但实质上是对法益的侵害，若没有伤害，侵权则无从谈起。㊁通过权利侵害判断行为的违法性，继而追究行为人的侵权责任，是侵权法规范适用的基本思路。一般说来，如果行为人无正当法律理由而侵害了他人的法定权利，其行为即具有违法性。权利就是法律以强制力明确保护的利益，权利的合法性为法律所明示，侵害权利即被推定为违法。㊂麦茨格指出，"违法是对作为评价规范的违反，是变更了法所承认的状态或者引起了法所不承认的状态"，㊃这就是形式违法性和实质违法性的结合与统一了。

二是客观违法性与主观违法性。客观违法性将法规范或行为规范理解为客观的评价规范，不管行为人的主观能力如何，只要行为在客观上违反了法规范或行为规范就具有违法性；而主观违法性将法规范或行为规范理解为对行为人的命令性规范，因此违反法规范或行为规范的人必须能够理解规范内容，违法

㊀ 周友军.侵权责任法专题讲座[M].北京：人民法院出版社，2011：211-212.
㊁ 当然，此处是就一般情况而言。特殊情况下，行为人即使没有给被侵害人造成实际的损害，其行为也可能被认定为违法，这样做的目的在于为极为重要的民事权利提供充分的和高程度的保护。如英美侵权法上的"自身可诉侵权"就是这种观念的具体体现。所谓"自身可诉侵权"是指，只要存在侵害他人权利的行为，无须给他人造成实际的损害，就应承担侵权责任。典型如暴力侵犯、暴力威胁、错误拘禁以及未经他人同意或无合法根据地干涉或利用他人财产的行为等。
㊂ 曹昌伟.侵权法上的违法性研究[M].北京：中国政法大学出版社，2017：84.
㊃ 转引自：张明楷.行为无价值论与结果无价值论[M].北京：北京大学出版社，2012：33.

性的有无只能就有责任能力的人的行为而言。二者的区分与违法性和过错的区分相联系。在坚持主观过错概念的情形下，只能采取客观违法性的观点，主观的违法性即为过错。

三是结果违法性与行为违法性。与刑法理论中的结果无价值和行为无价值论相对应，[一]侵权法中的违法性，其认定一般采纳结果不法说或行为不法说。依据结果不法说，行为人的行为实际侵害了他人的人身或财产，则无须再验证违法性，客观构成要件的满足（即符合性）直接证明违法性，行为人只有证明了违法阻却事由的存在，才能免于承担责任。可见，结果不法说没有正面规定违法性要件，而是将造成损害后果的行为先在原则上判定为违法，后用排除的方法按一定标准排除并不符合违法性的情形。[二]而依据行为不法说，判断违法性应与违规行为相联系，因为只有人的行为才可以被强制或禁止。只要行为人违反了某个具体的法规范或行为规范，或者违反了应尽的注意义务，就应当认定行为的违法性。法秩序允许人们实施有潜在危险的行为，如果遵守了相应的规则仍然发生了损害，那这就是法规范所允许的危险活动的风险，是"不幸"而非"不法"。[三]

在通常情况下，遵守行为规范意味着保护法益，遵守行为规范的目的也恰恰在于保护法益。所以，我们主张遵守行为规范，是为了保护法益，而不是为了遵守行为规范而遵守行为规范。我们不仅要在形式上尽职，更要在实质上尽职，防止片面追求程序及形式合规，而不计实质上的合规，甚至置保护信贷资产安全的经营目的于不顾。在此意义上，我们坚持客观违法性的观点，强调

[一] 行为无价值和结果无价值是日本学者根据德语翻译而来的，站在价值评判的角度，概指行为或结果是"恶"的或反价值的一种否定性评价。大体而言，对于与结果切断的行为本身的样态所做的否定评价，称为行为无价值。行为无价值论认为，行为本身恶、行为人的内心恶是违法性的根据。对于行为现实引起的对法益的侵害或者危险所做的否定评价，称为结果无价值。结果无价值论认为，违法性的根据在于行为造成了法益侵害或者危险结果，即结果恶才是违法性的根据。参见：张明楷. 行为无价值论与结果无价值论 [M]. 北京：北京大学出版社，2012：6.

[二] 郭明龙. 侵权责任一般条款研究 [M]. 北京：中国法制出版社，2019：263.

[三] 周友军. 侵权责任法专题讲座 [M]. 北京：人民法院出版社，2011：216.

形式违法性与实质违法性的统一，强调行为违法性与结果违法性的统一。我们必须明了这样做的根本目的在于保护信贷资产安全。我们强调，信贷人员遵守国家法律、行政法规、部门规章及其他规范性文件，遵守行内规章制度、经营规则、岗位职责、业务标准、作业流程、产品指引等工作规范，以及行业组织的自律性行业准则、行为守则和职业操守等各类行为规范，就是因为这些规范是为了保护信贷资产安全而制定的。同时，由于这些规范只是针对一般情形制定的一般性规则，在特殊的场合，我们不能拘泥于僵化的规则或规范，必须优先保护信贷资产的安全，而不能优先维护规则和规范。这对于信贷风险问责实践具有重要的指导意义，有时信贷人员表面上的违规，并不代表其"行为无价值"。行为的违法或违规，仅仅是责任构成要件之一，单凭此并不能认定信贷人员的责任。

明确了违法性之后，还必须了解违法阻却事由。违法阻却事由是指阻碍认定违法性的事由。其最大的特点在于，我们将违规行为（本质在于违法性）作为过错责任的独立构成要件时，作为能够使行为正当化的事由，违法阻却事由的存在将直接导致责任不再成立，行为人完全不需要承担责任，而不仅仅是责任的减轻。侵权法上的违法阻却事由一般包括正当防卫和紧急避险等。从信贷领域更宽泛的意义上讲，还可以包括行为人的抵制无效或受胁迫行为，以及被侵权人同意、自甘风险等。如果采纳过错吸收违法性的立场，则"违法阻却事由"能够成为行为人不具有过错的抗辩事由。适用于信贷领域的违法阻却事由或抗辩事由，我们将在第 10 章中对其予以详细阐述。

5.4 违规行为的认定

违规行为的认定大体上有以下三种方式。

一是形式判断法。其认定过程，就是将行为人的具体行为与行为时的有效规范要求进行对比，若存在不一致，则构成违规行为。如授信执业规范要求，信贷人员不得在授信调查报告中进行虚假记载、误导性陈述或有重大疏漏，若后续审计发现存在类似事项，则可判定信贷人员存在违规行为。

二是实质判断法。其认定过程，就是将信贷人员具体作业的"现实行为"，与合理人在同一情况下的"当为行为"进行比较，若有差距，即信贷人员的行为低于其注意标准时，则构成注意义务的违反，构成违规行为。这里采用的认定标准即第3章所述的"理性人"或"谨慎人"标准。该标准坚持认为危险及其预防必须根据"客观"标准评估，而且成为一个能够确定合理的预防措施的模型。㊀ 当然，注意标准赋予专家或类专家较高的注意标准，使其责任随着危险的增加和注意能力的增加而增加。

三是效率判断法。其认定过程即汉德公式的应用过程。依据英美法院的审判实践，法院在判决被告是否违反注意义务时，会综合考量损害结果发生的可能性、损害结果的严重性，以及被告为避免损害发生所应承受的负担等因素。此三项考量因素构成了著名的"汉德公式"。假设损害发生的可能性为 P，损害为 L，负担为 B。若被告防范损害的负担小于损害数额乘以损害发生的概率（即 $B < P \times L$），则被告未尽到注意义务，应承担过错责任。此即判断行为人是否违反注意义务的"汉德公式"㊁。这里的 $P \times L$ 表示事故的预期成本，但若事故被避免的话，$P \times L$ 就是避免事故的平均预防收益。

汉德公式表明，判断行为人是否违反注意义务或者其行为是否为违规行为，应考虑防范损失发生的"成本"是否高于预期损害金额。若预期损害金额低于预防损害支付的成本，则理性人的选择就是不去付出损害预防成本。因为若此时花费更多的成本去预防较小的损害，就会导致整体出现不利益或整体福利降低。反之，若预期损害金额高于避免损害发生所支付的成本，则花费较少的预防支出而防范了较大损害的发生，社会整体将因此受益。此时行为人若未采取合理的预防措施，以避免更大金额的损害发生，则应承担过错责任。

㊀ 波斯特马.哲学与侵权行为法[M].陈敏，云建芳，译.北京：北京大学出版社，2005：72.

㊁ 该公式是由比林斯·勒尼德·汉德（Billings Learned Hand，1872—1961）法官在美利坚合众国政府诉卡罗尔拖轮公司案（United States v. Carroll Towing Co.）中提出的。

汉德公式具有两层含义：一是如果预防成本 B 小于预防收益 P×L，那么预防就是积极有效的，若不采取预防措施造成实际损害，就构成侵权法上的不作为过失，应承担过错责任。二是若双方当事人中任何一方，在采取措施付出成本后都可避免损失，取得预防收益，并且预防成本都比预防收益少，则应由当事人中预防成本相对较少、收益较大的一方付出预防成本，如其不付出，将构成侵权并承担相应的赔偿责任。在此意义上，一笔不良贷款和损失的发生，并不能天然归咎于信贷人员，银行也可能存在过失，因为在通常情况下，特别是对于公司业务而言，银行虽然为贷款支出更多的成本，包括聘用更多的信贷人员、要求多人组团作业、花费更多的尽调时间等，但与贷款金额或可能避免的损失相比，也是"微不足道"的。

汉德公式在效率的外表下，实质界定的是"合理的注意义务"，是一种可以公平协调双方当事人之间相互冲突的自由的注意程度。汉德公式的提出，以一种至少在理论上可以用具体的金钱数目取代哲学性的抽象原则的标准，让行为人知道自己要做到什么程度才叫"已善尽注意的义务"，这就是汉德公式划时代的意义。㊀就信贷领域而言，信贷人员从施加风险中得到的自由必须与银行因承受这些风险而丧失的安全相平衡。相反地，信贷人员因采取预防措施而被迫放弃的自由必须与这些预防措施给银行带来的信贷安全利益相平衡。"公平的"注意程度由比例原则确定㊁，即信贷人员必须采取与他们造成的危险的严重性和可能性相适应的预防措施，并且银行只能要求信贷人员采取对他们的安全带来的利益超过对信贷人员的自由造成的负担的预防措施。

根据汉德公式，如果损害非常大，但是预防成本非常低，并且预防产生的效果非常好（较低的损害实际发生的可能性），那么，就要求行为人采取预防措施。当然，由此可以推出一个极端的类型，即在风险发生的可能性非常小以至于风险可能被描述为"仅仅是一种可能性"，而不是"合理可预见"的情况下，汉德公式根本不要求行为人进行预防。比如当信贷人员给一个"大而不能倒"

㊀ 林立. 波斯纳与法律经济分析 [M]. 上海：上海三联书店，2005：300.

㊁ 波斯特马. 哲学与侵权行为法 [M]. 陈敏，云建芳，译. 北京：北京大学出版社，2005：55.

(默认违约概率为 0)的客户授信(比如中国烟草、三桶油、五大电力集团等类似企业),若授信金额不是特别巨大,例如几亿元,即使不按照相关规定进行尽职调查,仅凭公开资料或者一纸空文进行授信申请,对于判断企业信用状况也没有任何实质性影响。此时若要求信贷人员采取通用的翔实的尽职调查,姑且不说是否可行(客户不一定允许和配合),就实质作用而言,额外地支出尽职调查等预防成本纯属浪费。

汉德公式的提出,引起了广泛的注意和引用。波斯纳进一步引申和发展了汉德公式的经济内涵,他指出汉德公式的适用是粗糙的,不能仅仅从总成本的角度去衡量成本或效益关系,应当将边际成本和边际收益问题考虑进去,在公式中的预防成本不应是总成本,而应是边际成本。也即是说,必须研究预防事故的追加收益与追加成本。

但在实践中,汉德公式也遭遇了一些批评,主要在于:在损害尚未实际发生时,很难对损害的发生概率进行准确评估。在信贷实践中,由于贷款金额巨大,对应着巨大的风险敞口,即使不良发生的概率很小,其乘积也可能大大超过信贷人员进行调查分析的实际成本支出,因此其应用一般不会遭遇太大的量化困难。通常来讲,对于银行、整个行业、甚或对于社会而言,信贷人员采取预防措施总是值得的(这里的成本取决于信贷人员自己以及银行的制度设计)。这样的结论绝不武断,因为不仅仅是预防成本足够小,而且信贷人员确实能通过施加注意产生效果以至于使降低的预期总信贷风险损失足够大。

对于信贷业务而言,信贷人员对于风险的防范,最重要的预防措施是获取关于企业信用风险的信息,因为只要拥有这些信息就可以增强信贷人员预防信贷风险的能力,所以类似尽职调查等信息收集所花费的成本就是其最主要的成本支出。例如,正常情况下,假设贷款金额为 1 亿元,若信贷人员保持合理注意,尽职调查的差旅费等成本支出约为 1 万元,加上自身人力资本费用 1 万元,双人同时作业,总成本不超过 4 万元,再翻一倍至多是 8 万元,如果预期不良发生率为 2%,则预期损失为 200 万元;若信贷人员不谨慎履行注意义务,马虎作业,实际注意水平低于合理注意水平,对信用质量较差的客户授信 1 亿元，此时预防成本仅为 3 万元或 6 万元，但不良发生率可能高达 10%，预期损失则为 1000 万元。信贷人员的不尽职行为（未谨慎履行合理注意义务，马虎作业）导致不良发生概率提升 8 个百分点，预期损失增加 800 万元。所以若真的发生实际损失超过 200 万元的情况，而信贷人员节约了 1 万～2 万元预防成本，未严格履行注意义务，没有尽到理性人职责，导致客户信用状况的评估出现失误，则其行为构成违规行为，应承担相应的过错责任。当然也可以反过来看，如果信贷人员的预防成本增加 1 万～2 万元，预期收益就可以达到 800 万元，因此赋予信贷人员以合理的注意义务具有经济合理性。

进一步来看，按照汉德公式的第二层含义，应比较信贷人员与银行二者相对的经济效率。对信贷人员而言，即使其认真履职，付出的作业成本也不超过 8 万元，其在该笔业务中可获得的自身各类收入或为 20 万元，成本收入比为 40%；而银行付出的成本为 28 万元，却可以取得预防收益 800 万元，成本收入比仅为 3.5%，其效率远远大于信贷人员。故此，银行必须采取各类措施，为信贷人员提供作业的必要成本和充足的激励，确保其正确履职。当然如此说明，并不意味着信贷人员就无须承担责任，因为汉德公式同时要求，当采取预防措施的成本或者负担小于预计的损失时，如果行为人未能采取预防措施的话，那么他就具有过失。①我们不过是在强调，银行应该做出确保信贷人员正确履职的规定，比如要求更多人团队作业，要求更多时间和更加详尽的尽职调查等，而进行制度设计本就是银行的责任。

当然，这里的预防成本与预期不良率等数额的估算仅做示例，诸如预防成本等其他的隐性成本没有计算在内，而且用经济效率给出的答案也并非绝对正确。我们的社会并没有允诺不惜一切成本保护生命②，更何况是银行的信贷资金安全。但是银行这一古老的行业一直存续至今并不断得到发展壮大，并且中国的银行业已处于今日世界的前列，说明银行的业务模式自有其存在的道理。银

---

① 波斯特马.哲学与侵权行为法 [M].陈敏，云建芳，译.北京大学出版社，2005：147.
② 卡拉布雷西.事故的成本：法律与经济的分析 [M].毕竞悦，陈敏，宋小维，译.北京：北京大学出版社，2008：15.

行可以允许信贷人员偶尔不尽职带来业务的损失，只要社会需要银行并且其盈利足以弥补损害等成本即可。也就是说，如果银行这种业务模式能够弥补它所造成的损害并且能够运行下去，那么就应该被认为是有价值的。长久以来，如此这般的业务模式应该是截至目前发现的最好的、最安全的业务模式。如果信贷人员履行合理注意义务的预防成本不能低于正常的预期损害，或者说，信贷人员履行了合理注意义务仍然会给银行带来超过预期的经营损害，银行终将亏损致死。但是银行之所以存在并茁壮发展，就是因为信贷人员合理注意下的成本以及带来的预期损害，是银行完全可以承受的。不管单个信贷人员如何履行自己的注意义务，甚至觉得成本过大而不愿意付出，但就总体而言，从经济角度出发，银行接受合理成本和损失的行为是完全值得做的。当然银行内部并不存在自由的市场，信贷人员在银行的管理之下，并不可以完全自由地决定自己注意义务的付出水平。考虑到信贷人员自身财力和授信金额的非对称性以及银行的负外部性，当损失真实发生时，他们并不是唯一承担成本的人。因此，国家的管制、银行内部的管理，在某种意义上也体现了政策集体决定的影响。信贷人员作业模式下对合理注意水平的确定自有其合理性，一旦构成注意义务的违反，就会大幅提升业务的危险性，从而构成违规作业行为。

第 6 章

因果关系的认定与检验

出现了不良资产,即损害结果,而且信贷人员确实存在违规行为,信贷人员也不一定需要承担责任。当信贷人员的违规行为与不良的发生或造成的损失没有因果关系时,即造成损失的直接原因并不是信贷人员的违规行为,比如突发事件或自然灾害的出现,即使信贷人员在前期贷款操作过程中存在不尽职行为,也不能对其进行问责。因果关系构成要件的满足和符合,是非常重要的一环。

6.1 因果关系的概念与特征

连接贷款损失与违规行为的一个关键因素就是因果关系,二者之间的联系在一定程度上使得违规行为造成了不利后果,在做法上呈现不正当化。如果二

华章经管不可多得的图书出版机构

财会一家亲

作者：鲍尔斯
ISBN: 978-7-111-66600-1

根据中国企业财税实务，
结合上市公司实际案例分析，
内容通俗易懂，快速了解财务
及业务经营数据

作者：鲍尔斯
ISBN: 978-7-111-67215-9

作者：李利威
ISBN: 978-7-111-62368-7

投出38个股权设计，
涵盖95个实操难点，
从小米、阿里到碧桂园，
上百案例全覆盖

作者：魏朱斌
ISBN: 978-7-111-62606-0

经典名著，畅销25年，
根据现行法律法规全新修订，
上百张图表

咨询电话：010-68995261
华章书院 俱乐部

者之间缺乏因果关系，就无法理解贷款损失的责任追究问题。只有借助因果关系，才能将一个积极的或消极的行为归责于一个特定的人。在贷款损失的责任追究过程中，我们强调因果关系，其目的就是归责，具有鲜明的规范属性，因此在基于信贷风险或贷款损失目的的问责中，作为构成要件的因果关系，就不是一个自然的、日常的或者说自然科学、哲学上的概念，而是一个事实与法律相结合的涵摄主客观因素的概念。

在哲学意义上，因果关系即指事物或现象之间的引起与被引起的关系，或者可被理解为"一种情形引发另一种情形的判断"[1]。万事万物无不遵循因果规律，任何事物或现象都是由其他事物或现象引起的，该事物或现象又会引起其他事物或现象的出现或发生。而归责原则下的因果关系，与法律上的因果关系含义基本相同，是指损害结果和造成损害的原因之间的关联性，是违规行为与贷款损失之间的引起与被引起的关系，是侵权法上"自己行为责任"的必然延伸，是责任人承担责任的基本和必要条件。也就是说，这里的原因是违规行为，结果是损害结果或贷款损失，在它们之间存在的前者引起后者、后者被前者所引起的联系或关系，就是基于归责目的的因果关系。

责任构成要件中的因果关系是对哲学上的因果关系的特殊运用、具体运用，与哲学意义上的因果关系相比，它具有自己不同的特点。把握二者之间的区别有助于理解作为问责基础的因果关系的内涵。二者的区别表现在以下几个方面[2]。

首先，考察的目的不同。哲学上的因果关系旨在探求事物之间内在本质的关联性，从而把握事物的动态发展规律。而作为责任构成要件的因果关系，其功能和目的不在于寻求事物的本质和规律，而在于归责，即确定责任的归属及其范围。目的的不同决定了二者在判断方法上的不同，哲学上的因果关系从现

---

[1] 施皮尔.侵权法的统一：因果关系[M].易继明，等译.北京：法律出版社，2009：85.
[2] 王利明.侵权行为法归责原则研究[M].修订2版.北京：中国政法大学出版社，2004：492-496；王利明.王利明学术文集：侵权责任编[M].北京：北京大学出版社，2020：328-329；晏景.侵权责任中的因果关系认定[M].北京：人民法院出版社，2014：20-21.

象出发,通过理性的抽象思维得出因果关系本质的一般性认识。在认定侵权责任上的因果关系时,将具体案件中的原因事件和结果事件同被普遍认同的同类型的因果律及一般因果法则进行比照,如果符合,则成立因果关系。

其次,因果链条的确定与选择不同。哲学上的因果关系旨在寻求无限联系的事物的内在本质的规律性,客观世界中所有的事物、现象和过程都必然由某种原因所引起,没有不处在因果链条中的事物,因此在考察因果关系时需要尽可能全面、深入地掌握各种彼此间具有联系的事物。而考察归责目的下的因果关系,则不可能使因果关系的链条无限延伸、漫无边际,必须截取一个或几个链条,从而使某些特定的当事人承担责任。因此,基于归责目的的因果关系无非是将哲学上的因果关系的某一个或几个链条加以截取,从而服务于归责与控制责任范围的需要。

再次,对真实性的要求不同。哲学上的因果关系强调的是一种客观的真实,即事物客观的状态与联系。这种因果关系是客观存在的,它不以人们的意志为转移。其探究目的就在于了解事物的客观真相,所以哲学上的因果关系越真实就越接近客观规律,越符合人们认识世界的要求。而基于问责目的的因果关系,虽然也需要尽可能地探讨客观真实,但在无法了解客观真实的时候,并非就不能确定因果关系,因为此时要求的是一种法律上的真实,并不完全等同于客观真实。此时的因果关系是在问责过程中加以证明的,在时间和空间上都受到限制,不可能无限接近真实,而只能由当事人通过举证尽可能加以证明,并经由法官代表(审计人员、问责委员会)在证据面前采用一定的方法加以判断,从而使因果关系的证明带有主观色彩,客观真实有时仅仅是经过构造的法律事实。

最后,在是否涉及价值判断上的不同。哲学上的因果关系,其探求目的是探讨事物内在的本质属性,要求尽可能排除一切主观的因素,力求科学、客观地认识事物间的联系,因此是一个事实判断问题。但是问责目的下的因果关系判断,只截取与归责相关的部分因果关系链条,求得的只是法律上的真实,其中包含了法律政策与价值判断的内容,绝非纯粹的事实判断,它既是一个事实判断问题，也是一个法律的价值判断问题。因果关系链条的截取、判断标准的选择、证据的确定，以及因果关系的推定等，都离不开法律判断的因素。

当然，归责原则下，违规行为要件承担的任务是评估行为人的具体表现以及它在客观上是否违反了既存法律和规范，损害事实或贷款损失要件承担的任务是判断银行是否受到了权益侵害。在这两个要件成立的情况下，因果关系要件承担的任务，是判断损害事实是否为该违规行为所引起，该违规行为是不是造成贷款损失的客观原因。因果关系要件的职能是在信贷工作人员的作业行为被确认为违规的情况下，考察判断它与贷款损失之间是否具有引起与被引起的因果关系。如有因果关系则进一步判断信贷人员是否具有主观过错，从而最终判断是否构成侵权责任；如无因果关系则不构成侵权责任，也无须进行过错的判断。

6.2 因果关系的认定理论

因果关系作为归责要件之一，用来判断违规行为与损害后果之间是否存在因果关系。这是归责的一个要点，长期以来得到国内外学者的广泛关注，并取得了丰硕的研究成果。总体来说，大陆法系主要有条件说、原因说、相当因果关系说、法规目的说；英美法系主要有区分事实上的因果关系和法律上的因果关系的双层次因果关系理论。对于我们认定基于归责目的下的因果关系均具有相应的启发意义。

1. 条件说

条件说产生于19世纪70年代，为德国学者所创设，是大陆法系关于因果关系最古老的理论。该理论认为，凡是对损害结果的发生起作用的条件，都是该损害结果发生的原因；一切条件都是平等的，不必进行主要条件和次要条件的区分。⊖该理论不承认事实上的原因和法律上的原因的区别，而将逻辑上导致该结果出现的所有条件都视为法律上的原因，行为人都要承担责任。根据该

⊖ 冯珏. 英美侵权法中的因果关系 [M]. 北京：中国社会科学出版社，2009：5.

理论，造成损害的众多原因都具有同样的价值，且对结果的发生都不可或缺，故条件说又被称为等值说。

条件说下，所有与损害结果的发生具有一定关联的原因，都应当作为事实上的原因加以考察，但是只有那些在其不存在时损害后果就不会发生的条件才属于损害结果的原因，所有这些能引起损害后果发生的条件都是不可或缺的因素，是这些因素的积累，造成了损害的发生，所有条件对结果而言都具有等值性。

依条件说所做的因果关系判断，其"原因"的范围往往十分广泛，就事实判断而言，该学说对因果关系的考察比较全面，在因果关系比较简单的情形下，不需要做更多的价值判断，其应用具有一定的合理性。但该学说对条件与原因不加区别，事实上将所有与结果有关的原因和条件等量齐观，将因果关系链条拉得过长，且没有提供一种有效地截取因果关系链条的方法，使得因果关系的检验变得非常复杂。同时，在多人或多因的情况下，往往无法区分不同行为的原因力大小，不利于分别确定不同行为人的具体责任。因此该学说经常招致侵权责任的客观基础失之过宽、缺乏精准的责难。

在信贷风险的问责实践中，造成贷款损失的条件或原因有很多，比如客户经理未完全按照规范要求作业，提供了虚假的客户信息；评审人员在项目评审时未发现明显的异常，对授信方案存在的缺陷没有提出完善意见；客户在能够从其他渠道筹款的情况下，怠于还款，甚至存在逃废债情形；遭遇了国别和政策风险以及自然灾害的影响；等等。这些原因中，若将其原因力等同视之，显然不利于精准问责的实现。

2. 原因说

原因说可以说是对条件说进行批判过程中的产物，它将条件说中的诸多等值条件分为两部分：一部分是原因，一部分是纯粹条件，从而否定了条件平等和等值的观点。该理论认为原因与结果之间存在因果关系，其余条件与结果之间不存在因果关系。其对条件说的修正思路可概括为，在违规行为与损害后果之间的因果关系链条中划出一定的界限，截取一定的环节，从而更精准地确定相关责任。

按照原因说，在引起损害发生的各种原因中，因时间、空间、作用力等方面的不同，各种原因对损害的作用力也不相同，只有那些在时间、空间上与损害结果距离较近，或对损害结果的发生起到有效作用的原因，才是损害发生的真正原因。我国多数学者也赞成如此分类，即将对损害结果的发生起着不同作用的行为或事件，按性质定性为原因和条件。行为对损害的发生起着决定作用，行为和结果之间有内在的、必然的联系的，称为原因；行为对损害的发生只起一定作用，行为和结果之间有外在的、偶然的联系的，称为条件。⊖

相比条件说，原因说与法律上寻求真正引起损害并且应当承担责任的原因的目的更加契合，不仅缩短了因果关系链条，而且通过区分损害发生的原因和条件，确定了不同的原因力大小，对于划定赔偿范围具有重要意义。但该学说对于如何区分原因和条件并没有给出一个有力的统一标准（根据区别原因和条件的不同标准，先后产生了必生原因说、直接原因说、最重要原因说、决定原因说等多种理论界说⊜），在很多情况下，对二者的区分非常困难。同时该学说主要是从事实上的因果关系出发来考虑如何截取因果关系的链条，即坚持"一元论"思想，缺乏对法规政策等的考虑，对法规上可归责性的特殊考虑缺乏指导意义。因此，该学说很快被相当因果关系说代替。

在对信贷风险进行问责的实践中，针对造成贷款损失的诸多条件，除了客

⊖ 王利明.侵权行为法归责原则研究[M].修订2版.北京：中国政法大学出版社，2004：514-515.

⊜ 必生原因说（或必生条件说）认为，在引起结果发生的各种条件行为中，只有为结果发生所必要的、不可缺少的条件行为，才能称为侵权法意义上的原因，其余的则为条件；直接原因说（最近原因说）认为，在引起结果发生的数个条件行为中，直接引起结果发生的条件行为是侵权法上的原因，其余的则为条件；最重要原因说（最有力条件说）认为，在引起结果发生的数个条件中，对于结果的发生最有效力的条件行为是侵权法上的原因，其余的则为条件；决定原因说（优势条件说）认为，在结果未出现之前，积极引起结果发生的条件（起果条件）与消极防止结果发生的条件（防果条件）处于均势。后来由于"起果条件"占据优势，压制了"防果条件"，引起了结果的发生。因此凡是占有优势并使结果发生的条件行为，即是侵权法上的原因，其余的均为条件。参见：冯珏.英美侵权法中的因果关系[M].北京：中国社会科学出版社，2009：6.

户经理行为、评审人员行为、风险经理行为、客户行为、国别和政策风险、经济周期环境、自然灾害等都是可能导致不良资产产生的条件,均等问责不仅不可能,也不科学,若能从中找出最关键的原因,则可以为精准问责提供直接指引和依据。

3. 相当因果关系说

一般认为,相当因果关系说是19世纪80年代由德国学者冯·克里斯(von Kris)确立的。该学者首次将概率论的思想用于因果关系领域,认为客观上事件发生的可能性,可作为说明因果关系的一项要素。按照此理论,只有那些为结果的发生提供了可能性的条件才能被称为原因。也就是说,在造成损害发生的数个条件中,如果某个条件显著或有效增加了损害发生的客观可能性或盖然性时,就可被视为损害的充分原因;如果行为并没有实质性地增加损害发生的可能性,行为人的责任就会被排除。简言之,相当因果关系说可简单表述为"在通常情形下,只有当一个必要条件相当程度地增加了其所致损害的风险时,它才是该损害的充分原因"[⊖]。

相当因果关系说的理论基础是:事物之间的因果关系是客观的、独立于人的意志之外的,它是事物普遍联系和相互制约的反映形式之一;同时,人们对因果关系的认识受制于人类知识水平和认知能力的有限性以及事物之间联系的复杂性等因素,导致人们无法完全认识事物之间的因果关系。因此,对特定事件的因果关系判断只能是在现有认知条件和信息状况下做出可能性判断,法官认定因果关系的过程并不是一个逻辑推演的过程,而只是一个可能性判断过程。[⊜]在判断因果关系时,应当依据相当性概念来判断,此种判断实际上就是在判断原因是否具有充分性,或者说行为是不是损害发生的充足原因。因此,相当因果关系说也被称为充分原因说。

该学说总结出符合相当性的两个条件:一是该事件是损害发生不可或缺的

⊖ MARKESINIS B S, UNBERATH H. The German law of torts: a comparative treatise[M].4th ed. Oxford:Hart Publishing,2002:107.

⊜ 范利平. 侵权行为法中的因果关系:理论和实践 [M]. 广州:中山大学出版社,2004:58.

条件；二是该事件实质上增加了损害发生的客观可能性○。也就是说，增加损害发生可能性的必要条件就是损害结果的相当原因。该学说还认为，原因是否具有"相当性"，关键在于该原因是否表现为通常状态，而不是特殊性质的、不可能的、依据事情正常发展不予考虑的。○相当原因有两种表达方式：肯定式——如果被告的行为一般易于造成已发生的损害，或者至少实质性地增加了损害发生的可能性，就构成相当原因；否定式——如果被告的行为只是在特殊的、唯一的或者非常不可能的情况下才造成损害，并且按照一般进程不会注意到这些情况，则不构成相当原因。○所以，相当因果关系说的目的在于排除行为人出于某些极其特殊的原因造成损害的责任，同时赋予人们依据具体情况推定行为人具有责任的权利。在此意义上，此说与英美法系中的事实因果关系和法律因果关系的双层次因果关系理论有相似之处。

可见，相当因果关系说与条件说和原因说的不同之处在于，其不仅仅要判断事实上的因果关系，而且要进一步判断相当性问题，本质上就是法律上的因果关系。也就是说，此种因果关系需要分两个阶段加以认定，即先肯定条件关系后，再判断其相当性。之所以如此，是因为"相当因果关系不仅是一个技术性的因果关系，更是一种法律政策的工具，乃侵权行为损害赔偿责任归属之法的价值判断"○。相当因果关系说收窄了因果关系非常宽泛的范围，防止因果关系链条过长，有利于减轻受害人的举证负担，但由于因果关系认定依赖法官的价值判断，也可能带来新的不公正现象。

相当因果关系说在行为人不当地使他人面临遭受损害的风险时，在适用上更具有直观性。例如，在请客户进入银行的首要环节，客户经理的职责是"看门人"，其作用发挥得如何，直接关系着什么样的客户能够进入银行，而客户

○ 王旸.侵权行为法上因果关系理论研究[M]//梁慧星.民商法论丛：第11卷.北京：法律出版社，1999：513.

○ 晏景.侵权责任中的因果关系认定[M].北京：人民法院出版社，2014：48.

○ GERVEN W V, LEVER J, LAROUCHE P. Common law of Europe casebooks: tort law[M]. Oxford: Hart Publishing, 2000:397.

○ 王泽鉴.侵权行为[M].3版.北京：北京大学出版社，2016：246.

的准入是银行风险的第一道关口,选好了客户就控制住了风险的源头。若客户经理因为没有对客户进行充分的尽职调查,而将不合格的客户请进银行的大门,或者在客户错误信息的基础上不适当地扩大了授信敞口,最终造成了风险和损失,尽管贷中和贷后管理中可能还存在其他原因,但在常识上,引入坏客户的行为(尽调环节未尽职)将被认为是造成贷款风险的一个相当原因。

4. 法规目的说

为了弥补相当因果关系说的不足,德国学者又发展出了法规目的说,主张以对法规目的的探究来取代对因果关系的考察。该学说认为原因只能涉及必要条件,其余的理论不外是对法律责任的限制和对保护范围的确定,限制责任的问题可以通过具体的法规保护范围和法规目的来解决,而不必采用一般的因果关系公式来确定。㊀法规目的说强调侵权行为所产生的损害赔偿责任应依侵权行为的法规之目的而定,其理论依据主要有二:一是行为人就其侵害行为所造成的损害应否负责系法律问题,属于法之判断,应依法规目的加以认定;二是相当因果关系说的内容抽象不确定,难以合理确定损害赔偿的范围。㊁

相当因果关系说以可能性作为判断标准,并由法官根据一般的社会经验加以判断,但是在判断因果关系是否具有相当性时,应当考虑有关法规的意义和目的。依法规目的判定某项损害应否归于行为人负担,实具说服力。法规决定法律义务,因违反义务而肇致损害时,其赔偿责任应与法规具有关联性,乃属当然。㊁法规目的说认为,应当广泛承认因果关系乃是责任构成要件,在确定事实上的因果关系之后,再依法规目的判断因果关系是否存在。在确定行为人对行为引发的损害是否应负责任时,应当依法规目的加以判断。如果依法规目的不应当承担责任,则即使具有相当因果关系,也不应予以赔偿。㊂

相对于相当因果关系说要求考虑"相当性"的价值判断,法规目的说认

㊀ 冯珏.英美侵权法中的因果关系[M].北京:中国社会科学出版社,2009:14-15.

㊁ 王泽鉴.侵权行为[M].3 版.北京:北京大学出版社,2016:262.

㊂ 曾世雄.损害赔偿法原理[M].北京:中国政法大学出版社,2001:113.转引自:王利明.侵权行为法归责原则研究[M].修订 2 版.北京:中国政法大学出版社,2004:532-533.

为，因果关系的判断要进一步考虑法规的目的，事实上相当于对相当因果关系的判断标准进行了进一步的明确，对责任范围进行了限制。所以，相对于相当因果关系说主要根据社会一般经验考虑因果关系的相当性而给予了法官极大的自由裁量权，法规目的说通过考察立法者的意图，使得法官在进行因果关系判断时获得了更明确的价值判断标准。但其实质是重新回到了条件说的立场，认为真正的因果关系问题仅限于条件关系的判断，在条件中确定应负责任的"原因"只是法律政策的产物。

就不良资产问责而言，保护银行信贷资产安全，乃是"法规目的"。造成信贷风险的原因涉及方方面面，因果链条可以追溯得很长，如何适当切断因果链条，在相对孤立的环节中讨论原因和结果之间的关系，法规目的说就有了一定的用武之地。

5. 事实上的因果关系与法律上的因果关系

普通法将因果关系区分为事实上的因果关系和法律上的因果关系，这直接受到了20世纪初的法律现实主义运动的影响，从而将事实原因从近因中分离出来，促成了事实原因与法律原因（近因）的两分，即因果关系的"二元化"。简言之，在英美法中，对因果关系的研究通常采用"两分法"，首先是确定事实上的原因，其次是排除和确定法律上的原因，也可以理解为在事实原因中筛选出符合法律原因的部分，即"近因"。

按照这种理论，如果没有事实上的原因，绝不可能构成民事侵权责任，但仅有事实上的原因，尚不足以确定行为人承担侵权责任，必须同时具有事实上和法律上的原因，才能判令行为人承担侵权责任。在这一理论下，因果关系这一术语包含了两个完全不同的问题。第一个是"事实"问题，即行为人违反注意义务的行为与损害之间的关系是不是与物理上的"科学"或"客观"观念相符的原因与效果的关系。第二个问题涉及行为人是否或者在何种程度上应对他的不当行为事实上有助于造成的结果承担责任[⊖]。所以，事实原因才是唯一的真

⊖ 冯珏.英美侵权法中的因果关系[M].北京：中国社会科学出版社，2009：141.

正的因果关系问题，法律问题或近因问题是非因果的政策判断，用以解决适当的责任限制问题。这与大陆法系的相当因果关系理论有异曲同工之妙。

在信贷问责实践中，也可以借鉴英美法系这一因果关系二分法的模式，特别是在多因一果的情况下，该理论可以帮助我们寻找造成贷款损失的"最接近的"原因。因为从理论上说，行为的结果会延伸向无穷。这个问题应通过价值判断在银行和信贷人员之间取得权益保护的平衡。特别是在信贷业务本身固有的风险中，夹杂了信贷人员的违规行为，导致贷款损失产生的原因是复合的，一味强调信贷人员的违规行为是造成贷款风险的事实原因，并不能完全解决信贷资产的安全问题。对信贷人员的责任范围进行适当限制，也是内在激励机制的一部分。所以，基于便利、合规文化的塑造、追求公正等方面的考虑，拒绝越过某一特定点而继续向下追寻一系列事件，是必须的。

6.3　因果关系的检验规则

世界各国法律无一例外地承认因果关系是法律责任的构成要件，因为法律不能使人对不是由他造成的损害承担责任。各国学者和司法实践都投入了大量的精力创造了众多的因果关系学说，林林总总，不胜枚举。但是，具体如何确定因果关系，或者说，用什么样的标准或规则来衡量某项损害是否由某人造成，可以说至今还是一个没有得到很好解决的难题。正如美国著名侵权法学者威廉·普若瑟所言："关于这一主题值得说的已经说过很多遍了，而根本不值得说的也说了很多，但仍然是一团乱麻和一堆荆棘"[⊖]。

以下就摘要介绍几种主要的因果关系检验规则。

1. 事实上因果关系的检验

在判断事实原因时的主导标准是"假若没有"或"若无，则不"（but for）规则。该规则的含义是：如果没有行为人的行为（作为或不作为），损害就不会

⊖ PROSSER W L. Proximate cause in California[J]. California Law Review, 1950,38(3):369.

发生,则该行为就是损害发生的事实原因。反之,若没有行为人的行为,损害仍会发生,则行为人的行为就不是损害发生的事实原因。该方法实际上是一种反证检验法,即回答这样一个问题:要是没有甲现象,乙现象也会出现吗?如果回答是肯定的,则甲现象不是乙现象发生的原因;如果回答是否定的,则甲现象可能是乙现象发生的原因。

简言之,该方法可以用反事实条件句的形式——"如果没有 A,B 就不会发生,则 A 是 B 的条件"来加以解释。这种反事实条件句是表述必要条件关系的语句。在普通法中,这种反事实条件句通过"假若没有"句式表达,这种通过反事实条件句来判断因果关系的方法也被称为"假若没有"标准,或"若无,则不"规则,有时也被称为"必要条件测试"。该规则得到法律界的广泛支持,他们普遍认为能经受住该标准检验的原因,即是真正的、事实上的原因。应用到信贷风险的问责领域中,即假如没有信贷人员的违规行为,贷款损失就不会发生的话,那么信贷人员的违规行为就是损害发生的一个原因(当然这并不排除还存在其他相关的原因)。

在具体判断事实上的因果关系时,可以采取删除法和替代法两种方式。

一是删除法。其特点是思维上重建一个拟制的模式,罗列各种可能的原因,然后一个接一个地剔除这些原因,观察结果现象是否会发生。如果某一原因被剔除时结果现象仍然发生,则认定被剔除的原因不是导致结果发生的原因。实际应用时,将行为人的行为从损害发生的整个事件过程中完全删除,而其他条件不变,如果在排除以后,损害结果仍然发生,则行为人的行为就不是造成损害发生的不可或缺的条件。反之,如果将被告的行为从损害发生的整个事件过程中完全删除以后,损害结果不可能发生,或以完全不同的方式发生,则行为人的行为就是损害发生的原因。一般认为,如果行为人实施的是积极的作为,或者是在作为侵权中,通常采用此法。

例如,某客户经理在为某客户授信的过程中,向客户索取或接受客户经济利益,致使其在本该对存货和押品进行详尽核查的环节放松了要求。最终证明客户虚构存货,且押品不足值,导致贷款出现了损失。采取删除法判断因果关系时，若客户经理不接受客户的经济利益或没有向客户索取相关利益，通常情况下，存货和押品必须列入严格的尽调流程之中，大概率会发现相关问题，从而对客户信用做出更为精准或正确的评价，有助于做出科学的授信决策，避免出现贷款损失。由此，可证成客户经理的索贿或受贿行为以及对存货与押品的尽调行为存在违规，该违规行为是出现贷款损失的原因。

二是替代法。该法是在修补删除法缺陷的过程中提出来的，它不是把行为人的行为从案情中剔除出去，而是在思维模式上将不当行为由一恰当行为取代。如果不当行为被取代后，损害后果不受影响仍然发生，则行为人的不当行为不是原因；反之，行为人的行为就是原因，因果关系得以成立。实际应用时，假设行为人在事件现场，并从事了某种合规行为，如果此时仍然发生损害结果，那么行为人的行为和损害结果之间就没有因果关系。这种方式实际上就是以合规行为代替违规行为，从而检验行为人的行为是否为损害发生的原因。一般认为，如果行为人实施的是消极的作为，或者是在不作为侵权中，多应用此法。

例如，信贷管理办法规定，信贷人员对客户风险不得故意隐瞒。若某客户经理在贷后检查过程中发现了客户存在重大风险，但未在贷后报告中予以披露，也没有向行内报告，致使后来风险暴露，形成损失。在后期责任认定过程中，可采取替代法，假设该客户经理在发现企业存在重大风险后第一时间报告并处置，损害结果可能就不会发生或损害实际减少，从而可以证成该客户经理的违规行为（消极作为，形成不作为侵权责任）与贷款损失存在事实上的因果关系，其违规行为是产生贷款损失的原因。

需要说明的是，在"假若没有"标准下，如果没有某一行为，某一结果就不会发生，则该行为构成该结果的一个事实原因。考虑到一个事件有多个事实原因，事实原因也可以被描述为该结果的一个必要条件。因而，侵权行为只需要是造成损害的事实原因之一，即某一行为人的侵权行为只需要是损害的一个事实原因，其他原因的存在对于认定该行为人的行为是损害发生的一个必要条件并不产生影响。那些其他原因可能是无辜的或侵权的、已知的或未知的、受侵权行为影响的或独立于侵权行为的，但是如果只要缺少该侵权行为，损害便不会发生，则该行为即为一项事实原因。[一]如我们认定客户经理对客户的尽职调查中缺失了对关联企业的调查，致使后期贷款被挪用，担保作用失效，最终造成贷款损失。尽管可能存在经济下行、市场变化导致客户收入下降、客户有恶意逃废债嫌疑等因素的影响，但这并不妨碍将客户经理尽调环节的不尽职行为认定为贷款损失的一个事实原因。

除上述两种具体检验方法外，实务中确认或检验是否存在因果关系时，有必要考虑时间上的顺序性。原因和结果之间，必然存在时间上的顺序性，即原因现象必然先于结果现象出现。因此，只有先于结果出现的现象，才可能为其原因。凡后于结果出现的现象，均不可能成为其原因，而应被排除在因果关系的认定范围之外。[二]基于时间上的顺序性要求，如果银行不能证明信贷人员的行为是在贷款损失发生之前实施的，或者信贷人员能够证明贷款损失发生在其行为实施之前，则信贷人员的行为与贷款损失之间不存在因果关系。根据"近因理论"，在没有任何有效的介入原因的情况下，以自然而连续的顺序造成损害的那个原因就是近因，而且如果没有这个原因，损害便不会发生。

此外，需要特别强调的是，不管是哪种方法，在"假若没有"规则下，都离不开假设条件。该规则只能通过比较已经发生之事与假设的替代情况来完成，但是假设的替代情况从未在现实世界中真实发生。因此，将假设的替代情况与真实发生事件进行的任何对比，都仅是智识上的构造，经常带有猜测的成分，根本不是事实。[三]"如果行为人的行为合理，损失是否会发生"，由此检验事实上因果关系的规则和标准，在一定程度上就成为假设性原因问题，我们要考察的是如果行为人遵守了相关法规，能否避免损害的发生。

客观地讲，这个判断存在太多的疑难之处，能够使用的分析工具非常有限。除了将手头案件与通常情况相类比，似乎没有发现更好的办法。也正是在

[一] 芭波里克. 侵权法重述纲要 [M]. 3 版. 许传玺，石宏，董春华，等译. 北京：法律出版社，2016：145-146.

[二] 张新宝. 侵权责任法原理 [M]. 北京：中国人民大学出版社，2005：63.

[三] DOBBS D B. The Law of Torts[M]. St. Paul: West Publishing Company, 2000:411.

分析这样的问题时，人们总是感到这个假设的问题仅是想象和猜测，而事实原因这个问题已经不可救药地和法律政策混在一起了。○

2. 法律上因果关系的检验

法律上的原因，按照《布莱克法学词典》的解释，是指被告对原告承担责任的最近原因。它是一种自然的和继续的，没有被介入因素打断的原因。在判断法律原因或近因时的主导标准是直接结果说和可预见性规则。

直接结果说主张侵权行为人为其侵害所造成的直接结果承担责任，即只要没有外来的介入因素打断因果链，行为人对其行为的全部直接后果都负有责任。具体包括两种含义：一是侵权人只对其行为引发的直接结果承担法律责任；二是只要是侵权人之侵害行为直接导致的损害结果，不论该结果对侵权人而言是否具有可预见性，该侵权行为均成为损害结果发生之法律上的原因。○按照该学说，如果行为与结果之间是间接的关系，那么就不存在因果关系。换言之，对非直接的结果来说，行为人的行为仅是一种条件，而不是法律上的原因。直接结果说的根据是，在侵害产生和发展的过程中，最初的损害往往演化为最终的损害，中间具有一系列条件和原因，若让被告对间接结果负责，显然是要他对非因其行为所致的损害负责。○

在该规则下，只要行为人的行为具有过失，而且他能预见到自己的行为具有引发事故的危险性，那么无论实际发生的事故能否被行为人预见，行为人都要为此承担责任。该学说虽然具有使现象之间的因果关系显得简洁明确之优势，但在如何区分直接结果和间接结果上存在缺陷。如威廉·普若瑟认为，所谓的直接结果，是基于当时条件直接受被告行为和当时已经存在的原因力的影响所发生的后果，它未受到任何此后发生积极作用的外界力量的影响。○而学者对于间接结果的认识更加不同：有的人认为其是指那些与被告行为在时间上

○ 冯珏. 英美侵权法中的因果关系 [M]. 北京：中国社会科学出版社，2009：201.
○ 晏景. 侵权责任中的因果关系认定 [M]. 北京：人民法院出版社，2014：41.
○ 王利明. 侵权行为法归责原则研究 [M]. 北京：中国政法大学出版社，2004：518.
○ PROSSER W L. Handbook of the Law of Tort[M]. St. Paul: West Publishing Company,1971:51.

继起的行为或事件造成的结果，有的人则认为其是指偶然事件造成的结果，等等。根据最初主张直接结果说的美国法学家 Joseph H.Beale 的观点，被告的积极行为必须持续到直接导致结果发生时，仍然具有积极的作用力，或被告行为的作用力引发新的积极风险，而由其他原因促使结果发生。换言之，所谓直接结果，是指在既存条件下，由于被告行为之效用，依事件发生顺序导致的结果，而没有积极独立的外在原因介入。所谓间接结果，一般是指在被告行为之后发生独立于被告的行为而具有异常或自愿性质的其他行为或事件所引起的结果。[1]

该学说意图在一系列因果关系的链条中，截取可以对责任进行限制的那一段，将造成直接结果的行为作为法律上的原因。应该说，该规则应用到信贷风险的问责上，会遇到一定的困难。出现贷款损失，即客户没有履行还款义务，能否由此断定，是客户经理的未尽职行为，直接导致了客户未能还款的结果？这与客户因自身的还款能力和还款意愿直接导致其未能履行还款义务的事实，存在较大冲突，从法律政策和价值判断的角度出发，该如何协调这一冲突呢？可预见性规则或风险标准可能相对更具解释力。

所谓的可预见性规则，是在"不从事给他人带来不合理的可预见风险的行为"的一般规则要求下，认为规则存在的目的就是意图防范不合理的、可预见的风险。除非损害产生于行为人的违规行为所致的可预见的风险，否则行为人的违规行为就不是损害的近因。

根据可预见性规则，对损害发生的可预见性不仅是行为有过失的理由所在，而且也限制了过失行为人的责任范围，不当行为人对且仅对其行为可预见的结果承担责任。该规则将行为人的责任限于理性人通常可预见的风险范围内，不包括理性行为人通常会忽略的风险（不可预见的损害）所导致的责任。

当然，行为人应承担责任并不仅仅要求他能预见到损害，这种损害还应该是他可以通过谨慎行事而避免的。当我们说银行的贷款损失应该处于信贷人员过失制造的风险范围内时，正是在这种意思上使用可预见性和风险术语的。如

---

[1] 姚辉.中国侵权行为法理论与实务[M].北京：人民法院出版社，2009：224-225.

客户因为地震而丧失了现金来源，从而造成还款违约，给银行的贷款带来了损失。这种特殊情形即使信贷人员能够预见到，也不是通过其尽职行为可以避免的，因此其不必为此担责。

此外，根据可预见性规则，如果行为人可以预见到某种风险，那么他并不需要预见到具体细节，只要预见到大致的轮廓足矣。而且如果结果本身是可预见的，结果发生的方式并不必预见。[1]据此，若信贷人员未能尽职而过失地制造了贷款发生损失的风险，这种风险从损害的种类来看非常确定（客户不能还本付息），但是可能通过多种不同的途径甚至不可预见的途径发生，此时损害的发生方式并不重要。是因为收入下降、现金流舞弊、存货价值贬损、押品的消失、变更资金用途，还是因为贷后未能及时预警，甚或客户故意赖账等，都与责任承担无关。

作为用法律政策解决法律原因的一种路径，可预见性标准其实已经偏离了所谓的因果关系问题，即法律原因并不是真正的因果关系问题，它反映的只是人们限制责任范围变化不定的一种政策考量。

因此，认定法律上的因果关系，不管是直接结果与间接结果的区分，还是风险可预见性的衡量，都是某种价值评价的取舍而已。需要引起特别注意的是，预见损害的可能性总是以不完全的信息为基础的。在一个完全信息的世界里，只有0和1两种选择，每个人都是全能的上帝；而在一个不完全信息的世界里，每个人都是随时可能犯错的有限理性之人。在银行对贷款损失的责任进行认定的过程中，由于风险已经发生，损失已经造成，此时掌握的信息已经接近完全信息，可预见性几乎变成现实性，与信贷人员当初作业时所掌握的信息已有天壤之别，因此，在承认信贷人员预见能力有限的情况下，对于信贷人员在行为之时能够合理预见到损害的，就不能要求太多。

此时，切记，审计人员或问责委员会成员不能以损害已成事实的信息，去要求信贷人员先前完全预见此等结果，毕竟同一事件有不同发展阶段，随着掌握的信息不断增多，可预见的远度与精度也不断增加，此时（损失形成事实）

---

[1] 冯珏. 英美侵权法中的因果关系 [M]. 北京：中国社会科学出版社，2009：289.

的可预见性含义与彼时（判断当初的行为是否会造成贷款损失）的可预见性含义已经完全不同了。完全信息的取得，赋予了审计人员或问责委员会成员一种后发优势，但不能要求信贷人员具有先知能力。

3. 因果关系的表见证明

在德国审判实践中发展起来的表见证明理论，对于因果关系的认定也具有一定的借鉴价值。该理论下，遭受损害一方可以陈述一系列的事实，根据一般的社会生活经验，从这些事实中能够推导出一个确定而典型的事物发展过程。当整个事实明显具有通常和一般的事物的特点，以至于个别的例外情况已经失去了其典型意义时，就能够设想一个事物的典型发展过程，从而推导出确定的因果关系或者过错。⊖可见，通过表见证明可以较低的证明程度让法官确信事实的存在。

表见证明的依据在于一般的社会生活经验法则。若按照一般的社会生活经验，可以推导出一个事件与另一个事件之间存在前因后果关系，则可推定认为损害后果与违规行为之间具有因果关系。也就是说，若符合一般的社会生活经验，该损害后果就应当是已经被确定的责任原因的典型后果。这里的"典型"并不意味着，违规行为必然导致损害后果的产生，但社会生活经验如此强大，以至于法官可以据此确信事实的真实性。

当然，表见证明可以推定违规行为是损害产生的原因，但是行为人完全可以通过反证来推翻此推定。此时，行为人必须证明，在被追责的事项中，具有出现非典型事物发展过程的重大可能性，而仅仅有可能出现其他非典型事物发展过程的证明力还不够，并不能推翻推定。例如，在某笔不良贷款问责事项中，审计人员认为客户经理在办理机器设备抵押时存在瑕疵，以至于被司法裁定抵押无效，从而应该为该笔不良贷款负责。根据一般经验，抵押品办理失效，丧失了押品，损害了银行利益，属于典型的不良损失原因。但客户经理认为该笔押品是企业的专用设备，当初授信时审批的依据是企业自身的信用水

⊖ 福克斯. 侵权行为法 [M]. 齐晓琨，译. 北京：法律出版社，2006：112.

平，而不是后来额外跟企业争取的抵押品的。本次企业违约造成不良损失，与押品是否抵押有效没多大关系，即使抵押有效，由于是企业的专用设备，处理后也根本不值多少钱，远远不能弥补风险敞口。此外，该抵押品与企业生产经营或信用水平紧密相关，对信用风险本来就没有多少缓释作用，其发挥的仅仅是某种"置信威胁"作用。本次企业违约造成银行损失，主要是因为市场上出现替代新产品而导致企业销售出现问题，即使抵押有效，企业也会违约，因此，抵押是否有效对最终造成的损失基本没有影响。所以，押品办理失效的违规行为，并不一定就是贷款发生损失的原因。

6.4 介入因素与因果关系

在因果关系链条中，常常有一些外来因素的介入，最终造成损害结果的发生，此种现象给因果关系的界定带来新的问题。如在客户经理的行为与最终的贷款损失之间，有许多的其他因素介入，如上级管理者、评审人员、企业行为、自然灾害等，这些因素的介入可能构成更加复杂的因果关系，对信贷人员的责任认定产生复杂的影响，不能不予以重视。

1. 介入因素与因果关系复杂性

典型的介入因素导致的复杂因果关系，主要包括如下几类。

一是共同因果关系。也称为部分因果关系，是指每个违规行为单独都不足以导致最终的贷款损失，但数个违规行为结合起来造成了同一损害。其实，这一因果关系在信贷风险的问责实践中尤为普遍。客户经理作为银行第一道防线的"看门人"，将客户领进银行的大门，接下来要经过风险经理的评价、评审人员的评审、上级分管领导的审核、贷后检查人员的监控，若中途更换了主办客户经理，还有后任客户经理等人员的行为干预。此外，客户自身的行为，特别是还款意愿等，都会影响最终的贷款风险及其损失。分开来看，仅其中的一个环节，并不能完成贷款的投放以及形成贷款的损失，各人员之间可能基于意思联络而共同实施业务行为，也可能并不存在共同的意思联络，但都处于一个业务链条之中。虽然是由客户经理开启了一项业务，但其他人员在各个环节都有可能发现问题并叫停该项业务。

我国《民法典》第一千一百六十八条规定，二人以上共同实施侵权行为，造成他人损害的，应当承担连带责任。主协办客户经理貌似符合此种情况。

第一千一百六十九条规定，教唆、帮助他人实施侵权行为的，应当与行为人承担连带责任。这一条对客户经理的上级领导可能存在适用的可能。

第一千一百七十条规定，二人以上实施危及他人人身、财产安全的行为，其中一人或者数人的行为造成他人损害，能够确定具体侵权人的，由侵权人承担责任；不能确定具体侵权人的，行为人承担连带责任。第一千一百七十二条规定，二人以上分别实施侵权行为造成同一损害，能够确定责任大小的，各自承担相应的责任；难以确定责任大小的，平均承担责任。上述两条对于认定全链条作业人员的责任，存在适用空间。

这里的"能够确定责任大小的"，是指按照各个行为人的过错和原因力综合确定其应负的份额；"难以确定责任大小的"是指当事人的主观过错大小以及原因力大小的比例无法查明。

可见，对于共同的因果关系，我国法律倾向于实行按份责任。在贷款损失的问责实践中，几乎没有连带责任一说，也证明了这一点。

二是超越因果关系。是指客户经理先前的违规行为已经为贷款的损失埋下了隐患，但是另一个行为人实施的行为或事件最终造成了贷款的损失，从而使得客户经理的先前行为对银行贷款最终的损害没有发生直接的作用。这种情形较多地出现在信贷实践中。

例如，企业生产的产品已经出现了其他的可替代产品，而且替代产品价廉物优，合理预计不出一年半载，替代效应将明显出现，客户经营效益将急转直下。

第一种情形：客户经理在客户准入时隐瞒了替代品情况，但评审人员不仅没有掌握替代品市场情况，并且基于客户目前的经营状况建议扩大授信金额，最终造成了大额损失。

第二种情形：客户经理在客户准入时，同样隐瞒了企业生产的产品已经出现了其他可替代产品的情况。评审人员也没有掌握替代品的市场情况，直接批准了授信金额。但是，因为地震，企业遭到了极大破坏，最终导致全部贷款发生损失。

第三种情形：客户经理在客户准入时，没有发现企业生产的产品已经出现了其他可替代产品的情况。在上报授信得到批复并放款后，客户经理在贷后检查中发现该种情况并予以上报，但分行没有同意及时收回贷款，一年后企业经营状况急转直下，最终形成了贷款损失。

在上述存在超越因果关系的情形中，后续的行为、不可抗力、意外事件或银行自身（经营机构或上级行）的行为，最终造成了贷款损失。在这种情况下，后来的行为人自然应该承担责任，但先前的客户经理是否应该承担责任，学界有不同意见。有人认为，客户经理行为开启了风险之源，后续行为的出现不影响客户经理承担自己分内的责任。有人则认为，最终的损失是由后续原因直接造成的，先前行为可免除责任。

三是假设因果关系。是指客户经理的违规行为已经导致了贷款风险的出现，产生了出现部分损失的可能，但是即使没有客户经理的违规行为，贷款也会因后续的独立原因而发生最终的大额损失。在假设的因果关系下，存在两个原因。先前行为是损害的"真正原因"，而后来的原因则是"假设原因"。当然，假设原因可能是自然原因，也可能是可归责的第三方行为。

例如，客户经理在尽调时未能尽职，导致对客户信用出现误判，在贷款发放半年后即出现了利息和本金逾期。但在后续的沟通过程中，突然发生了地震，并导致了厂房设备毁损，最终形成了全额贷款损失。这里客户经理尽调时的未尽职行为是"真正原因"，而地震是"假设原因"。因为即使客户经理之前不存在未尽职行为，客户也会因为地震的发生而丧失还款能力，最终造成贷款损失。

在此类因果关系下，如何界定客户经理的责任同样存在争议。有人认为从严重性的角度出发，后者应该是主要的损害原因，先前行为应该不承担责任或承担较小的责任。也有人认为，先前行为应该承担责任，而不必考虑"假设原因"。本书认为，后者的观点在信贷风险问责实践中，更值得赞同。理由在于，从预防、警示和惩戒的角度出发，毕竟先前行为存在不尽职的情况，否则若行为尽职，就可能否决该笔授信，从而避免因后续"假设原因"的发生而产生的损害。

2. 介入原因与因果关系中断

介入原因不同于介入因素。在先前行为发生后，若发现有介入因素的存在，而且这些因素自身具有某些特点，得以有充分的理由将损害的原因归于该因素，则该介入因素就被称为介入原因。有时也可称之为替代原因、隔离原因、外来原因，这股外来的介入力量"中断"了先前行为人的行为与损害之间的因果关系，从而不能再将损害的结果归因于先前行为，或者说先前行为不再是损害后果发生的原因。由于中断了因果关系，先前行为人与损害之间不存在因果关系，因此不承担责任。

从一般特征看，介入原因必须发生在先前行为之后，并且其本身不能是由先前行为人的行为造成的，也即介入原因须独立于先前行为。同时，先前行为人可预见的事件不能成为介入原因，即处于可预见的风险范围内的介入因素不是介入原因。

当形成介入原因时，内在的逻辑在于新介入因素的原因力强大到使先前行为根本不构成原因，而仅仅成为损害发生的环境或者条件。根据国外的研究，在辨别原因和条件时，进行两种对比是十分重要的，一是比较它们与任何既定的事物或者主题事项的联系，判断哪些是正常的，哪些是异常的；二是比较哪些是人的自愿行为，哪些是其他的条件。概括而言，构成介入原因的新介入的行为或事件大致可以分为两类，即自愿行为与异常事件。㊀

所谓自愿行为，是指后续行为者有充分的机会且不受任何压力地正常履行其注意义务而实施的作为或不作为。自愿行为是一种独立行为。一般表现为，后续行为者能够在充分了解周边环境的情况下，自由、故意、独立地完成一定的行

㊀ 冯珏. 英美侵权法中的因果关系 [M]. 北京：中国社会科学出版社，2009：333.

为，该行为能够否定先前行为与结果的因果关系。若行为人强制性地提供了介入者行为的动机，那么该介入者行为并不能打破先行行为与损害之间的因果关系。

比如当行为人威胁或压迫介入者做某事时，这种"受到刺激（鼓励）的行为"不构成介入原因。进一步而言，当介入行为是通过先前行为者提供机会、理由等方式（而非威胁或压迫）为介入者提供了动机而实施的，就不存在动机上的独立性，因此不切断先前行为与损害之间的因果关系。例如在信贷问责实践中，评审人员的评审行为，通常是在客户经理发起业务申请之后、对客户经理不当行为引起的危险的正常及合理的反应，这种行为是非自愿行为，一般不能视为介入原因。

所谓异常事件，可以是异常的自然事件如洪水、地震等，也可以是第三方行为，不论是哪种情况，"不可抗力"或"巧合"可以像人的自愿行为那样打破原因链。不可抗力的特征在于，在特定的场合，它们的发生非常罕见；而构成巧合的事件可能是经常发生的，其特征在于该事件与不当行为或其结果的结合超乎寻常。○事实上，原因之所以被认作原因，就在于它使其所影响的对象发生了区别于其在自然状况下一般发展方向的变化。而引起变化，使其不同于常情正是一现象被视为原因的关键。○

可见，认识原因之重点在于认识变化，在于认识不同于常态的异常。异常的本质在于人类认知的局限性带来的对事物判断的盖然性，超出了一般情形下的可预见范围。比如客户经理提供的尽调报告漏洞百出，而评审经理竟然没有理会，同意了该笔授信，此时客户经理的不当行为与评审经理非自愿行为下的轻率行为的结合构成巧合，使得评审经理的行为构成介入原因，从而否定客户经理的行为与贷款损失之间的因果关系，极大地削减客户经理的责任。

总之，介入原因的出现，使得很多发生在介入行为之前的违规行为被排除出潜在原因之列。如果第三方的行为使得先行行为者得以免责，事实上第三方就成为"最后不当行为人"，由其单独对损害方遭受的损失承担相关责任。特

○ 冯珏.英美侵权法中的因果关系 [M].北京：中国社会科学出版社，2009：359.
○ 姚辉.中国侵权行为法理论与实务 [M].北京：人民法院出版社，2009：196.

别是当介入者存在主观故意时，先前行为人将不再承担责任。

当然，还有观点认为上述观点可供商榷，如果银行贷款实际发生的损失属于客户经理制造的一般风险的实现，即使实际损害经由介入的后续行为（例如评审、贷后检查、清收处置等）才发生，但因为贷款出现损失的情形本可以预见，此时损害的发生方式并不重要，后续行为并不能构成介入原因。本书认为此种观点也有待商榷，毕竟银行就是经营风险的，若认为一切贷款出现问题都在可预见危险范围之内，未免太过宽泛。此时若是后续的介入行为是轻率甚或故意的，认定其隔断先前行为的原因链并无不妥。由于独立、自愿、异常、可预见等都存在一定模糊之处，其他性质的介入行为需结合案件的实际情况，考虑关系的相当性与价值判断等因素综合厘定。

当然除了不可抗力和第三方行为之外，银行自身行为也可能由于其特定的影响，构成介入原因，进而中断信贷人员与贷款损失的因果关系。例如，银行自身存在过错，在不能中断因果关系的情况下，可以适用过失相抵原则减轻或免除信贷人员的责任；若银行基于自愿做出指令性的要求，让信贷人员承做某笔业务，则后续的贷款风险或损失，就与信贷人员无关，银行的自愿行为切断了信贷人员与贷款损失之间的因果关系。

3. 多因一果与原因力比较

当存在介入因素时，除了导致先前行为与损害后果之间的因果关系中断，而使得先前行为人的责任不成立，还存在另一种可能，即先前行为人的违规行为与介入因素构成多因现象，即出现多因一果。

信贷实践中，这种情况比较多见。类似于法律中的无意思联络的数人侵权，多个环节、不同职能的部门或人的行为结合在一起共同造成了贷款损失。多数情况下，单有客户经理的行为并不能实现贷款投放，仅有评审人员也不行。如果没有客户经理上报业务，或者评审人员缺失了作业对象，就谈不上什么贷款损失。一个完整的信贷业务链条，还包括客户的行为以及环境因素的影响，多种因素共同造就了某种结果的发生。

在多因一果情形下，如何确定不同行为人的责任，是一个难题。每个加害人和损害之间均具有因果关系，但是每一个加害人又不能单独造成损害，通行的原则是进行原因力比较。这通常是指，在数个行为共同致他人损害的情况下，通过原因力的确定与比较来确定责任或责任的范围。也就是说，一般情况下，在责任归属的因果关系已经确定的情形下，通过原因力的确定，可以较为正确地确定责任的范围以及各个责任人之间如何分担责任。在不能单纯借助因果关系解决责任承担问题的情况下，较为恰当的方法是基于"原因力 + 过错"理论，对当事人的过错程度、经济状况、行为方式的特殊性即偶然性程度等进行综合分析，通过比例责任界定各方责任比例。⊖

当然，所谓原因力实际上是对损害所起的作用，一般认为是对因果关系之客观强度（作用力）的评估，也即原因对于损害结果的发生和扩大所发挥的作用力的大小和强度。《民法典》第一百七十八条第二款规定根据各自责任的大小确定相应的赔偿数额，就是关于原因力的规定。鉴于实际情况的复杂性，对存在的多因的原因力进行精准比较也是非常困难的。例如在信贷实践中，造成客户贷款损失的原因是多方面的，许多行为和事件密切结合，有时很难进行区分，需要结合过错的严重程度，凭借常识及参照原因的远近、发生时间的早晚等因素，尽量去估算每个责任人应当承担的责任范围。

此外，还要强调的是，就贷款损失而言，信贷人员的违规行为具有非直接性。如何理解呢？发生贷款损失的直接表现是，客户没有按时还本付息，即客户没有还款。再好的贷前、贷中、贷后管理，也不能杜绝客户不还款的情况，特别是在还款意愿的把握上，尽管有一定的判别方法，但也是间接的替代评价。因为在实践中，只有客户不还款了，我们才启动对信贷人员的问责工作，因为此时追究客户的直接责任已无任何意义，我们只能从内部管理层面上追究信贷人员的责任，而这已经是第二层次或第二层面的问题了。因此，我们说信贷人员的行为和贷款损失之间的因果关系，其实离事实上的因果关系已经有一段距离了，在认定二者因果关系时，应当考虑一定的价值因素基础上的"法律上的原因"。

⊖ 冯德淦. 比例责任在侵权法上的适用之检讨 [J]. 法律科学，2020（2）：168.

第 7 章

过错的分类与认定

过错是过错责任的核心构成要件,没有过错,就无所谓过错责任。信贷工作人员即使没有完全遵守业务规范,导致了贷款损失的发生,也不一定承担相关责任,最后一道检验关口即是过错。有过错则承担责任,没有过错则无须承担责任。

就过错的本质与属性而言,自 19 世纪以来学说上一直存在着分歧,但总的来说主要分为主观过错和客观过错两种代表性观点。正如本书在第 4 章所言,信贷风险问责的构成要件是 "4+1" 要素式的复合分层立体结构,在确立四要素构成要件的框架时,即采纳了主观过错的立场和观点。

7.1 过错的概念和特征

在主观过错理论中,过错指的是行为人实施行为时的一种不正当的、不良的、有瑕疵的心理状态。在这种主观意志状态的驱使下，行为人实施不当行为往往意味着其对社会利益和他人利益的轻慢，以及对义务和公共行为准则的漠视，导致过错在和某种损害相联系的情况下，被认为应受谴责，即它不同于人们在渴望避免有害结果时常常感到的那种心理状态。㊀所以过错本质上被认为是一种应受谴责的心理状态，行为人在心理上本应注意而不注意，以致其在伦理道德上具有可受非难性。

人在实施一定的行为时，必然存在着一定的心理状态和心理过程，这种心理状态和心理过程是行为人实施行为时的心理基础，同时也是行为人实施行为的内在驱动力和控制力。现代科学认为，任何动物都有心理，但人的心理不同于低等动物的心理之处在于人的心理具有意识的特点。所谓意识，是指由人的认知、动机、情绪、意志等因素构成的一种丰富而稳定的内心世界，是人能动地认识世界和改造世界的内部资源。就人的意识而言，认知是基础，动机、意志等是人有意识地支配、控制、调节自己的行为，以实现预定目的的心理过程与心理活动。㊁按照行为与意识的一般理论，行为都是在一定的意识支配和控制下进行的，无意识也就无所谓行为，行为是意识的外在反映。所谓的无意识的行为，属于不受人控制的肢体动作。在最极端的情况下，我们可能根本就不会把无意识的肢体动作称之为行为。㊂

按照目的行为论，行为是目的活动的实践，人能够根据他对因果关系的认知预见其行为在一定范围内可能造成的结果，而后设定各种目的，并能有计划地将他的活动限定在目的的实现上。因而，行为是一种受意志支配和操纵的现象。㊃人的行为在意识的支配和控制下得以进行，若没有偏离一个正常的人在正常情况下的正常心理反应，行为人就没有过错；而偏离了正常意识就会导致过错。也就是说，行为人在心理上本应注意而不注意，滥用了"意志自由"，以至于在伦理道德上具有可受非难性。过错的这种主观意志上的可受非难性，

㊀ 王卫国.过错责任原则：第三次勃兴[M].北京：中国法制出版社，2000：171-172.
㊁ 彭聃龄.普通心理学[M].北京：北京师范大学出版社，2004：5、339.
㊂ 凯恩.侵权法解剖[M].北京：北京大学出版社，2010：32.
㊃ 许玉秀.主观与客观之间：主观理论与客观归责[M].北京：法律出版社，2008：47.

有两层含义：一是过错作为一种应受谴责的心理状态，表现为它是一种应受谴责的心理反应过程；二是过错这种应受谴责的心理状态，包含了可受非难性的动机和目的，以及包含了引起他人损害的心理驱动力。根据不同心理状态（希望、放任、疏忽大意或者过于自信等）的衡量标准，过错一般存在故意和过失两种形态。

对于信贷风险问责领域而言，信贷人员同样可能存在故意和过失两种过错，过错具有如下特征。

一是过错是行为人主观上的可受非难性。与违规行为是对行为的否定性评价不同，这里的过错是对行为人的"无价值评价"。过错在性质上是主观的，而不是客观的。即使是出现了过错检验标准的客观化（实际上，用客观标准确定过错，并不是绝对的标准，用客观标准确定的只是过失，以及无法用主观标准确定的某些故意。对于故意的确定，还是要用主观标准来确定），也不能导致过错的本质属性发生质的改变而使过错本身客观化。过错的有无，仍然取决于行为人在主观上有无不注意的心理状态，并不能认为这种过错已经离开了行为人的主观世界，就成为客观上的形态。过错永远不能离开行为人的主观世界，成为客观的实在形态。同样的道理，过错体现在行为人的行为之中，但不能说过错是行为本身。由于过错体现在行为之中，并且应从行为中检验、判断行为人是否有过错，因此认为过错本身就是行为，或者过错本身就具有客观属性，也是对过错本质属性的误解。过错就是行为人决定其行为的心理状态，这样的界定并没有错误。⊖

二是过错是过错责任的核心构成要件。在过错责任上，所有人自负其责的原则体现得最为充分。只要行为人没有过错，受害人就必须自己承受损失，而行为人不必承担责任。即使行为人没有完全履行其注意义务，导致其行为具有违法性或违规性，但只要其努力了仍不能预见到其行为会增加风险性，对因此造成的损害，一般也不承担责任，因为行为人主观上并没有过错。一旦行为人主观上存在故意或过失，则构成过错责任。

⊖ 杨立新. 侵权责任赔偿 [M]. 北京：法律出版社，2016：112.

三是过错是与违法性相分离的概念。坚持过错责任三要素的观点，用过错概念吸收违法性概念，或者说若坚持客观过错说，则过错与违法性的内涵一致。违法性是侵权行为的本质属性，其所反映的是行为人无法律上的理由，违反应履行的义务而侵害他人合法权益的事实，以及一国法律对行为人行为的否定性评价。就其属性而言，由于其评价的是行为人的行为本身，因而是客观的。㊀当我们坚持过错的主观说时，过错与违法性必然是在内涵、属性等方面相区分的概念。

7.2 责任能力是过错认定的前提

所谓责任能力，一般是指行为人因自己的过错而承担责任的资格。责任能力以意思能力（或识别能力）为基础，也就是以行为人能够理智地形成意志并实施行为为前提，或者也可以说，必须以行为人具备一定的能够预见行为结果的最低限的智能和判断能力为前提。㊁若行为人没有识别能力，即不能认识其行为的危险性，进而不能选择或控制自己的行为，就不应使其承担责任。相反，只有行为人就其行为的意义具有识别能力，其由意志所控制的行为才可能引发相关责任。㊂

正如我们在第 3 章论述尽职的定义时所指出的，尽职涵盖的一个要素就是专业胜任能力，专业胜任能力是信贷人员从事信贷工作的根本前提。对专业人士而言，不具备相应的专业胜任能力，本身就是一种过错。信贷人员作为专业人士，是类职业专家，不同于一般社会大众，他们拥有专门的知识技能，有针对性地受过良好的职业训练和专门教育，从事的信贷工作是一种专业性很强的工作。正是由于他们是专业人士，所以他们在行为时，应当知道其行为是否存在不当。若实际上并不知道，则他们有义务积极地去获取这些知识和技能，

㊀ 曹昌伟. 侵权法上的违法性研究 [M]. 北京：中国政法大学出版社，2017：167.
㊁ 于敏. 日本侵权行为法 [M].3 版. 北京：法律出版社，2015：135.
㊂ 周友军. 侵权责任法专题研究 [M]. 北京：人民法院出版社，2011：242-243.

其不知道本身也构成了一种过失。所以尽职的基本条件首先是具备专业胜任能力。

1. 不具备专业胜任能力即过错

信贷人员作为专业人士，必须具备专业胜任能力，这一能力不仅要求他们持有各类上岗资格证书，还要求他们拥有专门的知识技能，有针对性地受过良好的职业训练和专门教育，能从实践经验中习得敏感的风险判断能力，从而对客户的信用状况做出较为科学的评价，尽可能地避免出现信贷风险。信贷人员若没有这种能力，就不具备作业的资格，若在该种情况下去开展业务，就具备主观的过错。

通常情况下，责任能力或信贷人员的专业胜任能力，在不良资产问责实践中，并不是银行要求有关人员予以证明的、相应处分权成立的前提。因为既然从事的是信贷业务，就默认信贷人员已具备岗位职责要求的专业胜任能力。在实践中，它只能作为信贷人员的抗辩事由。有的银行现在抛弃了以前的师徒制和传帮带的优良传统，奉行拿来主义，对人员的培训不到位，导致信贷人员专业胜任能力较差。在某种程度上，信贷损失是银行安排不具备专业胜任能力的人进行业务操作导致的，银行本身也存在过错。此时责令信贷人员承担全部责任，显然有失公平。

在责任能力的认定上，法律上通常认为未成年人没有责任能力，具体可结合侵害行为、损害种类、行为人的特点等综合认定其是否具有识别能力，即遵循"年龄+识别能力"的判别标准。在信贷问责领域，我们认为，刚入职的人员，特别是新招聘的大学生，其实类似于职业上的"未成年人"，在经过系统的专业培训并积累了大量实操经验之前，不能认为其具备专业胜任能力，也不应责令其承担过重的责任。

2. 不知规范即过错

由于信贷人员是专业人士，所以他们在行为时，应当知道其行为是否存在法律法规及有关规定上的不当，若实际上不知道，则他们有义务积极地去获取这些知识和技能，其不知道本身就构成了一种过失。此即法律格言"不知法律不免责"在信贷问责领域中的应用。

"不知法律不免责"所要表达的内容是这样一项原则：在行为人实施具体行为时，不要求行为人认识到自己行为的违法性。这里的不知，包括真的不知道和错误解释两种情况，错误解释是指人虽然知道某种法律或规范的存在，但由于对其的误解而认为自己的行为并不违反法律或有关规范。在当前大力提倡合规文化的环境下，各行出台的制度文件数不胜数，让客户经理或信贷人员熟悉每一个规章制度，有时并不现实。但信贷人员并不能以不知道有关规范的存在为借口来推脱责任。

不知规范即过错，广而言之，"不知法律不免责"的理论根据，主要在于：第一，具有责任能力的人，都应当知道法律；第二，如果不知法律是免责事由，事实上又难以证明，因此根本不可能认定责任；第三，法秩序具有客观性，法律是具有客观含义的规范，其所表现的是由长期的历史经验和社会舆论形成的客观伦理。当法律与个人的信念相对立时，法律居于优先地位，故法律认识错误不是免责事由。㊀

由于具有上述充足的理由，该原则在相当长的时间内成为英美法系国家审判实践上的铁则。但进入 20 世纪后，开始出现了承认这一原则的例外情形。所谓例外，也只限于基于相当理由完全不知法律存在的场合以及信赖有关权威机关的意见的场合。因此，只有在特殊情况下，不知规范才可以否定过错，进而减轻或免除责任，只有少数判例承认违法性认识的欠缺可以成为酌定从轻处罚的情节。㊁在信贷问责实践中，要特别注意的是，应以信贷人员实际作业时的有效法律规范为依据，而不能以后期颁布的制度规定做依据去评判先前的行为。

㊀ 张明楷.刑法格言的展开 [M].3 版.北京：北京大学出版社，2013：377-378.
㊁ 梁根林，高艳东，希尔根多夫.责任理论与责任要素 [M].北京：北京大学出版社，2020：100.

7.3 过错的形态与认定

考察过错，通常需要分析行为人对自己行为或后果的理解、判断、控制、认识等方面的状况和能力，由于不同的行为人的内在心理过程对其行为及其后果所持的态度各不一样，其不同心理状态的可谴责程度不同，因此其过错程度是有差异的。所以，我们首先必须从人的意志的活动过程出发来看待过错，确定过错的存在与否以及严重程度如何。

过错包括故意和过失。区分故意和过失两类不同的过错形态，具有重要意义。首先，过错影响损害的责任范围，故意和过失的过错程度不同，其相应的责任范围也不同，如果行为人具有过失时应当承担责任，那么其具有故意时就更应当负责。若遭受损害的一方对于损害的发生或扩大具有过错时，将其与行为人的过错程度相比较，通过适用过失相抵原则可以减轻或免除行为人的责任。其次，过错影响对因果关系的判断，如果行为人故意实施行为造成损害，在认定违规行为和损害后果的因果关系上，往往采取非常宽松的标准。一般认为，如果是故意侵权，常常可推定行为人的行为与损害后果之间具有因果关系，但是，对于过失侵权，常常要根据其行为与损害后果之间是否具有相当性等各种标准来确定。[一]

1. 故意

故意是指行为人明知侵害后果的发生，而希望或放任该结果的出现。这是过错中最重的一种。从定义可以看出，故意由两个因素构成：一是认识因素，即明知侵害后果的发生；二是意志因素，即希望或放任损害结果的出现。可见，故意不仅通过"明知"体现出行为人对因果关系流程能够予以掌控，还体现出行为人有意敌视或蔑视规范的态度，以及对侵害权益的无视态度。这种敌视或者蔑视甚至无视是通过故意中作为意志因素的"希望"或"放任"体现出来的。

[一] 王利明.侵权行为法归责原则研究[M].修订2版.北京：中国政法大学出版社，2004：305-306.

希望的意志因素对应直接故意，放任的意志因素对应间接故意。因此，故意一般细分为两类，即直接故意和间接故意。前者指行为人明知损害可能发生或必然发生，而希望或追求损害结果发生；后者指行为人明知损害可能发生，而放任或容忍损害结果发生。

故意是行为人预见到行为将发生损害后果仍然对其行为后果的发生持希望或放任的态度。这种态度是通过其行为表现出来的，而且与过失行为人的不注意态度相区别。希望是行为人通过一定的行为积极追求行为后果，努力造成行为后果的发生。放任则是行为人虽不希望其行为后果发生，但并不采取避免损害后果发生的措施，以致造成了损害后果。㊀希望的要点在于，行为人认识到自己的行为必然产生危害后果，但还是要实施行为。这说明他希望危害结果发生，具有主观恶性。放任的要点则在于行为人虽不积极追求损害后果的发生，但也不反对和不设法阻止这种结果的发生，而是对结果是否发生采取听之任之的心理态度。危害结果发生也好，不发生也好，他都是要实施该行为的。

2. 过失

过失是与故意相对的过错形式。一般认为，过失是指行为人对自己行为的结果，应当预见或能够预见而没有预见，或者虽然预见到了却轻信其能够避免。由此可见，过失包括两类意志因素：一类是应当预见或能够预见而没有预见，行为人的过失为疏忽大意的过失；另一类是虽然预见到了却轻信其能够避免，行为人的过失为懈怠或轻信的过失。在疏忽大意的过失中，产生过错的内在原因是行为人没有集中注意力或未保持意识紧张，所谓疏忽就是粗心大意，包括遗忘、错觉等，具体表现为介入因素打断了原有注意、急功近利以致忽略了必要操作程序、工作不负责任、玩忽职守等。而在轻信过失中，产生过错的内在原因是轻率，是行为人过于自信。行为人根据一定的条件（包括行为人的主体条件如能力、水平等，客观条件如行为人实施类似行为的经验等）相信自

㊀ 王利明.侵权行为法归责原则研究[M].修订2版.北京：中国政法大学出版社，2004：310.

己可以避免危害结果的发生,而没有全面分析当时的有利因素和不利因素,特别是没有正确分析自己所依赖的有利因素的可靠性和有效性,过高估计了有利因素,忽视了不利因素,从而导致盲目的行动。[1]

过失与故意的区别在于,行为人是否实际预见到其行为的后果和对此种后果所持的态度。在过失中,行为人常常没有预见到自己的行为会发生危害他人的结果(至少没有认识到产生损害后果的现实可能性),危害结果的发生也并不是行为人所努力追求的,或者行为人虽对损害后果发生的抽象可能性有认识,但因为轻信可以避免结果的发生而没有采取措施。虽然过失不像故意那样对其行为后果的发生抱着希望或放任的态度,但也是行为人意志松懈和意识怠惰的结果,是行为人对结果的不注意心态所产生的。[2]

3. 过错的认定

由于我们采纳主观过错说,因此对于过错的认定也相应地采用主观标准。过错检验标准的客观化,并不能导致过错的本质属性发生质的改变而使过错本身客观化。而且即使以客观标准确定过错,也只能确定过失,并不能确定某些故意。对于故意的确定,还是要采用主观标准。虽然过错体现在行为之中,并且可以从行为中检验、判断行为人是否有过错,但我们不能就此认为过错本身就是行为,或者过错本身就具有客观属性。因为过错实乃行为人的不可原宥性或可受非难性,这种消极评价针对的是行为人行为的本质和核心——意志,而意志是通过行为人的外部活动表现出来的。所以,过错概念在法律实施过程中的运用,不仅体现为对行为人实施行为时的心理活动的再现性描述,还体现为对那些足以表明其行为意志状态的客观事实的综合性判断。[3]

过错的可受非难性,表现为意志与行为的瑕疵,就整体而言,这就是过错的本质属性。既然过错程度乃是意志与行为的瑕疵程度,那么对过错程度的认

---

[1] 周光权.注意义务研究[M].北京:中国政法大学出版社,1998:119-123.
[2] 王利明.侵权行为法归责原则研究[M].修订2版.北京:中国政法大学出版社,2004:312.
[3] 王卫国.过错责任原则:第三次复兴[M].北京:中国法制出版社,2000:253.

定从意志及其行为两方面着手应较为合理。㊀从意志的偏离程度看，以谨慎合理的意志状态为原点，过失表现为意志欠缺，主要表现是意志未集中；故意表现为意志"盈余"，主要表现为对意志的放任和积极利用。不管是欠缺还是"盈余"，偏离程度越大，过错程度越严重。从行为的偏离程度来看，主要从损害结果的应避免性来考察，越是应该避免的，过错的可谴责性就越大，过错程度就越严重。与此相对应，过错程度越严重，就越不能免责。正如某银行《尽职免责管理办法》中规定的，存在以下失职或违规情节的，责任人不得免责：一是明知自身行为违规，还希望或者放任违规行为发生，甚或指使、授意、命令、教唆或胁迫他人违规的；二是创造或促成风险发生的条件，采用欺诈、伪造、篡改、内外勾结、故意隐瞒等手段的；三是存在重大过失，应发现但未发现相关风险因素的；四是向客户索取或接受客户经济利益的。

对故意的具体认定，采纳意思主义理论，即"依意思主义，行为人不独知其行为之结果，而只需有欲为之意"㊁。按照意思主义，直接故意就是明知损害可能发生或必然发生，而追求或希望损害结果发生；间接注意就是行为人明知损害可能发生，但放任或容忍损害结果发生。有时候，行为人往往是在希望出现好的结果和担心出现坏的结果之间徘徊，就连他自己也很难说清楚自己到底是在何种心态下实施行为的，但只要他认识到如此行为，损害后果会大概率发生，仍然决定实施此行为，就表明了其对正当权益和规范的敌视与蔑视态度，此时并不妨碍我们将其认定为故意。㊂

这种通过类型化完成对故意的认定，是主观标准，是一种"对号入座"的判断方法，即根据案件的具体情况，并结合实际行为态度，来确定行为人的实际心理状态。在问责实践中是否有相对客观的标准？本书认为，通过"信贷人员与客户之间存在经济往来"这一道德风险因素或客观事实，也可以表明信贷人员的行为意志，可以直接判定其具有主观故意。

㊀ 刘海安. 过错对无过错责任范围的影响：基于侵权法的思考[M]. 北京：法律出版社，2012：133.
㊁ 史尚宽. 债法总论[M]. 北京：中国政法大学出版社，2000：115.
㊂ 朱兴. 刑事规则研究[M]. 北京：中国政法大学出版社，2018：248-249.

对过失的认定，主观上一般采取预见能力说，该学说最基础的问题是对行为人预见能力的判断。具体包括两项要素，即可预见和可避免。对于过失的判断，首先要确定的是，按照特定的标准，该损害是可预见的，而且是可避免的。然后再确定行为人是否应当预见而没有预见，或者能够避免而没有避免。

就信贷问责而言，既然我们默认信贷人员是专业人士，自然包括了对行为人的生理状况、智力水平以及业务技术水平等因素的考察，其具备一般的预见能力自不待言，或者说我们对于信贷人员的预见能力是默认的。从外在客观标准来看，行为人违反了注意义务，未能符合合理人标准的期待，自可用于过失的判断。

故意与过失的认定界限在于，故意是明知损害后果会发生的现实可能性；而过失是预见到结果发生的假定可能性。在意志因素上，故意表现为不反对、不排斥、甚至追求损害后果的发生；而过失则表现为不希望损害后果的发生，希望避免结果的发生。界定与区分二者的关键之处在于行为人是"放任"危害结果的发生，还是"轻信"能够避免危害结果的发生。除了应考虑行为人的认知程度和对危害结果的心理态度，还应当综合考虑行为人所追求的目的是否合理和正当，是为了快速做成业务，还是为了获取个人不当利益；行为人是否采取过防止结果发生的措施，其采取的措施是否符合制度规范的要求；行为人不作为或乱作为的程度如何。

事实上，故意与过失的界限也不是那么泾渭分明，在二者之间确实还存在一个模糊的地带——轻率。轻率是一个明显的程度问题，其要求在程度上超过过失但没有实际上的故意。轻率的行为可以被界定为一个极不合理的遗漏，该遗漏不仅仅是简单的疏忽、甚至不可饶恕的疏忽，而且是对一般谨慎标准的彻底背离。行为人有合理的理由相信误导性陈述或遗漏的重大事实的存在，却没有获得或披露这种事实，尽管他们无须特殊努力就可以做到。轻率的行为是对事实真伪的完全漠视㊀。例如，信贷人员仅仅依据企业提供的资料制作调查报告，而不实施任何的现场尽职调查，就属于典型的轻率行为。实务中可以结合信贷人员的心理状态与其他表现综合判定，将其归于重大过失或故意。

㊀ 哈森.证券法[M].张学安，等译.北京：中国政法大学出版社，2003：671-673.

7.4 问责目的下过错的适用分类

就法理而言，故意一般分为直接故意和间接故意两类；过失则分为重大过失和轻过失，而轻过失又可分为抽象过失与具体过失[一]。考虑到类型化对实践的指导作用，基于信贷风险问责的可操作性需要，我们将故意分为故意和欺诈两类；将过失分为重大过失和一般过失两类。

首先要明确的是，上述分类的一个前提条件是，信贷人员是专业人士，其能充分认识到或预见到，若其未尽职，则可能导致信贷风险或损失的产生。

其次，我们采用主客观相结合的方法，对不同类别下的过错进行认定。基于信贷风险问责实务中的可操作性，我们在坚持主观过错的同时，将过错的客观评价标准纳入过错的认定标准范围。尽管我们认为此举并不能改变过错的主观性质，但在实务中可能带来一个好处：尽量避免认定行为人主观心理状态的查证困难性，避免由于对心理状态的考察和评价缺乏明确的标准，可能导致的信贷问责实践中简单、武断和牵强附会地运用意识形态标准来衡量行为，从而导致所谓的"上纲上线"和"扣帽子"式的政治批判和思想检讨的情形，[二]以增加问责的精准性。具体分述如下。

依据过失的主观判断标准，若行为人对自己行为的结果，应当预见或能够预见但没有预见，或者虽然预见了却轻信可以避免，则具有过失。具体要素链可表述为"可预见＋可避免＋应避免＋未避免＝过失"。

具体是一般过失还是重大过失，则借助客观标准进行认定，即行为人未达到职业界要求的"合理人"的谨慎标准，未尽高度之注意，为一般过失；若行为人未达到社会一般人的谨慎标准，未尽一般之注意，则为重大过失。只要法律和道德对行为人提出了较高的注意要求，而行为人不仅未能按此种标准行为，甚至连一般的普通人应尽到的注意都没有尽到，就是重大过失。重大过失

[一] 所谓抽象过失是指违反善良管理人或善良家父的注意义务，也即没有尽到一般合理人的注意义务，属于客观认定标准；所谓具体过失是以行为人自身为标准进行认定的，即行为人没有尽到与处理自己事务相同的注意义务，其认定标准是主观的。

[二] 王卫国. 过错责任原则：第三次复兴[M]. 北京：中国法制出版社，2000：176.

表明行为人对其行为结果毫不顾忌、对他人的利益极不尊重、对其负有的法定义务处于漠视状态。[一]

依故意的主观判断标准，若行为人预见了自己行为的结果，但放任其发生，即是故意（约略相当于前述的间接故意）；若行为人预见了自己行为的结果，但为谋取不当利益，希望发生，违规助成，是为恶意，[二]也就是欺诈（约略相当于前述的直接故意）。具体要素链可表述为"可预见＋有意图＋可避免＋应避免＋未避免＝故意/恶意"。

此外，根据客观判断标准，若行为人存在道德风险，则可证明行为人存在故意或恶意。

以上分类及判断标准的汇总如表 7-1 所示。

表 7-1　信贷问责目的下过错的适用分类与认定标准

	一般过失	严重过失	故意	恶意（欺诈）
主观判断标准	信贷人员对自己行为的后果（贷款损失的可能性），应当预见或能够预见但没有预见，或者预见了却轻信可以避免	信贷人员对自己行为的后果（贷款损失的可能性）预见了，但放任危险发生		信贷人员对自己行为的后果（贷款损失的可能性）预见了，但为谋取不当利益，希望发生，违规助成
客观判断标准	信贷人员未达到专业人士所要求的"合理人"的谨慎标准，未尽高度之注意	信贷人员未达到社会一般人的谨慎标准，未尽一般之注意	信贷人员存在道德风险	

以上不同类别过错下的认定标准，要主客观标准相互配合使用。

本章主要基于主观学说对过错进行论述，以下结合第 3 章的相关内容，即过错的客观认定标准，再补充说明如下。

就客观标准而言，所谓过错即是达不到合理人的谨慎程度造成对注意义务的违反。就信贷人员而言，就是行为人未尽自己应尽和能尽的注意而违反义务，实质上也是行为的不可原宥性，这种不可原宥性是一种社会评价，是对那些足以表明意志状态的客观事实的综合性判断。是否违反了注意义务，一般直

[一] 王利明.侵权行为法归责原则研究[M].修订2版.北京：中国政法大学出版社，2004：318.
[二] 恶意一词这里主要是指为获取不当利益意图导致他人损害的不当动机。

接采用相关法规或行内规章制度的条文做依据对照，对于条文的执行力度或程度，多数情况下需要借助英美法通常采用的"合理人"标准来认定。

这里需要重申一下，所谓"合理人"，具体包括"理性人""谨慎人"两个标准，侵权行为法上也有"勤勉之人""诚信之人""善良家父""善良管理人""诚信善意之人"等其他称谓，它们的含义大体上是一样的。美国法官罗森伯里（Rosenberry）对"一般理智之人"标准作了如下权威性表述："任何无致人损害故意的人，在他作为一个一般理智之人应当合理地预见其行为可能给他人利益带来不合理的损害危险的情况下，实施该行为或者未采取应有的预防措施，即为有过失。在决定一个人的行为是否会使他人利益遭到不合理的损害危险时，这个人被要求对周围情况给予一般理智之人所应当给予的重视，并具有一般理智之人所具有的认识，而且采用那些有相当理智的人们在相同或类似情况下所采用的判断和决定。"㊀

总的说来，这种"一般理智之人"就是"合理人"，既不是过于小心、畏首畏尾的人，也不是过于轻率、刚愎鲁莽的人，而是一个受过一般教育，具有一般的知识水平和技能、具有一般道德水准的人。我们以初始状态的"合理人"的注意程度作为判断行为人是否具有过错的标准。这个"人"是拟制的，而不是特别指向某个具体的社会成员。个人的实际理智水平低于一般水准（例如昏庸无能，愚昧无知）并不能成为可予原宥的理由。这种应有的谨慎和勤勉，要视具体情况而定。通常，发生损害的危险性越大，要求的谨慎和勤勉程度越高。对于某种职业而言，从事需要特别技能与知识的活动者，必须按照具有特别技能和知识的人应有的谨慎和勤勉来要求自己，缺乏必要技能与知识而从事此活动本身就是一种过错。㊁

正如麦克奈尔（McNair）法官在一份判决中所说：如果人们需要应用某些特殊的技巧或者能力的话，那么检验他们是否有过失的标准不是基于一般理智的普通的人的标准，因为这个一般理智的人没有学习特别的技巧。在这种情况下，需要应用的标准是实施这种特别技巧的普通水平的人，而不是具有最高专

㊀ 转引自：王卫国.过错责任原则：第三次复兴[M].北京：中国法制出版社，2000：264-265.
㊁ 王卫国.过错责任原则：第三次复兴[M].北京：中国法制出版社，2000：265.

家水平的人。在法律中早已经确定的是，如果他实施了这个特别工作的普通能力的人的普通技巧的话，那么就足够了。⊖这个标准所采纳的注意程度是一个确定的职业组群的多数人应该实行的标准，或者是应该予以承认的最低标准。因此，只要大多数的职业人士将这种行为方式作为注意标准，那么就足够了。对信贷问责而言，在判断信贷人员是否违反注意义务时，其标准就是信贷人员中具有中等专业水平的普通人，过高或过低的标准都是不合理的。

在我们将"合理人"的注意程度作为判断行为人有无过错的标准的时候，具体做法是：将一个"合理人"在当时、当地及其他同样条件下所达到的注意程度，与具体行为人的注意程度相比较。"合理人"的注意程度，就是法律对于一般的人所要求的注意程度。如果行为人的注意程度达到或者超过了"合理人"的注意程度，也就达到或超过了一般的注意程度，在法律上就不认为行为人存在过错。特别地，若有法律法规和其他规章制度与操作规程等专门规定了在特定情况下，特定当事人负有特别的注意程度，则负有特别注意义务的当事人，不仅要达到一般的注意程度，还要达到特别的注意程度。这也是我们强调信贷人员作为专业人员，应该具备相应岗位的专业胜任能力的原因。他只有达到信贷工作必须达到的特别的注意程度，行事必须符合银行内部人员的平均水平，才算尽到应尽的注意义务。

需要特别注意的是，法律上用一个假设的合理人来人格化注意义务的一般标准，除了更容易被理解，更重要的目的在于以此来表明这一标准的客观性质。在评估行为人的行为时，"我已经尽力去做了"是不够的⊖。这对信贷人员的问责实践具有特别的提示意义。

7.5 受害人过错与过错的否定

本章在论述过错的时候，所谓过错均指的是行为人或加害人的过错，而没

⊖ 转引自：仲伟珩. 专家对第三人责任制度研究 [M]. 北京：法律出版社，2017：56.

⊖ 亨德森，皮尔森，凯萨，等. 美国侵权法实体与程序 [M]. 7 版. 王竹，丁海俊，董春华，等译. 北京：北京大学出版社，2014：156.

有涉及受害人的过错。实际上，过错既包括加害人的过错，也包括受害人的过错。只是我们主要述及的是信贷人员问责的问题，重点讨论行为人（信贷人员）的过错问题。但在逻辑上，受害人过错（银行自身的过错）同样会影响行为人自身过错责任的承担。

所谓受害人过错，也称为与有过失、助成过失、参与过失，不太严谨的称呼还有比较过失或比较过错等。尽管不同国家有不同的称谓，但它们所指大体相同，均是指受害人对于加害人可能承担的责任所针对的损害具有过错，其法律上的效果都是使加害人的责任减少或免除，即在 0 ～ 100% 之间依案件具体情形减轻加害人的责任[一]。

受害人有过错在于其未能采取合理措施预防损害的发生，倘若受害人采取了合理的预防措施，损害发生的概率会大大减小或者损害的严重程度会比现实发生的更小。其认定标准与构成要素与行为人过错无异，不再赘述。

最后，基于问责的目的，我们还需要了解过错的否定，类似于违法阻却事由和因果关系中断，应当明晰在什么情况下行为人没有过错，进而不需要承担责任。在侵权法上，如果行为人没有故意和过失，只是因为其他原因发生了损害后果，这种情形通常称为"事变"。在过错责任领域，事变的出现否定了行为人的过错，进而要回到侵权法的逻辑起点，即受害人要自己承受损失（即所有人自负其责）[二]。

一般认为，"事变"主要包括意外事件和不可抗力。事变情形的存在，可以成为行为人不具有过错的抗辩事由。适用于信贷领域的事变情形，我们将在第 10 章中进行具体阐述，此处不复赘述。

[一] 刘海安. 过错对无过错责任范围的影响：基于侵权法的思考 [M]. 北京：法律出版社，2012：260-261.

[二] 周友军. 侵权责任法专题研究 [M]. 北京：人民法院出版社，2011：260.

第 8 章

经济赔偿金额的确定

一般而言,信贷人员因为贷款损失被问责,可能受到的处分包括两大类:一类是主处分,通常包括警告、记过、记大过、降级、撤职、留用察看、开除等纪律处分,以及批评教育、诫勉谈话、通报批评等其他处分;一类是附加处分,通常包括没收或责令退回违规行为所得、退回业务所得、扣减业绩薪资(递延风险金)、责令赔偿经济损失、罚款等经济处分,以及责令做出深刻检查、暂停或取消上岗资格、降低行员等级、解除劳动合同等其他处分。主处分可独立使用,也可与附加处分合并使用;除解除劳动合同外,附加处分通常不能单独使用,必须配合主处分使用。

鉴于信贷风险问责的特殊性,除其他违规事项问责外,信贷损失问责的首要构成要件即为贷款损失,也就是说信贷人员的行为已经给银行造成了经济损失,且当事人多从该业务中获得了一定的经济利益。按照通常的原则,经济处分在多数情况下是必备的处罚项。但如何确定经济赔偿的金额,是一个理论与实务难点。实际工作中其认定往往比较随意,没有对照的统一标准,所以本章对此着重予以探讨。

8.1 贷款损失与纯经济损失

实践中,对相关人员进行责任认定时,我们总是在损害事实发生后,才来考察行为人的责任问题。也就是说,我们是从损害结果开始,是由果及因的推断。所以,损害事实(对信贷问责而言即贷款损失)是信贷人员过错责任的首要客观构成要件。在前述几个章节中,我们默认了损害的发生,并在此基础上依次探究了违规行为、因果关系和过错等要件内容。这里我们研究经济赔偿的问题,还是要再回到损害结果这一源头。

1. 贷款损失或损害事实

损害事实的客观存在,是侵权损害赔偿责任赖以发生的根据,也即只有在造成了实际损害的条件下,才能发生赔偿责任。如果仅有违规行为而无损害后果,则侵权赔偿责任无从谈起。正所谓"无损害则无赔偿"。损害是侵权责任的构成要件,当然也是过错责任的构成要件。如果仅有违规行为,倒也不是不能追究其他责任,只是此时的追责已经不是本书探讨的不良贷款或贷款损失范畴内的问责了。

具体而言,所谓损害结果,就是信贷人员的作业行为(作为或不作为)致使银行的财产权利(作为投资/债权的贷款及其收益)减少或灭失的客观事实。也就是说,信贷风险中的损害,是一种财产性损害,继而可以分为减少和灭失两种情形。

这种损害事实,还可以进一步分为直接损害和间接损害两类。正如《牛津法律大辞典》所指出的,损害可以是直接的,也可以是间接的或相应发生的。[一]

所谓直接损害,也称积极的损害,就是贷款本金的损失、应计利息的损

[一] 沃克. 牛津法律大辞典[M]. 李双元, 等译. 北京: 法律出版社, 2003: 301.

失,包括保全费用、清收费用等。

所谓间接损害,也称消极的损害,就是可得利益的减少,或者说未来利益的损失。在责任认定时,它只具有一种财产取得的可能性,不是一种现实的利益,但这种利益是现实可得的,而不是抽象的或者假设的。也称为"附随性损失"或者"后续损害"。从责任认定的时点来看,这种损害是对本处于增值状态中的财产造成的损害,贷款发生了不良,不仅对贷款本息造成了实际损害,还对银行未来可得利益造成了损害。间接损害产生的机制,是信贷人员的违规行为和过错,破坏了银行的正常生产与经营,从而造成了未来可得利益的减少或丧失。这部分价值对应的是银行在发放贷款过程中本应创造的却因遭受损害而未创造出的新价值,是指由于损害事实的发生,银行应增加而没有增加的利益。对信贷问责而言,即截至审计或问责之日,未来应收的利息,或机会收益。

这两类损害,在问责实践中对信贷人员的意义截然不同。在侵权法上,损害在事实方面具有现实性和不利性两大特点[一]。

我们认为,基于问责的目的,损害金额应该按照本息合计减去一般风险准备和专项准备以及特种准备的方法来计算。其中本息合计应包括截至审计或问责之日的全部应收本金和利息,前期减免利息和停止计息部分都应计算在内。但未来应计利息通常作为间接损害,不应计算在内。贷款损失准备或一般风险准备、专项准备与特种准备,是银行发放贷款前就应能够预计的损失部分,不应包括在问责的范围内。至于信贷风险发生后,银行发生的清收保全费用以及其他机会损失则不宜计算在内。

未来应收利息或者机会收益之所以不应计算在内,其背后机理在于:首先它不是对现有财产的损害,也不体现为实际财产利益的损失。尽管机会损失的存在也给银行带来了损害,甚至巨大的损失,但毕竟机会收益本身不是财产,若对机会损失进行赔偿,会面临如何以金钱形式加以计算的问题。虽然可以按照之前确定的贷款利率计算,但由于这种机会损失是一种未来利益的损害,在

[一] 周友军.侵权责任法专题研究 [M]. 北京:人民法院出版社,2011:168.

责任认定时，机会尚未实现，若在未来发生某种意外事件或不可抗力，届时造成的损失是否与信贷人员的行为具有因果关系，或者信贷人员是否具有过错，都未可知。也就是说，未来应收的利益或机会利益的丧失以及可归责性，都具有不确定性。所以，在法律没有明确规定的前提下，原则上该类间接损害，不应纳入赔偿范围。从操作便利的角度考虑，计算贷款损失时，不应计算在内。

2. 纯经济损失

在侵权法上有一类损失，叫作纯经济损失。西方比较经典的定义是，所谓纯经济损失，就是指除因对人身的损害和对财产的有形损害而造成的损失以外的其他经济上的损失[一]。纯经济损失，也称为纯粹经济损失、纯粹财产损害、对财产本身的侵害等。迄今为止，法学界还没能找到一个公认的精确概念，"纯粹"经济损失所涉及的到底是什么，本身就不是很容易理解[二]。但一般认为专门职业者提供不实信息或不良服务等所造成的财产损失，作为直接引起的纯经济损失类型，就是一种典型的纯经济损失。[三]

信贷人员评估客户信用不实，致使银行在错误信息的基础上，放大了客户信贷规模，最终发生了损失。此时侵害的不是金钱（或货币）所有权，而是纯经济损失[四]。

至于如何承担责任，可能发生契约责任与侵权责任的竞合。一方面，信贷人员受雇于银行，负有提供劳务服务的给付义务以及享有请求报酬的权利。为发放贷款而对客户进行信用评估系劳务之内容，若信贷人员在提供劳务过程中未尽职，导致客户信用评估出现不实，银行继而根据错误的信用评估报告超额发放了贷款，最终形成损失，此时信贷人员应负债务不履行责任，此非属给付不能或给付延迟，而属于所谓的提供不合格产品的不完全给付。因对债务的不

---

① BERNSTEIN, ROBBY. Economic Loss[M]. 2nd ed. London: Sweet & Maxwell, 1998:2.
② 姚辉. 中国侵权行为法理论与实务 [M]. 北京：人民法院出版社，2009：254.
③ 王泽鉴. 侵权行为 [M]. 3 版. 北京：北京大学出版社，2016：36；姚辉. 中国侵权行为法理论与实务 [M]. 北京：人民法院出版社，2009：255.
④ 王泽鉴. 民法学说与判例研究（重排合订本）[M]. 北京：北京大学出版社，2015：773.

良履行，信贷人员应就其给银行造成的损失而承担债务不履行之责任。契约责任的保护客体即为纯经济损失。

另一方面，信贷人员提供了虚假信息而导致银行发生损失，符合过错侵权责任的构成要件，银行依侵权责任法得以请求损害赔偿。虽然银行因信贷人员的工作而高估了客户信用，发放了超额贷款，但此时银行是依据自己的意思转移了货币所有权给客户，不应被视为货币所有权被侵害，而应作为纯经济损失。按照法律传统，只有当保护性法律明确规定后者以违反善良风俗的方式造成纯经济损失时，方可在债之关系之外提供相应救济。㊀

不管是契约不履行行为还是违规的侵权行为，都是银行贷款发生损失的原因。虽然二者理论基础不同，但二者均以赔偿因违规行为所导致的银行损失为目的，有共同的性质。若契约对债务不良履行的责任规定明确，则使用契约责任没有问题，反之，按照侵权责任法理念进行处理也无不妥。但如何对纯经济损失进行赔偿，根本而言，是政策的问题，无论是以注意义务的有无或损害是否具有因果关系来决定被告的责任，均属基于政策的考量，旨在适当限制被告

㊀ 库齐奥.侵权责任法的基本问题：第一卷[M].朱岩，译.北京：北京大学出版社，2017：194.传统上，无论是英美法系还是大陆法系，均对加害人过失导致的受害人纯经济损失采取了"排除性规则"，即受害人不能请求加害人对此种情形下的纯经济损失承担损害赔偿责任。在英美法系，"排除性规则"是通过一系列经典判例得以确立。而德国法中则在《德国民法典》中对不法行为的分类中得到"顺便"规范：起草委员会把不法行为分成三类，这种三分法最终反映在《德国民法典》中第823条第1款（因故意或过失不法侵害他人的生命、身体、健康、自由、所有权或其他权利）、第823条第2款（违反以保护他人为目的的法律）和第826条（以悖于善良风俗的方法故意加害于他人）中的三类划分。对不法行为的上述三类划分，最终使过失行为导致的纯经济损失成了侵权行为法保护的"漏网之鱼"——因为纯经济损失不属于德国民法典第823条第1款中所列举的权利，也不能被顺畅地看作其他的权利，所以，纯经济损失基本无望藉该条获得保护；第823条第2款虽然网开一面，对于违反保护他人法律的行为导致的纯经济损失，不问故意或过失，就要求加害人予以赔偿。但是因为"违反保护他人法律之构成侵权行为损害赔偿义务，必须具备两个要件：一为被害人属于法规所欲保护之人之范围，二为请求赔偿之损害，其发生须系法规所欲防止者"，该条所能保护的因过失导致的纯经济损失范围实在有限；第826条明定要以"故意"为要件。故而，从总体上来看，过失行为导致的纯经济损失不获赔偿这一"排除性规则"基本上确立了起来。参见：姚辉.中国侵权行为法理论与实务[M].北京：人民法院出版社，2009：261-263.

的责任。○

　　之所以限制被告的责任，或者说确立"排除性规则"的原因，学理上大概有诉讼闸门理论○、优越法益因素○、契约法任务○等几类界说。但当前这一规则的适用表现出不断松动的趋向。正是因为社会的不断发展，由过失导致的纯经济损失大量存在，若法律坚持"视而不见"而一味地担心诉讼闸门打开后"洪水滔天"，无视某些经济上的法益高于有形财产的价值的现实，无视契约的不完全性，则无异于"掩耳盗铃""刻舟求剑"，罔顾社会需求。

　　实践中，一些判例也逐步打破了"排除性规则"。典型的如 1964 年的 Hedley Byrne & Co. Ltd. v. Heller & Partners Ltd 一案，它处理的是银行过失陈述所致纯经济损失的责任赔偿问题。在该案中，上议院确立了一项新的标准"特殊关系原则"——如果当事人之间的关系是合同关系、信托关系或相当于合同关系，关于言辞的注意义务就产生了。这种特殊关系原则的成立要件包括自愿地履行义务、特殊关系、专门技能和合理信赖。该案不仅确立了"过失陈述者负侵权责任"这一规则，更为重要的是开启了现代英美过失侵权诉讼的大门，为那些因为他人过失行为而遭受纯经济损失的人提供了新的法律救济

○ 王泽鉴.民法学说与判例研究（重排合订本）[M].北京：北京大学出版社，2015：779.

○ 依诉讼闸门理论，若允许原告对过失所导致的纯经济损失提出赔偿请求，那就会引起无数诉讼。因为过失导致的纯经济损失范围往往广泛而具有不确定性，因此确立'排除性规则'，关紧"诉讼闸门"，有利于筑起一道责任大坝，抵御过失所致纯经济损失带来的责任过于泛化的趋势。

○ 优越法益因素理论认为，法律制定的目的就是要保护人类社会上的各种法益。但是不同的法益有"高低贵贱"之分，侵权行为法对它们的保护力度并不相同。一般而言，人身法益要优于财产法益，财产法益中的有形财产价值要优于一般财产利益，因而人身损害和有形财产损害较之经济上损失更应得到法律的保护。纯经济利益处于权利位阶的最低端，不应当享受广泛的保护。因此，法律要反映不同价值位阶，进而就应该倾向于对纯经济损失的获赔做出严格的限制。

○ 对于有契约关系的当事人，他们通过订立契约，可以实现权利义务的内部化，相比在过失导致纯经济损失的情况下要求赔偿更具经济性。所以实务中，各国针对合同关系中的当事人普遍提供纯经济利益的救济，在此问题上，侵权法对契约法显示出了相当的谦抑精神，体现了市场经济条件下法律对个人经济自由、交易自由的尊重和激励。因此，有契约关系的当事人之间的纯经济损失可藉由契约获得保护，无契约关系的当事人之间的纯经济损失则得不到保护，其背后隐藏的法理就是契约法和侵权行为法的任务分界或划分。

手段[①]。

可以说,目前对纯经济损失赔偿的态度,经历了从不予赔付到选择性赔付的过程。其间,每一次对纯经济损失不予赔付这一"排除性规则"的突破,无不是基于对特定案件的分析所做出的调整,即在具体案件的帮助下,对纯经济损失有了更为清晰的认识,从而创设出更为细致的规范模式和赔付规则。不论是德国创设了附保护第三人作用的契约制度,还是英美判例根据充分密切或特殊关系原则认定行为人是否负有注意义务,从而认定应否承担赔偿责任,都在推动着纯经济损失赔偿规则向前发展。[②]

目前,取代"排除性规则"而被认为对认定纯经济损失责任最有意义的基本规则,可总结为如下十条[③]:可能出现的潜在原告的数量越少,则越容易认定纯粹经济损失责任;因保护财产利益而额外增加的注意义务越少,对行为自由的限制越小,则纯粹经济损失责任的承担就越合理;当事人之间的近因性越强,则纯粹经济损失责任越容易被接受;他人受某陈述引导的可能性越大,则陈述人承担该错误陈述所造成的纯粹经济损失责任就越具有正当性;对某陈述的信任程度越高,则由陈述人承担该错误陈述引发的纯粹经济损失责任就越合理;如果被告明确知晓他人具有特定的财产利益,则更易于令其承担纯粹经济损失责任;纯粹经济利益的边界越明确,其越应当享受更广泛的保护,则行为人承担该利益的损害赔偿责任就越合理;如果侵权者的行为是故意的,或者其越是具有严重的归责事由,则越易于要求其承担纯粹经济损失责任;财产利益对原告越是具有重要意义,则越易于认定被告承担纯粹经济损失责任;被告追求其自身经济利益的目的越明显,则令其承担纯经济损失责任也就越合理。

学界一般认为,银行因信贷人员的工作而高估了客户信用,发放了超额贷款,所遭受的损失应作为纯经济损失。从另一个角度看,银行损失的是贷款投资或者对客户的债权,而债权也是一个在既定范围内受法律保护的权利。从此

[①] 姚辉. 中国侵权行为法理论与实务 [M]. 北京:人民法院出版社,2009:271.
[②] 张红. 纯粹经济损失赔偿的可能与限度 [J]. 武汉科技大学学报(社会科学版),2019(2):206.
[③] 库齐奥. 侵权责任法的基本问题:第一卷:德语国家的视角 [M]. 朱岩,译. 北京:北京大学出版社,2017:199-201.

意义上说，针对债权的保护显然应强于对其他纯经济利益的保护，因为债权中的纯经济利益已经具体化为一种权利。排除"排除性规则"而提供超越故意等有悖于善良风俗方法之损害的广泛保护就成为必然选择。另外，就银行贷款损失问责而言，借鉴信贷人员与银行之间的特殊的密切关系原则，应该认定其负有一定的赔偿责任，也已成共识。若按照上述十条原则，银行追究信贷人员未尽职行为导致的纯粹经济损失，也具有充足的理由。需要进一步探讨的是，应当根据何种标准或方法，进行具体认定。这也是本章接下来的任务。

8.2 轻微损害不予赔偿

侵权法上的一个基本原则是"全面赔偿原则"，即只要加害行为和损害后果之间存在因果关系，加害人就要对全部的损害负责。这其中自然包含了根据原因力或法律政策进行责任范围限定之后的应赔尽赔的思想。即便如此，现代社会基于现实情况与人道主义原则，也对全面赔偿原则进行了必要的限制。

在信贷风险问责领域，贯彻全面赔偿原则遇到的最大难题，即我们在第2章中指出的，由贷款损失与经济赔偿的非对等性导致经济处罚时遭遇的"执行难"问题。一旦贷款出现不良、发生损失，金额往往很大，若实行全面赔偿原则，信贷人员根本无法承受。所以，信贷风险问责事项中，我们主张在坚持全面赔偿理念的同时，对信贷人员承担损害赔偿的范围给予适当限制，也即坚持全面赔偿原则之上的适当限制原则。

与此同时，还有另一种极化现象，即在贷款损失极小的情况下，同样偏离全面赔偿原则，不是限制赔偿范围，而是免于赔偿，即通常情况下，坚持轻微损害不予救济的制度安排。

为何如此呢？大概源于如下的理论基础：轻微损害属于银行生产经营的固有风险，轻微损害不具有违法性，从而不需要赔偿。

经营风险是银行经营管理的本质和精髓，商业银行是经营风险的企业，作为专业经营风险的特殊企业，商业银行与风险为伴，目标就是将风险控制在可承受范围的同时，获取风险回报。只要风险不是大到危及生存，在某种意义上说就是合理的，或者说是预期会出现的，由风险导致的损失也是其自身做好准备予以承受的。以信贷风险为例，银行为每笔贷款都预提了一定比例的风险准备金或减值准备，但偶尔也会出现超预期的风险，这部分风险还有经济资本或监管资本进行抵御和吸收。在制度设计中，只要不出现大面积的不良，就没有问题。或者说，一定的较少的损害本身就是制度设计之中的事情，因此也不涉及违法性或过错问题，自然谈不到救济问题。

根据有关规定，银行应于每年年度终了根据承担风险的资产余额的一定比例通过税后利润提取一般准备，用于弥补尚未识别的可能性损失，一般准备余额不低于风险资产期末余额的 1.5%；同时对于非正常贷款可以参照不同比例按季计提专项准备，其中对于关注类贷款，计提比例为 2%；还可以根据不同类别（如国别、行业）贷款的特种风险情况、风险损失概率及历史经验，自行确定按季计提一定比例的特种准备。在银行切换 IFRS9[一] 以后，金融资产减值损失准备计提由"已发生损失法"改为"预期损失法"，根据实践经验，多数计提比例还有所提升。

综上，对于关注类贷款，计提的风险准备金总额至少可以达到 3.5% 以上的水平。这就是非不良贷款正常应计提的风险准备，是银行正常经营过程中的预期成本。

[一] 国际会计准则理事会 2014 年发布《国际财务报告准则第 9 号——金融工具》（IFRS9），于 2018 年 1 月 1 日生效并取代原有《国际会计准则第 39 号——金融工具》（IAS39）。鉴于中国企业会计准则与国际财务报告准则持续趋同这一方向，财政部于 2017 年 3 月 31 日修订了《企业会计准则第 22 号——金融工具确认和计量》《企业会计准则第 23 号——金融资产转移》《企业会计准则第 24 号——套期会计》。这三项准则也被称为"中国版 IFRS9"，已于 2018 年 1 月 1 日实施。与旧的准则相比，新的准则主要有三大变化：一是在金融工具分类和计量方面，金融资产分类由"四分类"改为"三分类"，减少金融资产类别，提高分类的客观性和有关会计处理的一致性；二是对减值的处理方式，金融资产减值会计由"已发生损失模式"改为"预期损失模式"，以更加及时、足额计提金融资产减值准备，揭示和防范金融资产信用风险；三是修订套期会计相关规定，使套期会计更加如实地反映企业的风险管理活动。

实务中，我们以招商银行为例，截至 2020 年末，该行不良贷款率为 1.09%，拨备覆盖率为 443.51%，贷款拨备率为 4.82%。其中公司贷款不良率为 1.69%，大型企业不良贷款率为 1.66%，中型企业不良贷款率为 4.09%，小企业不良贷款率为 1.33%。就招商银行而言，贷款拨备率达到 4.82%，可以合理推断其关注类贷款计提的准备金将高于 5%。

综合考虑政策规定与实务表现，我们是否可以认为，银行对贷款风险设定了 5% 左右的容忍度？或者我们是否可以认为，小于 5% 的损失金额，就可以大致认定为轻微损失，主要由银行计提的风险准备金来弥补，而不需要信贷人员进行赔偿。

本书的观点是，作为一项基本原则，当贷款损失率小于 5% 时，无须通过对信贷人员实施经济处罚，来进行赔偿或弥补。对于轻微损害不予赔偿的例外场景是，归责事由非常严重，例如当信贷人员故意导致了损害时，即使仅造成轻微损害后果，也应当负担赔偿义务，此时，可以对信贷人员处以一定的经济处分。

8.3 雇员赔偿责任的特殊性

信贷工作人员是银行的雇员，这一职业属性决定了雇员的本质特征是从属性。这种从属性是在雇员给付劳务过程中受雇主的指挥和监督而形成的。主要包括人格从属性、经济从属性和组织从属性三个方面。

所谓人格从属性，是指信贷人员因被雇佣而向银行给付劳务所导致的人格拘束，人格拘束进而导致意识自治受到一定约束。其核心特征在于银行与信贷人员之间存在命令与服从、指挥与被指挥、监督与被监督之关系。因为信贷人员是在银行统一安排、监督、组织、管理下，与其他雇员分工合作，且通常在约定的工作时间、地点从事约定的工作内容，最终为银行的利益而服务，从而形成一定的约束。

所谓经济从属性，是指信贷人员为了银行利益而受雇，通过提供劳务获取工资性收入，得以养家糊口，其劳动报酬通常低于其所创造的价值，与银行的法律与经济地位根本不具可比性。依据一般社会认识，凡以体力或智力劳务为生者，通常获取的收入报酬有限，更须以此工资作为个人和家庭生存的基础，从而对银行产生较大程度的依赖，由此导致信贷人员与银行之间的地位不平等，以及劳资双方产生经济从属关系。

所谓组织从属性，是指信贷人员进入银行，作为银行组织中的一员并与他人配合提供劳务，形成一个有机整体，进而成为银行自身运营的必备内容。虽然信贷人员是在银行的统一安排、监督、指挥、组织、管理下进行工作，但毕竟作为专业人士、甚至类职业专家，其行为与意识具有相当的独立性，人格从属性的弱化被组织从属性的增强所弥补。

雇员的从属性特征，决定了在相当程度上雇员乃是雇主意志和行为的延伸。所以在雇员给付劳务的过程中，发生对雇主的损害，某种程度上说是雇主的"内生损害"。从雇佣关系的特点来看，雇员执行职务是基于雇主的选任，并在雇主的指挥监督下行为，雇主乃是此项行为的获益者。根据报偿理论，利之所在，损之所归。而雇佣关系中，雇员是为雇主完成工作的，雇主为受益人。所以《德国民法典》的起草者认为，那些为了自己的利益而雇佣劳动的人，应对雇佣承担风险。㊀

以上述及的也是第4章论及的雇主替代责任原则的由来。即只要有雇佣关系存在，雇主承担替代责任的要件仅是雇员实施了侵权行为。㊁而雇员实施的侵权行为不以雇主知悉为前提，亦不要求雇主能够对雇员之行为危险性予以防范，即便雇主已对雇员相关行为作出禁止性指示，一旦发生相关侵权后果，雇主仍然应当承担责任。㊂

当然，上述所谓的侵权行为，主要是针对雇员对第三方实施的侵权行为。

㊀ 黄乐平. 雇佣关系中侵权损害赔偿制度研究 [M]. 北京：法律出版社，2020：96.

㊁ DIAS R W. Clerk & Linsell on Torts[M]. London: Sweet & Maxwell, 1990:156.

㊂ CANE P. The Anatomy of Tort Law[M]. Oxford: Hart Publishing, 1997:46.

但是对于契约范围内雇员对雇主实施的不完全给付或瑕疵给付,从而对雇主造成的损害,雇员是否要承担损害赔偿责任,还是雇主要承担替代责任进而免除对雇员的追偿呢?

法理上,既不是雇员要承担全部赔偿责任,也不是不承担赔偿责任。多数国家包括我国,都对责任承担的界限进行了明确限制,主要规则是,只有在雇员具有故意和重大过失两种情形下造成雇主的直接损害或承担替代责任的,雇主才有权向雇员追偿,也就是说雇员才承担相关赔偿责任。我国《民法典》第一千一百九十一条规定,用人单位的工作人员因执行工作任务造成他人损害的,由用人单位承担侵权责任。用人单位承担侵权责任后,可以向有故意或者重大过失的工作人员追偿。上述规定表明,我国明确将雇主的追偿权限定在雇员具有故意和重大过失的情形。

在雇员给雇主造成了损害的情况下,一般只有在雇员具有故意和重大过失的情形下,才能让雇员承担赔偿责任。换句话说,在雇员仅存在轻微或一般过失的情形下,禁止雇主行使追偿权,此种情形下雇员不承担损害赔偿责任。

套用到信贷领域中,若信贷人员未尽职,存在一般过失,而导致了贷款损失,原则上不应受到经济处分;但若信贷人员存在重大过失、甚或故意,而导致贷款出现损失,则应承担损害赔偿责任。当然不管给予或者不给予经济处分,都不排除适用纪律处分或其他处分方式。

这里需要指出的是,2021年初银保监会发布了《关于建立完善银行保险机构绩效薪酬追索扣回机制的指导意见》,其中明确规定,对于因存在明显过失或未尽到审慎管理义务,导致职责范围内风险超常暴露的高级管理人员和关键岗位人员,银行保险机构可以追索扣回其相应期限内的绩效薪酬。对于存在违法、违规、违纪等情形的高级管理人员和关键岗位人员,银行保险机构应当根据情形轻重追索扣回其相应期限内的部分直至全部绩效薪酬。绩效薪酬追索扣回比例应当结合高级管理人员和关键岗位人员所承担的责任、造成的损失以及产生的负面影响进行确定。绩效薪酬的追索扣回,无疑是一种经济处分,但该规定重点在于规范管理行为,而不在于贷款损失的赔偿。实务中一些银行的薪酬结构中绩效薪酬占比相对较小，与贷款的损失严重不成比例，尽管可以作为经济处分形式的一种，但该指导意见多数情况下并不适宜用来确定贷款损失的赔偿责任⊖。

8.4 雇员赔偿责任的承担

基于前述分析，信贷人员对银行造成了贷款损失，依据雇员的过错程度，其在法理上应承担不同的赔偿责任。

1. 对因故意所致贷款损失承担全部赔偿责任

故意是行为人预见到行为将发生损害后果而仍然对其行为后果的发生抱着

⊖ 实践中，特定情形下，当然并不排除采用该指导意见进行贷款损失的某种变通形式的赔偿处罚。如某银行经营机构的副总经理，自身作为一名主办客户经理，2014 年承做了一笔贷款，当年即出现本息预期成为不良贷款。虽经过两次重组，仍然不见起色。后转移至资产保全部进行清收，截至 2020 年仍有本金余额 1.37 亿元，预计损失金额至少为 1.3 亿元。经审计责任认定，贷前资料不实，贷后疏于管理，且发现主办客户经理与客户之间存在经济往来。虽然不能完全证实存在欺诈行为，但存在重大过失无疑。在问责委员会讨论过程中，一种意见认为，应处以经济赔偿，金额可按预计损失的 1% 确定，即 130 万元；一种意见认为经济赔偿金额可按照 2014～2020 年连续 7 年该主办人员税后薪酬的 20% 确定，大约为 120 万元；一种意见则认为，该行之前从未按此 1% 或 20% 的规则确定过经济赔偿的不良责任，且 1% 的比例缺乏科学性。问责意见未能获得三分之二以上同意。后续在提交党委会决策时，经过讨论最后同意按照银保监会《关于建立完善银行保险机构绩效薪酬追索扣回机制的指导意见》，以该主办人员最近三年（2017～2020 年）发放的税后绩效薪酬为标准，约 118 万元，予以追索扣回，作为经济处分的金额。该案例在该行的不良资产问责中开创了先河。当然，就本书的论述而言，还存在不少可以改进的地方，如对该主办信贷人员的责任认定还不清晰，过错程度或责任比例缺乏明确认定，看似进行了较以往巨额的经济处分，但为什么是选取最近 3 年的税后绩效薪酬作为标准，而不是业务存续期间的 7 年，为什么采取了绩效薪酬的追索扣回形式，而不是经济赔偿。期间也存在问责委员会讨论中经济赔偿 100 万元的"瞄定效应"，只是采取了银保监会指导意见的形式"倒算" 3 年税后绩效薪酬金额正好与之相差无几而已。该案例经济处分的具体形式与金额确定是否合适姑且不论，若该主办信贷人员的绩效薪酬较少，例如 7 年也不足几十万元，甚或该主办信贷人员自加入银行后其全部绩效薪酬也不超过几十万元，又该如何确定具体的处罚金额？这正是本章要讨论的内容，而这里仅仅是呈现一个《关于建立完善银行保险机构绩效薪酬追索扣回机制的指导意见》在实践中变通应用的案例而已。

希望或放任的态度。其中，希望是行为人通过一定的行为努力追求行为后果，努力造成行为后果的发生；放任则是行为人虽不希望其行为后果发生，但并不采取避免损害后果发生的措施，以致造成了损害后果。也就是说，如果雇员明知构成违约或侵权行为之事实并有意使其发生，或预见其发生的可能并容忍其发生，则属故意为之。雇员通常必须就故意造成的损害承担全部责任，无被限制责任的可能。○

就内部构造而言，所谓故意，是指行为人"明知""预见"或"确信"损害结果会发生，且对结果"欲求""默许"或"接受"；从行为表现看，故意侵权是一种"计划"行为，既有认识要素，又有意志因素，故意侵权行为的发生与否，完全操之在己（行为人）。因此，从纯粹技术意义上说，故意侵权的可避免性、可预防性是很高的。能避免而不避免，能预防而不预防，从道德评价来说，故意侵权的行为人具有主观恶性，违背了最低限度的道德戒律。这种反道德性深层次地体现在行为人的认识和意志上：对"恶"的认识是基础，意志上的追求或纵容"恶"是根本。○

在这种认识和意志的作用下，雇员在"故意"的心态下实施了导致雇主发生损害的行为，其行为已经脱离了雇主对其的控制与管理，其行为所体现的意志完全是雇员自主的、独立的行为，因而不是雇主行为的一部分。雇主责任的理论基础一般将雇员行为视为雇主行为的延伸，而雇员故意实施的侵权行为完全背离雇主的行为，所以需要雇员自担其责。○

2. 对因重大过失所致贷款损失承担赔偿责任

与故意不同，过失通常是指行为人对损害结果或危险无认识、也不欲求且不希望发生，即使能够认识，在心理上也是轻信能够避免的。作为过失中可谴责性较大的重大过失，是指行为人认识到损害或危险可能（非必定）发生，或

○ 朱军. 雇员在工作中致雇主损害的责任减轻归责——基于案例分析的比较研究 [J]. 清华法学，2015（6）：132.
○ 叶名怡. 侵权法上故意与过失的区分及其意义 [J]. 法律科学，2010（4）：87-88.
○ 黄乐平. 雇佣关系中侵权损害赔偿制度研究 [M]. 北京：法律出版社，2020：143.

有意不去了解,虽然行为人也不希望结果发生,但行为人明显疏于防范。由此可明了,重大过失在认识因素上与故意具有相通的地方。

从客观评价角度看,德国的判例将重大过失定义为以异乎寻常的方式违背必要之注意的行为;或者指未做最简单易行的思考,而对每个人都必然了解的事项未加注意。实质上,当基本的注意被忽略——俗话说铸成"荒唐大错"时,或者我们说"玩忽职守"时,就存在重大过失。我国学者通常认为,如果行为人仅用一般人的注意即可预见之,而怠于注意,不为相当之准备,就存在重大过失。简言之,重大过失是指行为人连最普通的注意义务都没有尽到,或者说行为人以极不合理的方式未尽到必要的注意。由上述界定可知,重大过失的关键点有二:第一,被违反的注意义务非常基本;第二,违反注意义务的方式惊人。⊖在信贷领域中,对于一个社会普通人都能想到的事情,比如签字要本人亲签、盖章不能是虚假的、抵押要去登记,等等,若是作为专业人员的信贷人员都没有做到,就存在重大过失。

从主观评价的角度看,重大过失作为一种行为人内心对其行为性质及其所含风险、损害后果有所认识的过失,体现出鲜明的主观色彩。若想要认定行为人存在重大过失,就必须对行为人的主观心态做出认定,而不能单单从行为人的外部行为表现出发得出肯定的结论。由于重大过失是行为人有认识的过失,因而基于对"明知故犯"行为的敌视,一直以来,法律始终保持着对重大过失行为人予以道德上责难的立场。这种道德上的责难不仅建立在行为人对损害后果发生之高度盖然性的认识上,也建立在行为人对其行为非正当性的认识上。当行为人在客观上给他人造成实际损害时,这种道德责难的正当性就更加充分了。由于行为人有认识和意志上的瑕疵,因此能够对其做出特别严重的谴责。总而言之,重大过失系"特别重大而且在主观上不可宽宥的义务违反行为,其已显著超出通常的过失程度"。在道德可责性方面,重大过失与故意再次显示出共性。⊜

⊖ 叶名怡. 重大过失理论的构建 [J]. 法学研究, 2009 (6): 77-79.
⊜ 叶名怡. 重大过失理论的构建 [J]. 法学研究, 2009 (6): 83-84.

所以在信贷、审计等实务中，一般认为，重大过失视同欺诈，或者推定为欺诈。也就是将重大过失推定为故意行为，然后举证责任倒置。行为人应当证明自己不属于故意或欺诈，否则视同欺诈成立。

因此，与故意一样，信贷人员对因重大过失所致的贷款损失必须承担赔偿责任。当然与故意相比，行为人不应承担全部赔偿责任，而是应该根据雇员的过错程度或原因力承担一定比例的责任。因为重大过失是造成损害的重要原因，并非损害发生的唯一原因，雇主在雇员的选任、培养、监督、管理上的疏漏也是造成损害发生的间接原因，所以在雇员与雇主之间进行责任分配时，应当根据案情的具体情况进行综合考量。

3. 对因一般过失所致贷款损失免除承担赔偿责任

与前述我们主张轻微损害不需要赔偿的理论基础相似，因一般过失所致贷款损失不需要进行赔偿的理论依据，同样是商业银行经营风险理论。商业银行是经营风险的企业，作为专业经营风险的特殊企业，商业银行总是与风险为伴。作为职业者，信贷人员从事信贷业务是一种职务行为，即使工作中银行制定了详细繁多的制度规定，但多数情况下信贷人员并不是像机器人一样机械地去执行流程，而是在履职过程中做出职业判断、主观评价。形式上的尽职与实质上的尽职，存在较大的差异。正如银行的业务必然存在风险一样，信贷人员的职务行为也必然做不到尽善尽美，存在些许的过失是必然的。也正如只要风险不是大到危及生存就是合理的、必须予以承受的一样，如果信贷人员的职务行为不是太离谱（构成重大过失），只是犯一些天底下所有的信贷人员几乎都会犯的错（一般过失），就是可以理解的，或者说是银行必须容忍的。这种情况下，损害就是银行必须自己承受的，不需要由信贷人员进行赔偿。

另一方面，从道德可谴责性论，这种伴随着职务行为"内生"的一般过失，一般认为不具备可谴责性。一般过失的出现并不是意志的严重偏离或懈怠导致的结果。事实上，当代多国的侵权法理论也认为，一般过失或普通过失的道德可责难性色彩正日益褪去。所以，由一般过失者承担赔偿责任正逐步失去道德基础。

我国《民法典》规定了雇主对雇员因故意或重大过失造成损害的追偿权，而对一般过失免于赔偿的规定，与上述理论分析结果相一致。信贷问责实践中应予以区别对待，差别执行。总结来看，这种有条件的追偿权的理论依据在于：首先，替代责任的基础是利益实现以及风险控制理论，如果雇员只是一般过失仍要接受追偿的命运，那么实际上这违背了替代责任的内在基础，也与"当行为人的过错程度不高时应当将损失留在原处"的法理原则相违背。其次，雇员如果是重大过失甚至是故意侵权，那就必须要受到追偿，承担个人责任，否则，无异于纵容雇员为恶，或者鼓励雇员作恶，这将有违最基本的法律伦理。再次，在雇员仅为一般过失时，限制雇主的追偿权，从法律的经济分析角度看，这将激励雇主严把选任和监管关，挑选更合适和能胜任的雇员，从而减少致害事故的发生；同时也有利于激励雇员放心大胆地投入工作，发挥他们更大的积极性和创造性，为企业和社会创造更大的价值；否则，若动辄得咎，势必将会限制和扼杀雇员的积极性和创造力[1]。

8.5 经济赔偿金额的实务确定

对信贷人员问责，其他处分方式暂且不论，就经济处分或经济处罚而言，在信贷人员故意和重大过失造成了贷款损失的情况下，若要责令其承担部分赔偿责任，应如何确定具体金额呢？或者说，正如我们第2章中指出的，贷款损失与经济赔偿存在巨大的非对等性，那么在坚持全面赔偿原则之上的适当限制原则时，如何确定赔偿金额呢？

首先要申明一点：在前一节内容中，我们述及雇员赔偿责任的承担时，确定的基本原则是，对因故意所致贷款损失承担全部赔偿责任，对因重大过失所致贷款损失承担相应的赔偿责任。上述原则是依据雇员的过错程度，确定其在

---

[1] 叶名怡. 侵权法上故意与过失的区分及其意义 [J]. 法律科学，2010（4）：94-95.

法理上应承担不同的赔偿责任。但实务中，特别是对于银行而言，很少有全部责任均由信贷人员自己承担的情形。即便是雇员实施了故意侵害他人权益的行为，也不能认为雇主毫无过失，因为在此情形下，雇主也存在着选任、监督等方面的过失，更何况雇员的行为是受雇主的指示实施的（尽管有所偏离），是为了雇主的利益，在某种意义上雇员的行为可以看作用工者行为的延伸。即便雇员具有重大过失，其也是受到雇主的指示，不宜将雇员的行为视为其自身的单独行为。

所以，即便在雇员具有故意和重大过失的情形下，实务中也不应当允许雇主完全追偿，因为无论是按照报偿理论、风险分担理论还是从保护劳动者权益的角度考虑，都不应当允许雇主完全追偿，并使雇员承担全部责任。正是基于这一原因，在对雇主的追偿权进行限制时，有的国家采用了限制追偿数额的方式，此种经验值得我国借鉴。尤其是在雇员造成他人重大损害的情形下，如果不对追偿的数额进行限制，雇员可能因负担过重的责任而使其生活陷入窘境。⊖

除此之外，还有一个特殊性需要特别考虑——我们在第 6 章最后提及信贷人员对贷款损失的原因力时，强调了一个观点，即针对贷款损失而言，信贷人员的违规行为具有非直接性。具体而言，从表面上看，造成银行贷款损失的原因是客户信用破产而不再归还银行贷款本息，隐含的原因则是银行在做出给客户授信的决策时依赖了信贷人员的调查报告和评审意见，而法律上最直接的真正原因则是客户的投资或经营失败、贷款挪用或欺诈。通常情况下，信贷人员的过错在于没有及时发现或者揭露出这些问题，以致夸大了企业信用，投放了过多的贷款⊜，可以说信贷人员只是银行贷款的直接侵权人或不完全给付债务人

⊖ 王利民. 王利民学术文集：侵权责任编 [M]. 北京：北京大学出版社，2020：521.

⊜ 就客户的自身信用而言，任何一家企业都有资质获得银行一定数目的贷款，区别只在于金额的多少。理论上，我们可以从 1 元开始贷起，然后是 10 元，100 元，1000 元……直到与企业信用相匹配的某个数值为止。假如某银行给某信用极差的企业贷款 100 元，若是客户出现经营问题难以归还，银行上门去催收，估计出纳都觉得烦，随手就给你归还了，还落得个眼不见心不烦与耳根清净。在这个意义上讲，没有不能授信的企业，只是银行基于成本效率的考虑而做出了金额太低而不宜介入的决策而已。超过那个与企业信用水平相匹配的金额的贷款，即为投放了过多的贷款，授信风险也由此而来。

（授信客户）的"帮凶"而已。而有时候即使信贷人员充分尽职，客观上对客户信用进行了正确评价，银行据此发放了贷款，也可能出现客户经营的风险甚或其他不可抗力事件等，而导致贷款发生损失。因此，基于对客户经营失败或贷款欺诈与信贷人员信用评估或授信决策的区分，我们必须考虑到，在处理信贷人员的责任时，这两大类因素都是导致银行贷款损失的重要原因。信贷人员、客户和银行之间构成了一个三角形的法律或管理关系，可能存在客户经营不善或欺诈舞弊，以及信贷人员的不尽职行为的"竞合"而导致银行贷款遭受损失。因而，公平原则要求在三者之间合理分配这些投资风险。在客户贷款出现不良或损失时，也即客户的贷款本息出现缺口时，信贷人员在损害赔偿方面承担的仅仅是某种"补充责任"，且一方面本息缺口需要在银行和信贷人员之间进行合理分配，另一方面还需要在信贷人员内部进行合理分配。简而言之，让信贷人员承担过高或全部损失金额显然有失公平。考虑到信贷人员的实际支付能力，为避免对信贷人员的无限追责而影响信贷职业的正常发展，有必要对赔偿数额的上限进行限制，即应当适用全面赔偿原则之上的适当限制原则。

在具体的限制方法方面，借鉴比较法的经验，可以考虑将雇主的追偿数额限制在一定的比例范围内。如日本判例即支持限制追偿学说，在一场由油罐车引起物损的事故中，公司作为使用人（即雇主）向受害人支付了赔偿金之后，对驾驶油罐车的从业人员提起赔偿请求和追偿权的行使。对该事件，最高判决所将可以赔偿及追偿的范围限制在使用人所蒙受损害的 1/4 以内[一]。从司法实践来看，应该根据雇员因过错造成的上升风险来确定赔偿金额的比例，追偿的比例一般不超过 50%。此种做法有一定的合理性，但还是应当依据具体的个案情形，尤其是要考虑雇主和雇员的过错程度，以及雇员的经济能力等情形，确定雇主追偿的比例。[二]

另外可资借鉴的限制性规定是我国现行《公司法》第二百零七条，该条文规定，承担资产评估、验资或者验证的机构因其出具的评估结果、验资或者验

[一] 于敏. 日本侵权行为法 [M]. 3 版. 北京：法律出版社，2015：323.
[二] 王利民. 王利民学术文集：侵权责任编 [M]. 北京：北京大学出版社，2020：521.

证证明不实，给公司债权人造成损失的，除能够证明自己没有过错的外，在其评估或者证明不实的金额范围内承担赔偿责任。也就是说，其赔偿责任限制在"评估或者证明不实的金额范围内"。此外，在我国司法实践中，确定会计师事务所承担与其过失程度相应的赔偿责任时，也是以不实审计金额为限。

但信贷人员由于过错而导致其评估的企业信用偏离客观水平的数值，实在难以厘定，如信贷人员某笔授信为1亿元，后来贷款出现了问题，企业最后仍有0.3亿元未能偿还，为简化计算不考虑利息，企业归还了0.7亿元，那么是否能倒推出客户正常客观的信用水平就是0.7亿元，而信贷人员由于工作失误造成的扩大的不实信用水平为0.3亿元呢？实际上，由于情况错综复杂，企业的信用水平可能为0~1亿元之间的任何一个数值，信贷人员可能不存在不尽职的问题，也可能有轻微过失、一般过失、重大过失，甚或欺诈。所以可资操作的方法是，根据审计认定一个大概的责任比例，这比直接认定客户真实的信用水平更加便利和容易。

另，本书认为，在不考虑其他因素的情况下，先验地将信贷人员的赔偿范围限制在50%也具有一定的合理性。有人抽样统计了某银行两家经营机构的400笔不良贷款并进行成因分析，结果显示，受外部经济环境影响借款人无法持续经营形成不良贷款162笔，占比40.5%，由其他不可抗力造成的不良贷款35笔，占比8.8%，两项合计49.3%；而由于银行贷款风险控制管理不到位等内部原因（实质即信贷人员未尽职）形成的不良贷款203笔，占比50.3%。⊖可见，不良贷款的成因基本上是信贷人员不尽职和其他因素各占50%。具体如表8-1所示。

故此，本书认为，务实的做法可分为以下三步。

第一步，确定赔偿金额的理论值。即根据信贷人员的过错程度，分为故意（包括恶意或欺诈）、重大过失的不同情形，在坚持全面赔偿或限制赔偿原则的基础上，确定应该予以赔偿的金额。以此作为赔偿金额的理论值。实务操作中，取实际损失金额的50%与按照过错比例确定的赔偿金额的最小值，作为

⊖ 李淑君. 对商业银行不良贷款管理审计的思考[J]. 河北金融, 2016（9）: 47.

理论值。此做法相当于认定行为人的过错可以超过50%，但损害赔偿比例不超过50%。

表 8-1　Q 和 H 分行预期和不良贷款形成的原因统计表

产生预期和不良贷款的原因		贷款笔数	占比（%）
经济环境等外部原因	受经济环境影响经营或生产困难、产品无销路，应收账款无法收回、持续经营无望、无新的融资渠道、破产倒闭产生不良	162	40.5
银行风险控制管理不到位等内部原因	放款前未发现借款人违约或欺诈的重大风险；放款后对借款人用款监督不到位，未发现其经营或投资失败、参与民间借贷等挪用行为，以致无法还款	89	22.2
	贷后管理中未及时发现借款人内部经营管理问题如股东纠纷或投资失败，资金链断裂、停产或倒闭，借款人工作变化、离婚转移财产等行为	78	19.5
	放松对担保人的资质和抵质押物的合规性审查，导致违约后担保措施无法落实	36	9
其他原因	借款人遭受自然灾害、意外身故等其他原因	35	8.8

资料来源：李淑君.对商业银行不良贷款管理审计的思考[M].河北金融，2016（9）：47.

例如，贷款实际损失为3000万元，经过认定，信贷人员存在重大过失，根据不同原因力分析，其应承担70%的责任，即2100万元。而贷款实际损失金额为3000万元，其50%为1500万元。故以其中最小者1500万元作为信贷人员赔偿金额的理论值。

即便如此，但在一般情况下，信贷人员根本没有这么大的赔偿能力，尽力"追缴"将严重影响信贷人员的个人及其家庭的正常生活，也可能引发严重的社会冲突，没有可执行性。

第二步，确定赔偿金额的合理值。为使赔偿具有可执行性，必须让赔偿金额从理论值回归到现实的合理范畴。具体应该确定为多少才合适呢？现有的立法上并没有确定的标准。我们只能追溯借鉴一下相关的规定⊖。

最早规定雇员赔偿责任的是1982年颁布的《企业职工奖惩条例》（已失效），第十七条规定："对于有第十一条第（三）项和第（四）项行为的职工，应责令

⊖ 本部分内容主要参考：黄乐平.雇佣关系中侵权损害赔偿制度研究[M].北京：法律出版社，2020：151-153.

其赔偿经济损失。赔偿经济损失的金额，由企业根据具体情况确定，从职工本人的工资中扣降，但每月扣除的金额一般不要超过本人月标准工资的20%。如果能够迅速改正错误，表现良好的，赔偿金额可以酌情减少。"该条例第十一条规定："……（三）玩忽职守，违反技术操作规程和安全规程，或者违章指挥，造成事故，使人民生命、财产遭受损失的；（四）工作不负责任，经常产生废品，损坏设备工具，浪费原材料、能源，造成经济损失的……"该条例规定，针对玩忽职守造成人民生命与财产损失的以及工作不负责任造成企业经济损失的员工，可以责令其赔偿经济损失，但赔偿金额不得超过本人每月工资的20%。

20世纪80年代，政企不分，企业与职工之间还没有签订劳动合同，企业对职工的管理是一种行政管理。但从当时的规定也能看出来，对于职工过失造成企业财产和人身损害的，职工的损害赔偿责任以每月扣除20%的工资为限度。对于具体的赔偿总额以及扣降的截止时间，《企业职工奖惩条例》并没有规定。但是该条例规定，只要职工本人能够迅速改正错误、表现良好，赔偿金额就可以酌情减少。显而易见，这种扣降工资的做法是典型的行政机关的做法，即实行行政处罚与道德教育相结合的方法。无论如何，以当时的经济发展水平，对员工实行扣减每月工资20%的处罚，对于员工本人与家庭的生活应该是有一定的影响。但之所以规定为20%而不是更高的处罚水平，原因是其不至于根本影响职工和家庭的生活状况。

《企业职工奖惩条例》中关于最高扣减每月工资20%的规定，为劳动部颁布的《工资支付暂行规定》第十六条所吸收，其规定："因劳动者本人原因给用人单位造成经济损失的，用人单位可按照劳动合同的约定要求其赔偿经济损失。经济损失的赔偿，可从劳动者本人的工资中扣除。但每月扣除的部分不得超过劳动者当月工资的20%。若扣除后的剩余工资部分低于当地月最低工资标准，则按最低工资标准支付。"

可见，针对雇员给雇主造成经济损失的情形，《工资支付暂行规定》规定雇主可以要求雇员进行赔偿，但是雇主每月扣减雇员的工资份额最高不超过20%。对于工资水平低的雇员，扣减之后必须保留不低于当地月最低工资标准的薪酬。

由此，《工资支付暂行规定》确立了一个重要的原则，就是雇员的赔偿责任要建立在赔偿能力的基础上。无论如何，雇员的生存权要优先于雇主的财产权。

此后，由于《立法法》的通过，涉及公民民事权利的内容都需要通过制定法律来确定，有关雇员对雇主承担赔偿责任的规定迟迟未有新法出台。《人身损害赔偿解释》规定了雇员因故意或者重大过失致人损害的，应当与雇主承担连带赔偿责任。同时也规定了雇主承担连带赔偿责任后可以向雇员追偿。但是对于雇主可以向雇员追偿的限额没有规定，而是把这个任务交给了司法实践。《侵权责任法》的立法者们回避了这一问题。及至《民法典》的制定和颁布，其第一千一百九十一条规定，用人单位的工作人员因执行工作任务造成他人损害的，由用人单位承担侵权责任。用人单位承担侵权责任后，可以向有故意或者重大过失的工作人员追偿。上述规定沿袭了《侵权责任法》的观点和做法，一方面明确将雇主的追偿权限定在雇员具有故意和重大过失的情形，另一方面，对雇主可以向雇员追偿的具体限额没有做出明确规定。

现有的明文参考，《企业职工奖惩条例》规定的每月扣减工资不得高于本人工资的20%，《工资支付暂行规定》又增加了一个底线，就是扣减工资后的雇员工资不得低于当地最低工资的标准。雇员及其家庭的生存权要优先于雇主的财产权，这是毫无异议的。且这一规定行之有年，已为大众所接受。对于这一点，我们应当赞成。唯一需要强调的是，目前各行各业的员工工资内容发生了多样性变化，对于银行员工来说，除了基本工资，还有绩效工资、福利费用、各种名目的奖励等，在实际操作中应取税后薪酬总额作为赔偿基数。

接下来的问题是，员工的工资要扣减多少年？这里有两个数据可参考。一个是《工伤保险条例》（借鉴《人身损害赔偿解释》的规定）所规定的，对于工亡职工支付的一次性工亡补助金为上一年度全国城镇居民人均可支配收入的20倍，就是最高赔偿以20年为限。另一个是《劳动合同法》规定的劳动者在用人单位连续工作满10年的，应该签订无固定期限劳动合同。以10年为界，表明此雇员不仅完全可以胜任雇主的工作，而且可以成为雇主事业发展的重要贡献者。依《企业职工奖惩条例》的处罚与教育相结合的原则看，连续10年的工作经历足以发挥教育的效果。20年或10年，应该以哪个作为上限？《俄罗斯联邦劳动法典》的相关规定或许可以给予我们应有的启示。该法第二百三十八条规定"员工必须赔偿给雇主造成的直接实际损失"，但"不得要求员工赔偿未取得的收入（预期收益）"。至于何为"直接实际损失"，是指雇主现有财产的实际减少或上述财产状况恶化，以及雇主必须支出的费用或为获得、恢复财产的不必要支出或赔偿员工给第三人造成的损失。同时该法又规定了"员工在自己一个月平均工资的限度内对所造成的损失承担物质责任"。对于雇员赔偿责任的追究从轻处理应是各国通例。由此看来，雇员赔偿的上限最多只能选择10年，相当于雇员两年的工资。如果雇员提前离开公司，雇主可以要求雇员在两年工资的限额内赔偿其必要的损失。

故此，借鉴以上规定，对信贷人员的赔偿金额可务实合理地确定如下：按贷款发放时间至贷款出现损失进行责任认定的时间平均计算的月税后薪酬总额的20%作为基础（扣除后的剩余薪酬总额部分不应低于当地月最低工资标准，若低于则留足最低工资标准，其余作为月度赔偿金额），累计赔偿年限一般为10年。总金额通常最高为贷款期间平均年度税后薪酬金额的两倍，笼统地说即两年的税后薪酬。

例如，前述因重大过失造成贷款实际损失为3000万元的客户经理，经过认定，对其确定了1500万元应予赔偿的理论值。从贷款发放到出现不良形成损失的三年内，该信贷人员平均的月税后薪酬为4万元，所以其应承担的经济处罚金额为96万元（4×20%×12×10）。

第三步，确定赔偿金额的实际值。在实际操作和执行中，根据上述理论值和合理值的"孰低法"确定经济处罚具体金额。

上述案例中，确定信贷人员应承担的赔偿金额为96万元。若该信贷人员造成的贷款实际损失为100万元，经过责任认定应承担70%的责任，则理论赔偿值为70万元。此时最终确定的经济处罚金额则为70万元，而不能采用96万元的赔偿值。

最后，对实务执行方式进行微调。因为实务情况复杂，上述规定可能需要一定的变通与调整。主要有如下几种情况。

一是目前商业银行普遍采纳了风险基金延期支付的政策，如是，则前述第三步中计算出的实际值，应先行扣除该信贷人员风险基金账户中的金额，不足部分另行"追缴"。

二是对于确定的实际处罚金额，若信贷人员一次性缴纳确有困难，可以在扣除风险基金后，采取按年（即分两次）、按季（即分8次），或者按月（即24次）分次缴纳的做法。

三是在确定信贷人员分次缴纳处罚金额的情形下，若该员工提前离开银行（离职，或者被处以开除、解除劳动合同等处分），则银行应要求其一次性支付剩余全部处罚金额，总的赔偿或处罚金额等于其本人离职前两年的税后薪资总额。

四是若按照上述原则和计算方式，特别是在信贷人员存在故意的情形下导致实际赔偿金额偏小，表现出不公平性和不合理性，此时可借鉴法律上通行的对故意所致损害可予以惩罚性赔偿的做法，适当增加经济赔偿金额，同时切实发挥对严重侵权行为的惩治和威慑作用。

五是由于不同银行、不同地方、不同时期，银行对不良贷款的容忍度不同，员工的收入各有不同，若认为前述10年的赔偿期过长，各家银行完全可以根据自身实际情况采纳5年甚或1年的标准。一切因地制宜为最佳。但一经采用，最好在长时期内保持不变，以稳定信贷人员的预期，避免造成"同案不同罚"的现象。

第 9 章

银行自由裁量权的空间

信贷风险问责与其说是科学，毋宁说是艺术。就像信贷人员承做业务时，时时处处都充满了不确定和专业判断一样，尽管过错责任原则清晰可辨，构成要件简洁清晰，但要做出科学的判断其实难上加难。其中夹杂了太多的不可量化因素和太多的价值评价与政策因素的考量。凡事没有绝对，必须遵从动态系统论的思想，在各种不同理念、规范之间仔细权衡各种不同的价值进行裁量。

所谓自由裁量权，根据《牛津法律大辞典》的解释，指酌情做出决定的权力，并且这种决定在当时情况下应是正义、公平和合理的。法律常常授予法官以权力或责任，确保其在某种情况下可以行使自由裁量权。有时是根据情势所需，有时则仅仅是在规定的限度内行使这种权力。[一]实际上，自由裁量权存在

[一] 沃克.牛津法律大辞典[M].北京社会与科技发展研究所，译.北京：光明日报出版社，1988：261.

于管理的方方面面,就信贷问责而言,自由裁量权虽然赋予了问责人员责任认定或基于自己的判断而行事的权力,但这些权力的行使,并非漫无边际,通常也要受到某些规则和原则的制约,不能被独断地行使。

因此,问责的执行一方,拥有着大量的自由裁量权,空间巨大,需要小心求证,谨慎对待。这里就几个常见的问题略做探讨。

9.1 责任构成要件的弹性规则

本书中,我们构建了信贷风险问责构成要件的"4+1"要素式的复合分层立体结构(具体见图4-1)。信贷人员的责任认定,实质上是在确定贷款损失、违规行为和因果关系等客观构成条件的基础上,判定其是否存在过错,并综合考虑信贷人员的抗辩理由(减责、免责事由),最后予以认定,并确定具体的责任承担方式。若不考虑将"免责事由"作为侵权责任的消极构成要件,则核心的还是侵权责任上的四要素说。

归责的构成要件,当然是责任认定的必备要素。也就是说,责任得以成立,几个要件缺一不可。但是,随着构成要件理论逐步褪去机械化色彩,归责越来越成为一个价值判断问题。在认定责任时,如果诸多标准中的某个要件不明显或者不甚明显,但可以明确认定满足其他条件,此时仍然可以确定存在相应的法律后果。因为法律规范通常建立在对所有标准的整体评价基础之上,所以,应从所有标准的平均强度出发,做出相应的规定。在判断是否发生责任时,虽然要求对所有要件的强度都做出评价,但并非要求所有要件都必须达到同样的强度;相反,即使某些要件未达到或者根本不符合特定的要求,但只要其他要件明确符合特定要求,此时仍然可以认定存在此种法律后果。⊖

根据此种动态系统理论,可得出责任构成要件的一项弹性规则,可简要表

⊖ 库齐奥. 侵权责任法的基本问题:第一卷:德语国家的视角[M]. 朱岩,译. 北京:北京大学出版社,2017:15.

述为：在缺乏众多重要要件中的某个要件时，或者只能在极小范围内认定该要件时，如果其他要件的重要性远远超过了正常情况下对该要件的要求，则可以认定存在责任。在极端情况下，如果一个构成要件以一种特殊的、强烈的方式出现，也可以充分满足认定存在责任的要求。

例如，不良资产的产生或者贷款损失的发生，其直接原因是客户恶意逃废债，但在责任认定过程中，发现客户经理存在重大过失，甚或存在欺诈，在上报授信资料时通过一系列包装手段，设计了一个资信良好的客户形象，才得以通过审批。此时，虽然该客户经理的违规行为与贷款损失之间不存在直接的因果关系或者因果关系并不确定，但由于故意是一项特殊的、强烈的过错形式，此时完全可以认定该客户经理的责任。

这种弹性规则的存在合理性在于，所有侵权责任法上的行为规则以及既定行为的法律后果，都要求立法者考量各种不同的相关并行利益。由于实践情况复杂多样，任何简单的理论和法理探讨，都不可能给予完全清晰的固定规则，若是，则必然僵化到无法适用于所有的复杂的现实情况。弹性规则的关键体现在，不同的参考要件具有不同的强度，它们之间相互配合适用。

正如上例，客户恶意逃废债，而不还款。在事后调查中，往往无法充分确定因果关系的存在，一般情形下只能确定可能存在因果关系，虽然因果关系要件被弱化为不确定因果关系，但此时仍然要求行为人具有严重程度的过错，即故意或推定欺诈，此时过错要件的特殊要求弥补了弱化的因果关系要件。

在例外的情况下，若客户经理能够证明而排除此种因果关系的怀疑，即证明其在作业过程中没有重大过失或故意，则可以认定不存在因果关系，贷款损失就是单纯由客户恶意逃废债造成，其当然不需要承担相关责任。

既然归责要件服从于价值判断，在认定责任时，就需要考虑众多因素。支持弱化某一类要件的正当性体现在，其他构成要件的强度过大，以致可以推定被弱化的构成要件也存在，只要行为人不能有力地予以反驳，则必须承担相关责任。

9.2 重大性/重要性的认定

我们在本书第 8 章提到，对轻微损害不予赔偿，什么是轻微，我们给出了一个 5% 的参考值。在另一个极端，问责实务中，也离不开重大或重要性的判断。比如造成的贷款损失是不是重大损失，信贷人员的工作是不是存在重大过失，信贷人员在提交调查报告时是不是存在重大遗漏，什么信息对客户信用的评价而言是重要的，等等，不一而足。在实务中，重大性通过降低对授信信息准确性的问责要求，构成问责的一道筛选机制。

一般而言，重大性/重要性指称某事项具有很大价值和很大影响的性质。对于重大性标准的判定，英美国家通常认为，重大性是客观的，取决于虚假陈述事实对一个合理投资者的意义，如果一个理性投资者认为某一事实对其投资决策能产生重大影响，则该虚假陈述就是意义重大的。此判断带有循环论证的味道，因为有重大影响，所以具有重要性，重大性本身也是一个需要进一步判断的问题。但不管怎样，"重大性可以被定性为是一个融合了法律和事实的综合问题，需要将法律准则运用到具体情况上"[⊖]。

在我国资本市场，司法实践将"投资者决策"和"股价影响"两方面作为认定虚假陈述"重大性"的标准。首先，必须是影响投资者投资决策的重大信息，如果披露内容的影响是微乎其微的，投资者不会关注，不管其真实性如何，都不会影响投资者的决策。因此一般将"存在虚假陈述内容且该内容可能导致报告使用者错误决策"列为认定报告是否为虚假报告的法律要件，是符合法理的。该标准对信贷人员对客户资信的调查和研判具有类通性。单纯地存在虚假陈述信息并不能说明什么，比如净资产为 100 亿元的企业，漏报了几笔总额为 1000 万元的管理费用，该漏报的信息占公司净资产的比例仅为 0.1%，根本不可能影响客户财务状况评估的整体公允性。即使信贷人员在尽调中没有发现此类信息，也几乎不可能影响银行对企业信用水平的判断。其次，如果虚假陈述没有对股价产生实质性影响，即虚假陈述没有使股价暴涨或暴跌，一般

⊖ 哈森. 证券法 [M]. 张学安，等译. 北京：中国政法大学出版社，2003：480.

情况下投资者不会遭受损失,即使该虚假陈述足以使投资者做出错误的投资决策,也很难说该虚假陈述符合"重大性"标准,因为它并没有给投资者造成损害。类比信贷领域,信贷人员有时仅仅依靠企业提供的资料就凭"剪刀+糨糊"的方式完成了授信调查报告,其中可能虚增了资产和利润,但只要贷款顺利收回,也似无必要追究什么"重要不重要"了。因此,信贷实践中,一般应当同时满足"影响授信决策"和"造成贷款损失"这两个要件,才能构成尽调中的虚假陈述或重大不实反映。当然,这里并不存在一个现成的精准的判断标准,而需要问责委员会或审计责任认定人员在个案中根据具体案情做出判断。

在信贷问责实务中,都是有了贷款损失之后,才往前追溯是否存在违规行为、因果关系和过错,继而追问相关人员是否在授信的调查和评审过程中,出现了重大的纰漏和瑕疵。此时只需要一个授信决策的影响标准就够了。

客户信用的评价,一般取决于在具体环境下对客户信息错报金额和性质的判断。如果客户信息的一项错报单独或连同其他错报可能影响银行依据此类财务信息或非财务信息做出的授信决策,则该项错报是重大的。这个重大性标准,在信贷实务中并没有明确的规定,需要灵活判断。比如客户年销售收入为5000万元,净利润亏损100万元,为获取贷款,将收入虚报为6000万元,净利润变为盈利100万元。客户由亏损转为盈利,性质变化了,这类造假对信贷决策影响是重大的,对此应该没有什么疑问。再如,客户年销售收入为50亿元,净利润为5亿元,但其中包括了客户通过为其他企业过账虚增的销售收入10亿元。在银行提供流动资产贷款1亿元的授信决策中,这虚增的10亿元重要吗?假设去掉这部分,企业年销售收入为40亿元,净利润为4.8亿元,假设其他方面的条件尚可,此时提供1亿元流动资金贷款也完全可以,因此这虚增的10亿元销售收入对于1亿元贷款的决策似乎也没有本质影响,即无重大影响。假设极端情况下,贷款最后出现了问题,在责任认定时即使认为客户经理未能发现客户虚增销售收入10亿元的事实,似乎也不能认定该错报事实对于贷款决策的影响是重大的,因为剔除了该虚增部分,授信1亿元也满足要求。所以,这类判断不能仅看数额,必须还原到具体案例中具体分析。

至于多大的损失算是重大的，这要根据不同的业务，不同的银行，具体厘定。例如，某银行制定的重大损失的判断标准是：公司业务（含金融市场）损失在3000万元（含）以上，零售业务（含小微）损失在1000万元（含）以上，信用卡业务损失在500万元（含）以上，其他资产损失在100万元（含）以上。此外还有一类重大不良影响事件，主要影响到银行的声誉，如违规违纪导致的客户群体性事件，被舆论媒体公开批评，受到监管部门的处罚，发生违反监管制度规定的业内案件且员工涉嫌犯罪的，发生监管制度认定的重大案件，造成业务连续性风险，等等，这些都会对银行声誉和形象造成严重后果，也都构成重大影响。这些声誉影响可能与资产损失交织在一起，也可能单独发生。在问责实践中，需要仔细权衡，精心裁量。

由上可见，重大性或重要性，不仅仅是指数字的错报或遗漏，也包括事件信息的重要性。正如在资本市场上，一个理性的投资者在决定如何投票的过程中，若把某个信息或缺陷看成是重要的，则该信息或缺陷就具有重大性。在信贷市场中，若客户的某类信息对银行的授信决策具有重要影响，则该信息就是重大的。如在调查报告中未披露客户的主要资产已被抵押或查封的信息，报告中遗漏了客户计划近期出售重要资产或正在洽谈重大合同的信息，公司存在与业务相关的诉讼等，以上信息都具有重大性或重要性。有的时候，信贷人员在领导的要求下进行客户授信工作，内心并不愿意，但基于不可名状的各种原因，在调查报告中写下了足够多的警示性语句以揭示风险。虽然最后也提交了，但其上报的调查报告一般情况下并不能构成重大误导，因为后续的合格的授信评审委员会显然能够发现风险的存在。所以归根到底，重大性需要结合案件事实进行综合评价。最终要想认定责任，还需要在满足重大性的基础上确认违规行为与损害之间的因果关系以及当事人的过错和抗辩事由。

9.3 尽职判断标准

尽职免责也好，未尽职问责也罢，关键在于对信贷人员的履职行为进行客观评价，判断其是否做到了尽职，具体来说就是怎么做才算尽职？若没有尽职，其违反谨慎注意义务的程度如何？所以，尽职的判断核心在于对判断标准的把握，而这又是一个需要自由裁量的问题。勤勉尽责的每一次判断均同时伴随着法律解释和事实评价。这不仅给裁判者带来决策压力，也提高了合规成本。随之产生的问题是，应否制定具体的行为指南、给出合理注意的计算公式，以清晰地指导人们行事。但明线规则反而会扼杀信贷人员的作业价值，也可能产生被规避的风险。国外的投行界认为，尽职调查因事、因地而异，拟定尽职调查清单并不能提高承销商的工作质量。[⊖]所以，从实务出发，我们认为在认定信贷人员是否尽职时，主要应处理好以下几对关系。

　　一是抽象与具体的关系。注意义务的恰当履行是尽职的核心判断标准，其中又包括两类判断标准，即抽象判断标准和具体判断标准。所谓抽象判断标准，即合理人标准，或者说理性人或谨慎人的判断标准。对于信贷人员这类专业人员，合理人行为标准要求他们的行为必须符合本职业中一个合格的普通专业人员在相同或类似条件下应采取的谨慎行为，该标准高于普通的合理人标准，也就是说，与常人相比，信贷人员在其专业领域负有更高的义务，但在信贷领域内部，只需要尽到所属群体内部的平均水平的合理注意义务就可以了。如果信贷人员的行为达到了这个标准，就算尽到了勤勉的注意义务，也就是说，其以应有的职业谨慎履行了注意义务，否则就属于未尽职的行为。这个标准的评价在实践中往往采取这样的假设替代模式：假如换作其他的信贷人员，比如你，比如我，比如某某某，在当时的情况下，会怎么做，会采取与当事人一样的行为吗？若有明显差别，则当事人就属于不尽职。而所谓的具体判断标准则是银行的授信管理制度，具体包括有关法律法规、规章制度、业务流程等的具体规定，对这些授信管理制度的遵守情况是衡量信贷人员是否勤勉尽责的具体标准。对这些制度的违反，也就是违规行为的证成，是不尽职的形式化判断标准。

⊖ 周淳. 证券发行虚假陈述：中介机构过错责任认定与反思[J]. 证券市场导报, 2021（7）: 75.

实际工作中，具体管理制度具有足够的明确性，反而使其缺乏必要的灵活性，加之社会的不断变化、国家政策的不断调整，银行的授信管理制度并不必然适应当时当地的实际情况，而且考虑到实际业务的复杂性，制度规定得再详细具体，也不可能完全适应和解决银行授信业务中出现的全部问题。由于此判断标准体系是预先设定的，因此在实践中可能存在被符号化、空洞化的风险。标准的客观化、具体化看似更能体现信息的准确性，但也可能被用于掩盖事实和推卸责任。[1]如果将这些制度规定作为尽职的唯一判断标准，信贷人员规避责任的动机与利益驱动，会使其在保护银行信贷安全的使命下从本应该创造性适用而变成机械地适用制度，导致形式化地满足了合规要求而忽略了实质性的保护对象。所以，信贷人员在谨慎履行注意义务的每一道程序或每一个步骤时，都应该保持一个理性人或谨慎人应有的职业判断，这样才能够保证工作的质量。也就是说，具体的制度规定标准只有在理性人或谨慎人标准指导下方可完整地适用。

如此，当信贷人员的行为在形式上完全按照制度规定的要求做出时，一般就认为其尽到了自己的义务，做到了尽职，但这并非最终的结论，因为其还面临着勤勉义务的抽象标准的检验。进一步说，判断信贷人员是否尽职，最终还是要回到理性人或谨慎人的抽象判断标准上来。所以，尽职的判断必须坚持抽象与具体相结合。

二是真实性与合规性的关系。银行授信时最担心的是信贷人员将不合格的客户请进银行的大门，因为有授信评审人员的后续监督和评价，所以对客户经理的要求最主要的就是将企业的真实情况揭示出来，调查报告中不能出现虚假的信息，也不能遗漏重要的信息。但对信息真实性的要求，实践中存在一定的误区。不少信贷人员认为只要按照银行下发的授信调查报告模板和要求，按照规定的核查方式，找到数据和资料，填完就可以满足真实性要求了，特别是其中最重要的财务信息部分，银行一般要求信贷人员取得经注册会计师审计后的财务报告，因而多数信贷人员认为经过审计的数据就是真实的，即使出现了问

---

[1] 龙稳全.投资银行勤勉义务研究[M].北京：法律出版社，2019：236.

题，原因也不在自己。

实际上，这是把工作流程或制度规定的执行，也就是合规性作为真实性要求的内涵，而忽略了真实性是指与企业实际情况相一致的事实。注册会计师的审计报告虽然也提及要对真实性负责，但这里的真实性更多的是指其如实反映工作范围、执业依据、已实施的主要程序和应当发表的意见，即工作成果的真实性以及程序上的正当性。笔者曾在其他著作中不遗余力地呼吁，不能过度依赖注册会计师的审计报告，务必对审计报告保留一份戒心㊀。信贷人员不能认为一切都是按照银行的管理制度来的，只要执行了管理制度，自然能够保证相关信息的真实性，此二者不能画等号。实际工作中必须把真实性放在目标的位置上，而将合规性放在手段的位置上，不能本末倒置。㊁

银行在问责过程中也必须将合规性与真实性结合起来，有时候即使信贷人员的行为已经存在不合规的地方，也要去评价这些不符合管理制度的行为是否有损于揭示客户的真实性情况，如不是则无关紧要。极端情况下，我们甚至可以说，在尽调报告中进行标准的财务分析，对于某些公司而言，不一定都是必要的。如对于公认的特别优质的公司，仅就授信决策而言，几乎不需要财务分析。换句话说，对这类公司即使不加分析（当然仅就财务分析而言）直接授信，也不会有什么风险，对其他方面的了解和分析完全可以吸收财务分析之风险。例如，在目前的体制和环境下，要对中国石油、中国石化或国家能源投资集团发放几亿元贷款，授信决策时进行全面的财务分析几乎没有多大价值，因为我们相信，这几亿元贷款绝不可能成为压倒"骆驼"的那根最后的"稻草"。㊂这类业务中进行的所谓财务分析多半是基于流程管理的需要，出于合规要求，其在形式上的需要重于实质性的需求。在信贷风险管理实践中，更应坚持的是实质重于形式原则，所以实践中若果真出现类似情况，也要辩证看待，不能仅由于缺乏对财务部分的分析，就一概认定存在问题。

㊀ 崔宏.财务报表阅读与信贷分析实务[M].2版.北京：机械工业出版社，2021：36-38.
㊁ 但不容质疑的一个现实是，在当前的强监管环境下，合规几乎成为首要的经营要素，导致在问责实务中，对合规性的考虑确实存在重于实质、重于目标的问题倾向。
㊂ 崔宏.财务报表阅读与信贷分析实务[M].2版.北京：机械工业出版社，2021：41.

三是合理调查与合理信赖的关系。由于银行作业模式具有固有的、不可克服的风险或然性，银行贷款并不像股本投资对客户的调查研究那样做得十分翔实，事实上若不考虑非现场的资料收集和信息判断，一般贷款项目对企业现场的尽调时间通常不超过三天。在制度设计上，银行就没有为企业的尽职调查预留充足的时间。在此背景下，要做到谨慎履行注意义务，只能是"合理调查"与"合理信赖"，而这两种标准也正是理性人或谨慎人判断标准的构成内容。对此，银行在问责实践中也应分别判断。

简而言之，对专家意见和官方意见适用的是合理信赖标准，对非专家意见采用的是合理调查标准。合理调查，不是有限调查，而是一种积极义务，那种仅仅依赖客户提供的资料而进行的有限调查行为，不能说明其已经尽到了谨慎注意义务。尽职调查的本质就是了解客户的真实情况，从而对企业信用做出准确的评估。虽然调查的本意应该是系统地关注细节和关系，进行完全彻底地查找，但如此作为不是银行商业模式所允许的。所以，调查就被限定在"合理"程度上。

合理信赖标准，主要适用于存在专家意见或官方意见的情形，如无特殊情形，一般应予信赖。对注册会计师、资产评估师、律师等的工作成果的基本信赖，自有其社会分工的内在要求和采用价值，信贷人员对其予以基本的信赖是必要的甚至是必须的。当然若在工作中，信贷人员发现了这类专业的工作成果中存在明显的风险警示信号或红旗警报，可以合理推论出若直接依据其结果研判企业的真实情况可能存在重大风险，此时单纯信赖专家意见则不能满足尽职要求。所以，合理信赖标准不能绝对化，如果红旗警报的出现触发了调查义务，那么不进行合理调查就不是尽职行为。

这里的"合理"其实就是理性人的标准，判断是否构成合理调查与合理信赖，其标准就是是否采取了同行业中其他人在同等条件和情况下的行为，这就又回到了抽象性判断标准中。当然不管是合理调查还是合理信赖，就如同理性人和谨慎人标准一样，具有一定的抽象性，在实务中，特别是在信贷人员责任认定过程中，必须结合具体情况具体分析，对信贷人员的行为做出正确的评价。

这里的"合理"同时意味着，若信贷人员对客户信息的真实性存在疑问，不能贸然行为，不能武断地上报。法律有言，"存疑勿为""若存疑，勿行动"[一]！若影响重大的疑虑不能消除，不能通过合理调查得出可以信赖的结论，则信贷人员不能发起业务，否则就是不尽职。所以，银行在问责过程中，必须对信贷人员的行为是否满足"合理调查"与"合理信赖"做出正确评价。

四是质量与效率的关系。毋庸讳言，现在银行普遍存在大企业病，且在现代治理与精细管理的口号之下，一些管理部门为了自己免责，导致银行的各类管理制度繁如浩海。一家银行的管理制度动辄上万条，多的甚至每日系统签收都忙不过来，仔细阅读并严格执行的难度之大可想而知。但信贷人员就是在这样的环境下生存发展的。单就授信管理制度而言，不同的部门、不同的产品、不同的条线等，都出台了诸多的制度规定，多数当然是必需的，但也确实存在一些管理部门为了免责、甚或统计管理方便而对信贷人员提出了很多的额外要求，这些要求合理与否暂且不论，若仅仅将管理制度作为判定信贷人员是否尽职的标准，极易导致信贷人员为了遵守制度而遵守制度、为了表面合规而疲于应付的状况，不仅降低了工作效率，而且让信贷人员容易忘记本来的真实目的，让自己迷失在无尽的流程中，而忘记了初心。信贷人员的工作就是为了信贷的安全，质量要求是根本。

所以，在实务中，应该允许信贷人员根据情况适度简化部分流程，简言之，虽然规定繁多，履行了核心要求就行。那种要求信贷人员履行得越详细越好，一点都不能偏离管理制度的做法是不可取的，其完全无视了商业银行的商业模式。务实地讲，少即是多，尽职的核心在于能不能抓住关键点，而这又涉及信贷人员的专业胜任能力和理性人标准的执行，在商业银行追求质量与效率的过程中，必须对信贷人员追求质量与效率的平衡的做法予以肯定。为了质量而不讲效率，本身就不符合银行商业模式的内在要求，而为了提高效率不讲质

[一] 惠特曼.合理怀疑的起源[M].佴化强，李伟，译.北京：中国政法大学出版社，2016：325.

量带来的后果更是银行不能承受之重。缺少流程或对部分制度规定的违反，是否与贷款损失具有相当因果关系，是判断效率的主要标准，若简化流程或违反个别制度规定与贷款损失没有直接关系，原则上这就是保证合理质量下追求效率的可行选择。所以，如何客观评价信贷人员在质量与效率方面的取舍，对于客观评价信贷人员是否尽职具有积极意义。

9.4　一二道防线责任的分摊

这是一个无法回避的问题，可借鉴法理中涉及数人侵权的责任判定理论。本书所称信贷人员或信贷工作人员，多数情况下指的是一线信贷人员，如主协办客户经理，个别情况下也包含授信审批人员，并没有论及贷前、贷中、贷后全授信链条上的工作人员。实际上，一笔不良贷款或损失的形成，可能涉及全链条人员的责任。实务中的问责也经常涉及一道和二道防线的全部人员。但如何划分一二道防线的责任是一个难题，实务中的做法经常引起大家的不满。

根据侵权责任法，此种情况相当于数人侵权，具体当属共同因果型多数人侵权之间接结合因果关系范畴⊖。典型情形为违反安全保障义务，即一道防线与二道防线的信贷人员疏于履行对银行负有的安全注意义务，致使银行受到了客户未能按时还本付息的利益损害。由于贷款损失问责的特殊性，在客户（作为直接加害人或直接原因）已经不能全额偿还贷款本息的情况下，我们讨论信贷人员的内部问责事宜。实质上，信贷人员只是间接加害人或间接原因，此时不再适用所谓的根据直接原因与间接原因是否处于"同一责任层次"而确定各自的责任范围和责任形态的方法。即使在某种意义上信贷人员可能"教唆、帮助"客户获取了银行贷款，从而成为"准直接原因"，此时探讨客户与信贷人

⊖　多数人侵权之间接结合因果关系，是指直接原因与间接原因的结合导致损害发生。此种情况下，数个侵权行为中某一个行为作为损害发生的必要条件，并非直接导致损害的发生（即并非直接加害于受害人），而仅仅是诱发了其他直接原因或为其他直接原因提供条件。具体参见：李中原. 多数人侵权责任分担机制研究 [M]. 北京：北京大学出版社，2014：229.

员之间是否适用连带责任、按份责任或补充责任也没有任何意义。同时，不同防线的责任也基本属于分别侵权行为范畴，即数个行为人事先既不存在共同的意思联络，也没有共同过失，只是由于各自行为在客观上的联系，造成同一个损害结果。[1]因此，在银行内部以不同防线链条上的责任人之间的过错大小或原因力比例为标准，进行责任分摊更为可行。

  这里要明确的是，任何时候，第一道防线对风险的防范都是最重要的，客户的准入是银行风险的第一道关口，选好了客户就控制住了风险的源头。信贷资产质量与风险管理的巨大压力，很大程度上可归因于客户经理作为第一道防线所运行的"看门人机制"的低效或失灵。所以在贷款损失责任认定中，他们的责任是最大的。[2]事实上，聚焦各家银行的信贷实务，形势确实不容乐观。不良资产形势较为严重的银行普遍存在客户经理的实际调查能力不足、防假反假能力不高、对风险的判断能力不够的问题，贷后检查走形式、报告质量低、风险信号监测不到位、故意隐瞒和迟报风险信号等情形大量存在，导致第一道防线管理机制失灵。所以压实第一道防线上信贷人员的责任也是管理的急迫需要。

  首先是主协办客户经理之间的责任划分和承担问题。实践中，多数银行都实行主协办客户经理制度，本质上可能是为适应市场和客户需求变化而做出的一种营销导向的制度安排和组织架构设计，同时含有一定的内部控制思想和师傅带徒弟的含义。虽然该制度设计的好处很多，但在实务问责环节，经常出现矛盾和问题。既然叫作主协办，必然有一个主办和一个协办，而且在一个项目中，主办就是主要的业务办理人，而协办仅仅是提供协助。这样一来，主办客户经理往往是客户的主要对接人，是尽调工作的主要责任人，是方案的主导设计人，也是行内各部门的主要协调人。而且实务中，有很多银行将刚刚入职的、刚刚转岗的、没有客户资源的员工，作为协办客户经理，即使是由于人员

---

[1] 陶盈.分别侵权行为研究[M].北京：中国政法大学出版社，2018：26.

[2] 根据责权利匹配的原则，最大的责任就应该匹配最大的激励，但这不属于本文探讨的主题，从略。

结构调整，部分资深客户经理也配合做过协办，但协办多是服从和配合主办，甚或是为了流程上的完整而不得不存在。从一个项目的收益分配上也能看出来二者的角色分工，主办拿大头，协办拿小头、甚或没有什么收益。此种情形下，协办客户经理很少对主办客户经理说"不"，导致制度设计的初衷大打折扣，特别是在问责时，协办客户经理常常满腹委屈。从问责角度看，主协办客户经理制度在未来可能存在两条演化路径：一是提升协办客户经理地位，改主协办制为项目团队制，加大协办的责任和收益分配比例，赋予其通过不签字来否决项目的权利，这样大家的责任就可以连带或均摊；二是降低协办客户经理地位，明确协办仅仅是辅助角色，一切责任均由主办承担，可以考核协办服务的客户数量，但收益可以忽略，同时免于问责。

其次是客户经理和评审人员之间的责任划分和承担问题。这个问题非常复杂，需要银行仔细考量。实务中，各家银行的管理模式不同，其对典型的一道和二道防线之间的责任划分也不同。如有的银行规定第一道防线特别是客户经理对上报资料的真实性和准确性承担完全责任，而评审人员只负责形式上的审查并在假设上报数据真实准确的基础上进行风险评价。而有的银行强调评审对一线的专业支持，下派风险经理或评审人员与客户经理一起进行现场尽调，并在客户经理上报资料的基础上进行风险评价。在前一种情形下，客户经理承担主要责任，而授信评审人员主要就授信产品与方案、宏观与行业景气度的研判的瑕疵承担责任。实务中可参考 7∶2∶1 的比例划分客户经理、评审经理与贷后管理人员的责任。在后一种情形下，客户经理仍然负主要责任，但风险经理或评审经理也应承担较大的责任。实务中可参考 5∶4∶1 的比例划分客户经理、评审经理与贷后管理人员的责任。因为，根据尽职评价的抽象性标准，若客户经理在风险经理或评审经理一起参与尽职调查的情况下，仍然未能发现影响对客户信用水平进行正确评价的情形或因素，则大概率推断其执业水平达到了该行信贷人员的平均水平。是否免责姑且不论，但客户经理与评审经理的责任比例不相上下，二者承担责任的比例约为 5∶4 较为合理。

最后，评审人员与评审委员会之间的责任划分和承担问题。各家银行实行的都是贷审会集体决策机制，一般规定，同意票过半数甚或达到三分之二以上，一个项目才能够得以通过，委员会主席或主任委员可以有一票否决权。如果通过的项目在后期出现风险，投不同意票的评审委员通常可以免责。但实务中，也可能出现比较复杂的情形。某商业银行审计部门在对A不良贷款项目进行责任认定时，审计报告述及：A项目在评审委员会召开会议时，相关人员包括评审委员会主任委员1人，其他委员7人，共计8名评审委员会委员。评审会审议通过了A项目，其中，1名委员时任评审委员会秘书长，其对已揭示的不利因素及风险信息把关不严，应承担风险审查的直接责任；评审委员会主任委员针对已揭示的不利因素及风险信息，未进一步提出风险缓释措施、行使否决权，对融资人信用风险审查、审批不谨慎，应承担主要领导责任；另外6名评审委员会委员，对A项目的信用风险、合法合规性、有关资料及信息的完备性与真实性等进行了审查，揭示了相关风险，该6人已尽职应免责。此项目的责任认定明显存在不合理的地方：8名委员中有6名委员尽职免责，只有主任委员和秘书长有责任。就本案而言，按照项目责任认定审计报告的逻辑，该项目存在大量不合理因素和风险因素，应该被否决。不能仅因为委员揭示了风险且投了同意票就免于问责，除非他们明确出具否决意见。假设6人投反对票，且评审委员会共8人，反对票超过2/3，同意票不超过1/3，如此一来项目应该被否决，根本不会获得通过。对于委员同意的项目，主任委员有"一票否决权"，但对于委员否决的项目，其并没有"一票同意权"。那到底项目是如何通过的呢？是如何同时做到2人失职、6人尽职的呢？所以，评审人员与评审委员会之间的责任认定和划分也是一个需要银行仔细斟酌的问题，其中存在很大的自由裁量空间。

第 10 章

信贷人员的问责抗辩

　　侵权行为法的一个特点就在于相关性[一]，而银行对信贷人员的问责结构无疑也是具有"相关性"的，即问责是由银行与信贷人员两方面因素共同构成的双边事务，而且每一边都存在相关的受保护利益和受制裁行为的要素。每一次针对信贷风险或损失的问责，都包含着双方之间的某种紧张关系。在每一个被提起问责的项目中，可适用的制裁措施都是在表达和落实相关法规和内部制度在受保护利益和受制裁行为这二者之间所达到的平衡。每一次问责，都会对双方

[一] 彼得·凯恩在《侵权法解剖》一书中指出，侵权诉因的结构是有"相关性"的，这里的相关性是对侵权诉因是双边事实的表达。事实上，整个民法的一个核心特征就是"双边性"或者"相关性"，即以"一对一"为基础来组织个体之间的关系，因而它所包含的原则不仅与加害人的行为相关，而且与受害人的行为相关。如在信贷风险或损失的问责事项中，不仅存在信贷人员应该尽到合理谨慎的注意义务以免对银行信贷安全造成不利影响的原则，而且也存在银行自身应该对自己的信贷安全尽到合理的注意义务的原则。关于"相关性"分析在侵权法上的具体应用可参考：凯恩.侵权法解剖[M].汪志刚，译.北京：北京大学出版社，2010.

的利益及其行为予以考量,而具体的问责范围和问责力度等制裁措施的确定,体现的就是这种考量上的平衡。

本书论及的主题是银行信贷风险的尽职免责或失职追责,不仅仅包含了银行对信贷人员的精准问责问题,必然也包含了对信贷人员合法权益的保护问题,其中信贷人员的问责抗辩就是其自我保护的必备机制。在第4章中,我们提出了适合信贷风险问责的构成要件为"4+1"要素式的复合分层立体结构,免责事由本就是确定最终责任的一个"要件"。

免责(减责)事由是指可以免除或减轻行为人责任的理由,也可称为抗辩事由。也就是说,抗辩或者申述,是指被问责的信贷人员对银行审计或问责委员会提出使自己具有免责或减轻责任的事由。基于法理分析,并结合信贷实践,信贷人员若想减轻或免除责任,应从过错责任构成要件的几个方面进行有针对性或精准的抗辩。

现有的问责实践中,信贷人员的抗辩并未受到重视,多数银行在尽职免责相关管理办法中,仅仅提及了在什么情形下可以免责,但缺乏系统化的抗辩指引。如某银行在《尽职免责管理办法》中规定,经认定符合下列情形之一的,可对责任人免除全部或部分责任:一是因不可抗力或不能预见的原因直接导致形成风险,且相关责任人在风险发生后及时揭示风险并第一时间采取措施的;二是参与集体决策的责任人明确提出不同意见(有合法依据),经事实证明该意见正确,且该项决策与业务风险存在直接关系的;三是在档案或流程中有书面记录,或有其他可采信的证据表明责任人对不符合当时有关法律、规则、准则和本行规章制度的行为曾明确提出反对意见,或对业务风险有明确警示意见,但经上级决策后仍予办理业务且形成实质风险的;四是因抵制无效、受胁迫而实施违规行为,事后及时报告并积极采取补救措施,且未造成损害的;五是机制、制度、流程、模型、系统、参数等基础设施,在设计、开发、运行过程中超出责任人的合理认知范围导致存在缺陷或瑕疵,且责任人积极采取补救措施的;六是工作移交前已暴露风险的,后续接管的责任人在风险化解及业务管理过程中无违规失职行为,工作移交前未暴露风险的,后续接管的责任人及时发现风险并采取措施减少损失的;七是因紧急避险,且为紧急避险而实施的违规行为造成的损失少于不规避危险造成的损失的。上述规定基本都是罗列式,缺乏内在逻辑。本章我们提及了近二十种抗辩事由,在实务中可作为信贷人员的十八般武艺,以保护自身权益。

这里需要申明的是,作者本人对于信贷风险的问责一向持肯定的态度,并且对于实践中很多信贷人员违反职业操守而导致大额损失的现象痛心疾首。问责实践中,问责简单化的存在,往往导致结果责任或严格责任的做法。面对风险或损失,审计人员往往凭借"先知幻觉",认定所有签字人员都是一条绳上的蚂蚱,均需担责。问责的不精准,也导致尽职免责几乎无从谈起。对此,作者本人不敢苟同。是故,在这里为那些情有可原的信贷人员"鼓与呼"。只有银行和员工共同努力,才能推进问责工作的精准化和规范化,做到"不放过一个坏人,也不冤枉一个好人"。

10.1 损害事实不存在或损害轻微

损害事实不存在,则根本不符合过错责任的首要构成要件;损害轻微则可以免除相关人员的责任。因此,若贷款没有发生损失,或损失很小,就不符合问责的构成要件或不需要问责。在这种情况下,客户经理可以申述免责,可以极大地减轻处罚。如某贷款发生逾期,在重组过程中发现,本来应由贷款人上级母公司提供担保,实际操作中却并未取得母公司同意,而是在母公司办公室由贷款人用伪造的假章签订了担保合同,诉讼正在进行中。此时客户经理提出离职,离职审计意见认为,若输掉官司,将造成较大损失。遂对客户经理进行了记过处分和经济处罚。后来官司获胜,母公司代偿,贷款得以收回。离职后的客户经理依然进行了申述,问责委员会依据新的情形,认定其未造成重大损失,改问责形式为诫勉谈话与适度经济处罚。最终,客户经理抗辩成功。

10.2 "违规阻却事由"的存在

所谓"违规阻却事由",是指阻碍认定违法性或违规行为得以不成立的事由。一方面,该事由使得行为人的行为正当化或合法化;另一方面,会使责任构成要件得不到满足,从而无须承担责任,或在特殊情况下使责任得以减轻。

1. 以应有的谨慎履行了注意义务

利用这条理由进行抗辩,实质上是信贷人员申明自己具备相应的专业胜任能力,并已尽到一个信贷人员应尽的注意义务,根据违规行为或违法性的判断标准,其达到了一名信贷人员应有的谨慎注意程度,如若换作其他信贷人员,也会出现信贷风险或造成贷款损失。因此,信贷人员本身没有违规行为(客观法标准下也证成没有过错),不应该被问责。如前述案例,客户经理未发现客户在签订担保合同时造假,因为担保合同是在母公司的办公楼和办公室(挨着印章管理室)签订的,贷款人当时拿着融资授权书和用印审批表去找总经理,总经理还过问了一下贷款进展和利率,然后称其有会就离开了。由于客户是一个有央企背景的公司,客户经理未能核验其具体身份,拿回合同后就放款了。虽行为有瑕疵,但多数客户经理即使进行了核验,恐怕也难以分辨真假。在较为强势的客户面前,或者说对于部分弱势银行而言,这类情况恐怕是常态。客户经理据此抗辩,至少应该可以减轻责任。实践中,问责审计报告中常见的一项审计结果是,责任人未能充分或合理地预测行业发展趋势,导致在行业低迷期融资人及担保人的经营收入大幅下降,偿债与担保能力不足。对这条进行抗辩时,可以利用后期整个行业的发展趋势,特别是行业指数的波动来证明,部分周期性行业可能在三五年之后又迎来新一波反弹,所以预测行业未来走势实在超出了一般人的能力水平,或者在行业反弹时可以倒推出自己具有相当的专业胜任能力,其他人的判断或专家的判断也莫过于此。

2020年7月15日最高人民法院发布《全国法院审理债券纠纷案件座谈会纪要》,第30条规定了关于债券承销机构的免责抗辩事由,其中有一项为:尽职调查工作虽然存在瑕疵,但即使完整履行了相关程序也难以发现信息披露文件存在虚假记载、误导性陈述或者重大遗漏。若符合上述情形，人民法院应当认定其没有过错。此外，根据《关于审理涉及会计师事务所在审计业务活动中民事侵权赔偿案件的若干规定》，如果会计师事务所能够证明已经遵守执业准则、规则确定的工作程序并保持必要的职业谨慎，但仍未能发现被审计的会计资料错误，或者在保持必要的职业谨慎下仍未能发现审计业务所必须依赖的金融机构等单位提供的证明文件虚假或者不实等情形的，则不承担民事赔偿责任。可以说，上述两项规定的法理如出一辙。信贷人员的问责，应借鉴或坚持同样的原则。如果信贷人员履行了其最基本的注意义务，即使最后出现了损害事实，也不应该承担责任，至少应该减轻责任。《商业银行授信工作尽职指引》中指出，授信工作尽职指商业银行授信工作人员按照该指引规定履行了最基本的尽职要求。这其中的一个关键词语不能忽视，即"最基本"，也就是说，只要信贷人员履行了最基本的尽职要求，履行了最基本的程序，其行为就没有违法，即使没有发现客户的问题，并由此导致了最终风险的发生，信贷人员也并不需要承担责任。

2. 银行自甘风险与受害人同意或承诺

自甘风险和受害人同意，多数国家的侵权法将它们等同对待，并作为免除行为人责任的事由。所谓自甘风险是指受害人已经意识到某种风险的存在，或者明知将遭受某种风险，却依然冒险行事，致使自己遭受损害。[一]要构成自甘风险，受害人必须知道风险的存在，并且意识到风险的不合理性。所谓受害人同意是指受害人对他人实施的造成自己损害的行为通过明示或默示的方式表示同意[二]。由于受害人事先明确表示或默示自愿承担某种损害结果，行为人在受害人所表示的自愿承担的损害结果范围内对其实施侵害，不需要承担民事责任。正所谓"对意欲者不生侵害"[三]，也有学者将受害人同意称为"受害人承诺"[四]。

[一] 王利明. 王利明学术文集：侵权责任编 [M]. 北京：北京大学出版社，2020：376.

[二] 程啸. 侵权责任法 [M]. 北京：法律出版社，2015：301.

[三] 库齐奥. 侵权责任法的基本问题：第 2 卷：比较法的视角 [M]. 张家勇，昝强龙，周奥杰，译. 北京：北京大学出版社，2020：379.

[四] 张新宝. 侵权责任法原理 [M]. 北京：中国人民大学出版社，2005：125.

在自甘风险和受害人同意这两种情形下，受害人的行为均表明其自愿接受了损害的发生，或者说受害人对损害的发生也具有一定的过错。

受害人同意或自甘风险要想构成抗辩的正当理由，除了受害人有真实的意思表示外，行为人还必须有主观上的善意。若行为人出于故意或重大过失则不能免除责任。在德国民法中，一般不讨论在受害人同意情况下的行为人的主观心理状况，但英美侵权责任法和法国民法是考虑行为人的主观心理状况的。应该说，行为人主观上的善意应当是受害人同意这一正当抗辩理由的构成要件（也就是说，行为人的行为必须不是出于故意的）。否则，行为人有可能利用受害人的同意，故意实施不正当行为，从而造成不必要的损害或损害程度加大。同时，行为人对受害人实施加害行为，不得超过受害人同意的范围和限度，否则应对超出限度和范围的损害承担赔偿责任[一]。我国《民法典》第一千一百七十六条规定，自愿参加具有一定风险的文体活动，因其他参加者的行为受到损害的，受害人不得请求其他参加者承担侵权责任；但是，其他参加者对损害的发生有故意或者重大过失的除外。此规定虽是针对文体活动规定的自甘风险罚则，但该法理应该也适用于信贷问责领域。

如在银行业务中，有部分业务是基于大数据风控或大数定律进行的，比如通过商圈批量开发小微客户，由"散单"运行转换为批量化放贷，再按照大数定律来降低授信风险。产品设计的关键就在于整体上增强对风险的把控，使不良贷款率稳定在一定数值上，总体实现收益覆盖损失，也就是说产生一定的损失本是产品模式的应有之义。在大数定律下，小微企业融资业务以批量营销模式为主，风险成本不再依赖于商业银行对每一个小微客户的风险评级和信用评级，而是用小微企业的总体预期贷款损失率代替每一笔小微企业贷款的预期损失率，以确定评价和利率模型。在这种业务模式下，出现个别客户的违约和损失，若非有其他操作风险，就不再认为客户经理的行为是违规的，客户经理可以通过抗辩免除责任。还有，对于信贷损失轻微的情形，比如贷款损失率小于5%，可以将其视为银行业务经营模式的固有风险，若没有发现信贷人员存在

[一] 张新宝. 侵权责任法原理 [M]. 北京：中国人民大学出版社，2005：125.

主观恶意，就不应由信贷人员承担责任。

当然，由于受害人自甘风险和受害人同意作为舶来品，在内涵上存在一定争议和差异①，通常并不能全部免除行为人的侵权赔偿责任，而是要通过过失相抵或比较过失等制度进行相应的减轻甚至免除②。

3. 信赖原则

信赖原则在一定程度上也可以构成违法阻却事由。所谓"信赖原则"，是指当行为人因信赖他人会采取适当的行动而实施了某行为时，即使因他人的不适当行动而导致不利结果发生，只要没有其他特别事由存在，行为人就不需要对此承担责任③。信赖原则是基于人的相互信任情感、共同责任心以及"社会连带感"产生的。它强调，既然人们共同生活于一个社会空间，那么，为了维持社会生活的和谐有序，每个人都应当承担一些注意义务，而不能把注意义务只加于某些人，同时，人们还应当彼此信任。所以，信赖原则是一种典型的分配注意义务的原则④。根据信赖原则，受害人也被分配了注意义务，他没有履行分配的注意义务，造成损害发生实际上是自食苦果。

信赖原则肇始于交通运输业，是旧有理论无法有效适应该危险行业的业务特点所导致的必然结果。传统的过失理论把预见可能与预见义务视为一体，凡

---

① 在自甘风险的情况下，虽然当事人同意承担相应的风险，但本质上并不希望自己真的遭受风险。从广义上来说，受害人同意包括自甘风险，但同意并不意味着追求风险，因为人是理性的，没有谁乐意在自己承担风险后果的前提下去追求风险，只是万一出现了风险可以接受，或者为了追求更大的利益而不得不接受相对更小的风险而已。在当事人同意的情况下，若推定当事人只是接受所谓的风险，本质上并不希望损害发生，那么在此意义上认为受害人同意属于自甘风险的也似无不可。本书引用这两类情形仅仅作为违法阻却事由，无意做更本质详细的学术探讨。

② 李超. 侵权责任法中的受害人同意研究 [M]. 北京：中国政法大学出版社，2017：52.

③ 根据刑法理论界公认的定义，信赖原则，即行为人为某种行为之际，信赖被害者或第三人能够适切行动且该信赖是相当的场合，即使因为被害人或者第三人的不适切行动导致结果（法益侵害）发生，行为人对此不负责任。参见：西原春夫. 交通事故与信赖原则 [M]. 东京：日本成文堂，1969：14. 转引自：王海涛. 过失犯罪中的信赖原则的适用及界限 [M]. 北京：中国人民公安大学出版社，2011：3.

④ 周光权. 注意义务研究 [M]. 北京：中国政法大学出版社，1998：159-161.

是有预见危害结果的可能即有注意义务；凡是认识到危害结果即应采取避免危害结果的措施。按照这一逻辑，汽车司机必须时刻提心吊胆，否则一旦发生事故，其过失责任就在所难免。如果对司机要求过严，汽车时开时停，那么其作为高速运输工具的功能便会丧失，不再符合现代社会生活节奏的要求。于是，随着交通运输业的发展，为了减轻交通运输人员过多的义务负担，不得不适用信赖原则，将一部分注意义务分配给行人。⊖

如今，信赖原则已经在交通事故以外的领域被广泛应用。企业内部关系中也有适用信赖原则的可能和空间。在这些情形中，信赖者与被信赖者之间多是委托、监督与被委托、被监督的关系。信赖原则之所以在许多领域受到青睐，是因为以信赖为基础的注意义务分配原则，可以用来解决行为人与受害人之间的责任分担问题。对此，有学者指出，结构复杂的现代社会生活中分工的情况是非常多的，也只有在上下左右之间存在一定信赖关系的基础上，这种分工之网才能够真正建立起来。⊖因此，如果不适用信赖基础上的注意义务分配原则来确定各个主体的责任，则可能导致实质上的不公平，也可能导致社会生活的紊乱。正是在这个意义上，一个企业的正常运转，只有在坚持这种信赖原则，或者说这种信赖利益受到保护时才是可能的，即只对自己的不恰当行动承担责任，而不对他人的不恰当行动承担责任。

对银行而言，其正常运转依赖于形成一个内部上下流程、上下工序和岗位之间相互咬合、自行调节运行的"市场链"，在这套完整连贯的业务流程中，每个人都"互为客户"，相互之间提供产品和服务。按照经典制度经济学理论，企业的产生和边界正是市场交易费用内部化的结果，要想不断扩大企业规模，必须不断降低企业内部的组织成本。因此，在大型企业组织中，内部客户之间相互提供优质高效的产品和服务就是组织的内在要求，每个人都必须确保其产出质量符合活动链条中下一个顾客的期望值。所以，建立企业内部相互之间的合理信赖就成为必然。

⊖ 周光权.注意义务研究[M].北京：中国政法大学出版社，1998：161.
⊖ 周光权.注意义务研究[M].北京：中国政法大学出版社，1998：162.

本书在第 3 章提到信贷人员作为"理性人",要遵从合理怀疑与合理信赖的标准。当时基于信息披露的视角,提出对专家意见和官方意见适用合理信赖标准,对非专家意见适用合理调查标准。而且一般情况下,合理信赖标准只适用于经审计的财务报表的虚假陈述或遗漏,如果虚假陈述或遗漏出现在招股说明书(或调查报告)的其他地方,则应适用于更严格的合理调查标准。所以除了内部上下流程、上下工序和岗位之间的相互信赖,还存在对信贷人员经常使用的经审计后的客户财务报表的合理信赖,以及在尽调过程中对客户就收入、盈利等做出的预测性及展望性陈述的合理信赖,若没有确切的逻辑错误或背离常识,即使后续证明偏差较大,也不应认为信贷人员没有尽职。

当然,根据信赖原则分配注意义务不是无条件、无限度的。如果允许超越限度的信赖存在,就可能导致社会秩序紊乱、不良事态发生。有日本学者提出如下观点:其一,信赖原则应以行为人自身在行动时遵守规则为基本要件,对于违反规则的行为人,不能适用信赖原则,否则会造成对过失犯的认定失去平衡;其二,如果对方由于身心上的理由(如对方是幼童、老人、醉酒者、身体障碍者等),容易采取异常的行动而不能被信赖时,当然就谈不上适用信赖原则。因为在自己有违法行为时,自己已经违反注意义务,应当积极及时采取措施避免危害结果。不能期待他人会遵守注意义务来避免损害发生。对方因身心原因无法预见或避免结果发生时,也要求行为人尽到一切义务,所以在这些情形下都谈不上注意义务的分配问题。除此之外,我国学者还指出,在他人有违反注意义务的可能或已违反注意义务的情况下也不能适用信赖原则。一是因某种客观条件的限制,他人违反注意义务的可能性较大时,不适用信赖原则。二是对方违反注意义务的行为即将造成危害后果,行为人有时间也有能力避免危害结果发生的,不能适用信赖原则。因为信赖原则只是相信他人能够履行自己的注意义务,并不意味着被害人违反注意义务便完全免除行为人的过失责任[一]。

信贷业务有一连串的工作流程,前后手、前中后台要一起协作才能最终完成一笔业务。从前后手的关系来看,有的后手对前手起到监督作用,有的后

[一] 周光权. 注意义务研究 [M]. 北京:中国政法大学出版社,1998:163-165.

手只是起到配合作用。因为有分工,所以有彼此间的信赖,否则工作无法得以高效率的开展。只是任何时候,我们都要保持警觉,即发现是否存在动摇信赖原则的例外事由。在社会生活中,存在监督人对被监督人的信赖程度越大,就越无条件地进行全权委托的实态,并由此形成了分工,实现了较高的效率。此时,从该状况下的一般监督人的立场来看,能够判断出给予这样的信赖是妥当的,在法律上也可基于该信赖原则进行。

以上阐述,特别是对于信贷评审经理而言,具有较强的适用性。对于客户经理上报的项目资料,通常情况下,应予以信赖,并在其基础上做出授信决策,除非发现明显失实之处或客户经理存在不良"前科"。一般情况下,客户经理和经营机构既然上报项目材料,就是表明他们同意做,且认为可以做,或者说他们经过合理尽调,认为风险可控,项目可行。基于分工的信赖原则,除非存在明显瑕疵,评审经理无须对上报资料的真实性提出质疑。此条事由可以免除或减轻绝大部分评审人员的责任。

类似地,协办客户经理对主办客户经理的信赖,信贷链条中上级对下级的信赖以及后手对前手的信赖,等等,一定程度上都可适用该原则。若出现风险,相关人员可考虑依此进行抗辩。

4. 紧急避险与自助行为

紧急避险,是指为了使公共利益、本人或者他人的人身和其他权利免受正在发生的危险,不得已采取地损害另一较小的合法权益,以保护较大的合法权益的行为。紧急避险的特点是在两个合法权益发生冲突时"弃车保帅",实现"两利相权取其重,两害相权取其轻"的目的。而自助行为,是指权利人为保护自己的合法权利,在情势紧迫且不能及时请求国家机关予以救助的情况下,依靠自己的力量,对他人的财产或人身施加扣押、约束或其他措施,而为法律或社会公德所认可的行为。

在行为人的不法侵害对国家、公共利益和其他合法权利造成危险的情况下,如果通过损害第三者的合法利益来保护合法利益,那就是紧急避险。而自助行为实施前，当事人之间已经存在某种债的关系，实施自助行为是为了保护行为人自己的权益，其不同于紧急避险，后者所保护的权益还包括他人的权益。但从法律性质上看，自助行为的性质属于私力救济，与紧急避险的性质是相同的。上述两种情况，只要不超过必要的限度，就构成违法阻却事由，行为人不必承担相关责任。

《民法典》第一百八十二条规定，因紧急避险造成损害的，由引起险情发生的人承担民事责任。危险由自然原因引起的，紧急避险人不承担民事责任，可以给予适当补偿。紧急避险采取措施不当或者超过必要的限度，造成不应有的损害的，紧急避险人应当承担适当的民事责任。第一千一百七十七条规定，合法权益受到侵害，情况紧迫且不能及时获得国家机关保护，不立即采取措施将使其合法权益受到难以弥补的损害的，受害人可以在保护自己合法权益的必要范围内采取扣留侵权人的财物等合理措施；但是，应当立即请求有关国家机关处理。受害人采取的措施不当造成他人损害的，应当承担侵权责任。

一般情况下，侵权行为法中的这两种典型的违法阻却事由，在信贷实践中较难遇到，但特殊情形下也可能存在。比如在贷后检查或清收处置中，发现企业存在危害银行信贷安全的事件，可以采取类似紧急避险和自助行为等行为，维护银行利益。这些行为的存在可以证明信贷人员在履职过程中是称职的、尽职的，以达到免责或减责的目的。如某客户经理在清收过程中，发现客户名下的一辆汽车，对其予以扣押或取回，即属于典型的自助行为。再如某银行对某客户一直承做商票业务，在某次贷后检查过程中，发现客户资金被挪用炒股，发生严重亏损，商票项下授信存在极大风险。为此，该行果断处置，决定以传统流动资金贷款业务取代商票业务，将可以抵质押的东西都掌握在银行手中。但客户的资产除了房产，主要就是股票，且部分抵押给了其他银行，但折扣率较低。为此，该行全体出动，现场进行授信审批，对授信品种进行了置换，同时为释放质押给他行的股票，该行还垫款进行提前偿还，将该部分股票一并质押。从常理来说，该笔授信存在诸多倒置程序，没有经过按部就班的尽职调查，仅凭两页情况说明就进行了审批，且授信审批时间先于详细调查报告的形成时间。在商票本身就存在极大风险的情况下,又提前归还他行借款,虽然取得了有效抵押物,但扩大了风险敞口。然而情况紧急,这种情况也算是紧急避险,在后续审计中,该举措并未被认为是违规行为,从而对相关人员免除了处罚。

5. 抵制无效与受胁迫

实务中,可能存在上级指派业务的情形,如果该笔业务存在较大风险,或明显不符合国家法律法规、产业政策、授信政策和贷款条件,虽然承办人员内心有十万个"不乐意",但囿于领导的权威和威胁,不得不签字发起该笔业务或按照领导的授意违规进行审查审批。在前些年的授信实务中,这是信贷人员经常碰到的事情。信贷人员可能会通过适当的方式进行抵制,包括在调查报告或风险评估报告中做出尽可能多的风险提示,但上级领导态度坚决,信贷人员屈从于领导的权威,只能被迫从事或同意相关业务。在这种情况下,信贷人员的抗辩可能成功,特别是在抵制无效或受胁迫的情况下,事后可以及时向更高层级的领导进行汇报并积极采取补救措施,从而有效地遏制损害结果的发生或损害规模的扩大。相反,若仅仅是受到胁迫,但未向上级反映,就相当于助纣为虐,不能免除责任。因此,在此类情形下,信贷人员应通过证明其已向上级反映并尽可能地实施了避免损失的措施,进行抗辩。

10.3 因果关系不成立

当违规行为与损害后果之间缺失因果关系时,自然不满足责任承担的构成要件,责任便无从谈起。如果在本来正常的因果关系进程中,因第三人行为、受害人行为或其他外在原因导致因果关系链条中断,则行为人的行为与损害之间也不存在因果关系(有的也导致行为人过错的缺失),因此行为人不需要承担责任。

1. 不谨慎行为与损失的形成没有因果关系

信贷作业涉及的国家法规与行内规定多如牛毛，有些是银行外部监管制度或法律规定，相关人员必须遵守。但就银行内部来看，现代银行基于作业的完整性和留痕性，对于作业流程和内容有时规定得太过详细。有些工作是程序性的而不具有防范风险的目的，有些内容仅仅是为了方便上级管理者查阅或完善数据库而要求提供的，甚至还有不少规定是相关部门基于自身免责的考虑而设置的。对于真正的信贷风险预防或流程控制而言，并不必需，甚至平添了若干障碍，实乃画蛇添足。在所有风险事件的事后审计中，都能发现有几条规定是没有被遵守或没有完全得到执行的，若仅仅因此就严格问责，而忽视导致风险的直接原因，违背了问责的因果关系构成要件。因此，客户经理可以未执行流程制度与贷款风险没有因果关系为由，进行抗辩。如有几次贷后检查没有提交纸质报告，实际上到达了现场且有证据证明，但未发现客户有异常或不利情况出现。再如，尽调报告中缺失部分客户信息，未能发现客户存在产品销售收入虚增 5% 的舞弊行为，等等。

蝴蝶效应大家都熟悉，"南美洲亚马孙河流域热带雨林中的一只蝴蝶，扇动几下翅膀，可能在两周以后引起美国得克萨斯州的一场龙卷风"。还有一首英国民谣与此类似，"丢失一颗钉子，坏了一只蹄铁；坏了一只蹄铁，折了一匹战马；折了一匹战马，伤了一位骑士；伤了一位骑士，输了一场战斗；输了一场战争，亡了一个帝国"。但是侵权法不愿将如此庞大的责任加在一只蝴蝶或一个铁匠的身上，哪怕蝴蝶扇动翅膀的方式存在过错，哪怕铁匠在钉马蹄铁时存在过错。总会存在一个临界点，从这个点开始，法律认为因果关系的成立太过牵强，损害的发生只是一种偶然情况或者是由其他原因导致的。根据侵权法理论，行为人需要对其过错行为导致的可预见性后果承担责任，但不需要对不可预见的后果承担责任。这一理论要求对行为人的过错进行评估，即行为人实施行为时，在做到合理谨慎的情况下是否可以预见到损害。这里，合理的可预见性也是一种限制事实因果关系的方法。若信贷人员的不谨慎行为，并没有可预见性地创设一个更广阔的风险地带，并没有以可预见性的、实质性的方式造成具体损害的发生，也即贷款损失的发生，那么信贷人员的不谨慎行为就不是近因，与损害没有因果关系，信贷人员不应承担责任。

2. 第三人行为

第三人行为是指除信贷人员和银行自身原因外的第三人，对贷款风险或贷款损失的发生或扩大具有影响力或原因力，从而切断信贷人员的行为与贷款损失之间的因果关系。我国《民法典》第一千一百七十五条规定，损害是因第三人造成的，第三人应当承担侵权责任。该规定确立了第三人行为作为一般性免责事由的地位。因此，信贷人员可以据此进行抗辩。

不过在法理上，第三人行为有其特殊性，要注意正确理解和应用，方能取得理解或最大利益[⊖]。

第一，第三人既不属于利益受损方——银行，也不属于客户经理等行为人一方。在第三人有过错的情况下，第三人或者与行为人共同引起损害的发生，或者单独构成侵权。不论属于上述哪种情形，第三人作为不当行为者均应向利益受损方承担责任。然而，虽第三人有过错，但银行可能并没有向其提起问责，此时行为人应就第三人对损害的发生有过错举证，以求被免责或减轻责任。

第二，第三人和行为人之间不存在共同的故意或过失。如果第三人和行为人之间具有共同的意思联络，则他们之间具有共同过失，第三人的行为就和行为人的行为构成一个整体，他们将作为共同侵权人对受害人承担连带责任。所以，如果第三人与行为人具有共同的过错，则并非使行为人被免责或减轻责任，而是使第三人和行为人共负连带责任，在此情况下，作为免责和减责事由的第三人的过错也就不存在了。如果第三人和行为人对损害的发生无共同的故意或过失，在此种情况下，他们的行为对损害的发生都起到了一定的作用，那么，他们的行为既可能构成无意思联络的共同侵权，亦可能因为在行为人或第

⊖ 本部分内容参阅：王利明.侵权行为法归责原则研究[M].修订2版.北京：中国政法大学出版社，2004：604-608.

三人中有一方具有故意或重大过失而导致另一方责任的免除,还可能因为一方过错程度轻微而对损害结果不负责任。

第三,第三人的过错是减轻或免除行为人责任的根据。第三人的过错包括两种情形:其一,第三人对损害的发生有过错;其二,第三人对损害的扩大有过错。无论是何种形式的过错,第三人的行为均构成损害发生的原因。但是,应当看到,如果行为人就第三人有过错的举证能够成立,其法律效果首先表现为,行为人责任的减轻或免除。

当然,根据第三人行为对损害发生或扩大的原因力不同,行为人的责任减免也有所不同。一种情况是,第三人单独造成损害,也就是说第三人的行为是损害发生的唯一原因,此时损害纯粹由第三人的过错导致,第三人的行为切断了行为人和损害之间的因果关系,行为人的行为不能发挥其原因力,则损害应由第三人负责。而行为人对此没有过错,不应担责。另一种情况是,第三人的介入只是损害发生或扩大的部分原因,此时应分别考查第三人和行为人各自的过错和过错程度。在他们中间,可能有一方因为过错程度轻微而被免责,或者因为另一方具有故意而被免责。所以,只有在具体确定第三人和行为人的过错程度以后,才能确定第三人的行为是否构成免责事由。当然,若第三人和行为人并非基于共同的故意或过失造成损害,只是因为行为的偶然结合和相互作用,共同造成了损害,则不能按照共同侵权处理,相应第三人和行为人不负连带责任,而应根据按份责任处理。此种情况下行为人的责任得以减轻而不是免除。所以,第三人的过错是减轻责任的事由。

一般来说,构成免责事由的第三人行为主要包括以下几种情况。

第一,第三人具有故意或重大过失。在第三人具有故意或重大过失的情况下,损害的发生是由第三人所致,所以第三人的过错构成行为人的免责事由。但是,只有在行为人仅具有轻微或一般过失的情况下,第三人的故意或重大过失才能作为免责事由。若行为人也具有重大过失,则不能完全免除行为人的责任。

第二,第三人具有一般过失,而行为人没有过错。如果行为人能够证明第三人具有一般过失,而自己没有过错,尽管第三人的过失只是一般过失,也应该使行为人免责。在严格责任或过错推定责任中,行为人的过失常常是被推定的,若行为人能够证明损害是由第三人造成的,则可以推翻对其过错的推定,第三人的一般过失行为亦为行为人免责的事由。

在信贷风险问责实践中,经常会遇到这样的情况:贷款发生风险或预警甚至成为不良资产之后,客户经理固然负有过错责任,但是银行可能基于多种因素的考量,没有采取合理的措施防止损害进一步扩大,虽然银行有义务这样做。如客户经理提出要尽早采取措施,比如走司法途径,但银行可能不愿意诉诸法律而耽误了最佳处置时机,继而造成了更大的损失。在此种情况下,一般认为做出错误决策的部门或人员作为第三人,可能出于故意或重大过失,对损害负有责任。若客户经理仅仅具有一般过失,则可以通过抗辩,免除自己的责任,至少是减轻自己的责任。可适用这一抗辩事由的常见类似情形还包括:后任客户经理承接前任的业务,项目审批后主办客户经理又申请修改批单,放松了某些条件,等等。在上述情形中,后任客户经理和协办客户经理可以以第三人行为为由进行抗辩。

10.4 不存在过错或过错程度较轻

在过错责任领域,事变的出现能够否定行为的过错,进而回到"所有人自负其责"的逻辑起点之上,从而可以作为责任承担的抗辩事由。这里所称的事变,是指非因故意或过失所发生的变故,一般认为主要包括意外事件和不可抗力。另外,本书认为即使行为人存在过错,但只要存在行为人过错程度较轻或为无心之过,以及受害人自身也存在过错等事由,也能对行为人起到一定程度的减责作用。这里一并加以论述。

1. 不可抗力

不可抗力是减轻或者免除当事人责任的一般性抗辩事由。不可抗力既可造成因果关系中断，也能影响过错的认定。一般认为，不可抗力的认定应以事件的性质及外部特征为标准，凡属于一般人无法抵御的重大外来力量即为不可抗力。在英美法理论中，一般认为不可抗力是客观的，具有"一种自然的和不可避免的必然性"，是不可抗拒的强制力或强迫力，是能量极大的力量。简言之，不可抗力是不能预见、不能避免且不能克服的客观情况，属于不可抗力范围的客观事件包括：自然灾害（如地震、台风、洪水、海啸等）、社会灾害（如战争或者武装冲突等）、国家政策（如在某些特别条件下，国家行使行政、司法职能而导致损害发生或扩大等）。

不可抗力作为免责事由的根据是，让人们承担与其行为无关联而又无法控制的事故的后果，不仅对责任的承担者来说不公平，也不能起到教育和约束人们行为的积极作用。依据这样的价值观念，将不可抗力作为免责事由的前提是，不可抗力是构成损害后果的原因。只有在损害完全由不可抗力引起的情况下，才能够表明行为人的行为与损害后果之间无因果关系，以及行为人没有过错，因此应被免除责任。㊀而当不可抗力不是损害发生的唯一原因时，则不能完全免除行为人的责任。

因为不可抗力对损害发生或扩大的原因力不同，其所达到的抗辩效果也不相同。如果不可抗力是损害发生和扩大的唯一原因，当事人不需要承担民事责任，不可抗力成为免责的抗辩事由，此种情形完全属于《民法典》第一百八十条规定的情况，"因不可抗力不能履行民事义务的，不承担民事责任"。不可抗力也可能是损害发生和扩大的部分原因，而损害之发生和扩大也与行为人或第三人或受害人的过错有关。在此情形中，主张不可抗力的抗辩只能减轻行为人的侵权责任，而剩余的责任应按照相关当事人的过错进行分配。在不可抗力和行为人的共同过失构成损害发生的原因的情况下，应本着"部分原因应当引起部分责任"的精神，令行为人按其行为的过错程度及原因力大小承担部分责任。如在汶川大地震中，很多企业被毁、受损，造成其贷款风险或损失的原因，即可归结为不可抗力，客户经理可以免除或减轻责任。在十多年前开始的整合煤

㊀ 杨立新. 侵权损害赔偿[M]. 北京：法律出版社，2016：140.

矿的地方政策要求下，一些小规模煤矿被关停或者被迫并购其他煤矿以扩大规模，在此过程中若银行有贷款未能收回，其原因也当属不可抗力。

2. 意外事件

意外事件是指非因当事人的故意或过失而偶然发生的事故。正因为此，意外事件也是外在于当事人的意志和行为的事件，其造成的损害，不是当事人的过错所致，因此当事人应被免责。意外事件可以作为一种抗辩事由，此观点得到了我国民法学界和司法实务界的普遍承认。此外，根据《法国民法典》第1148条——"如债务人系由于不可抗力或事变而不履行其给付或作为债务，或违反约定从事禁止的行为时，不发生损害赔偿责任"——的规定，意外事件和不可抗力均是法国侵权法中的免责事由。也有学者认为，不可抗力是与债务人的行为全然无关的外来力量，而意外事件是与债务人的行为有因果关系的事件，但它们都是免责事由。

意外事件作为免责事由应具备三个条件：①不可预见性；②归因于行为人自身以外的原因；③偶发事件，不包括第三人的行为。由于意外事件不是基于当事人的故意或过失而发生，是外在于当事人的意志和行为的事件，它表明当事人没有过错，因此应使当事人免责。正如罗马古谚所云，"不幸事件只能落在被击中者头上"㊀。

某贷款企业老板，由于生产经营之外各种缘由，突然被抓，就是一个意外事件。造成企业经营失常，还款出现问题，不能归咎于客户经理的过错，也即不应承担贷款风险责任。

3. 无心之过

注意，在心理学上是指针对一定对象而使意识集中并始终保持紧张的状态。认为注意义务是指社会或职业及日常生活所要求的为一定行为或不为一定行为时，人们应当慎重留心，以避免承担损害责任，因为该定义本质上是将注

㊀ 杨立新. 侵权损害赔偿 [M]. 北京：法律出版社，2016：142.

意义务从主观角度来把握的。当然，对行为的外在表现采用合理人的标准又具有一定的客观性。

基于社会的稳定秩序，凡生存于一定社会空间的人，都负有各种各样的注意义务，不以行为人是否认识到自己的义务为转移。但是我们要求行为人履行义务，又是以他们能够认识和理解注意义务为前提的。因此，对注意义务的推定，不仅要以法律法规、职业规范、惯例常识为基础，还要以社会普通义务观念为依据，以社会平均人的义务为标准，一般人考虑不到的事情不能作为注意义务的内容。因此，凡是社会中一般正常人都知晓的注意义务，就推定行为人也知晓；凡是某一行业或职业的业务人员都知晓的注意义务，推定行为人也知晓。这样，对于社会中普通人都知道的法律法规上的注意义务，不允许行为人以不知法律法规的规定为借口，而否认注意义务的存在并逃避对其注意义务的履行。如银行信贷业务的从业人员，对业务上或职务上的要求毫不重视，自行其是，不注重学习，没有工作责任感，以致在工作中没有履行这些注意义务，导致了损害后果的发生，此时行为人不能以其不知道该义务作为开脱责任的遁词。只要根据该职务或该项业务的普通从业者的观念，认为行为人应该具有这种义务的，就可以推定行为人具有该项义务。

然而，现实情况异常复杂，信贷人员可能被法律法规、规章制度、业务办法、操作规程、习惯惯例等同时要求履行多种注意义务，也就是可能发生注意义务重叠的情况。这些重叠的注意义务有时可能发生冲突，继而要求行为人履行一种注意义务而放弃另一种义务。一般来说，注意义务的冲突并不难解决，法律法规、规章制度、业务办法、操作规程所要求的注意义务，优先于习惯惯例所要求的注意义务。但实践中发生的情况，远比这一通常见解来的复杂。而且问责一般是在损害后果发生以后才进行的，所以应当对哪种注意义务的履行更有价值做出判断，从而确定行为人违反了哪种注意义务。在日本，有学者提出了"直近过失说"，在注意义务发生冲突的情况下，判断过失的有无，只要认定了导致损害后果的、离结果最近的过失（直近过失）就够了⊖。所以，对于

⊖ 周光权. 注意义务研究 [M]. 北京：中国政法大学出版社，1998：130-131.

信贷风险问责而言，只有抓住造成信贷风险或贷款损失的原因这一根本，才符合注意义务的本质，反映注意义务的要求，抓住注意义务的核心。这一标准不允许行为人以履行了某种注意义务为借口，而放弃与之冲突的、对损害后果起决定作用的主要注意义务。

但是，注意义务的冲突也有另一种情形：违反注意义务的程度与导致的损害后果的大小有时并不一致，存在一定错位，即损害后果很大（比如造成信贷资金损失上亿元），但违反注意义务的程度并不高，行为人主观上的可谴责心理内容也不多。比如刚刚参加工作或调换岗位，由于不谙熟业务而由其他人员或上级指导完成了某项工作造成损失的；作为协办客户经理配合主办客户经理工作导致损害后果的；迫于上级的命令，完成上级要求的任务而产生风险的；等等。这类情形中，行为人违反注意义务的程度并不高，尤其是在主观上，他们可能并没有违反义务的故意，甚至没有意识到自己违反了注意义务。实务中对于这类情形，也应适当予以从轻问责。

4. 银行与有过失

与有过失，又称促成过失或者受害人过错，其是指受害人对于损害结果的发生或扩大也有过错，受害人的行为和行为人的行为对损害的发生均具有原因力的侵权行为形态。将受害人过错作为抗辩事由的根据在于，受害人的过错行为是损害事实发生的全部或部分原因，通过过失相抵使得行为人的责任"消失或减少"。诚如《德国民法典》第 254 条规定的基本规则，当受害人就损害发生也具有过错时，虽然受害人针对加害人并不完全丧失损害赔偿请求权，但应当在当事人之间划分损害比例，受害人仅能从加害人处获得部分损害赔偿。㊀其法律上的效果都是使加害人的责任减少或免除，即在 0～100% 之间依据案件具体情形减轻加害人的责任。㊁具体而言，如果银行对于信贷风险或贷款损失的发生或扩大也有过错，且其行为具有原因力，就构成侵权法上的与有过

㊀ 库齐奥. 侵权责任法的基本问题：第 1 卷：德语国家的视角 [M]. 朱岩，译. 北京：北京大学出版社，2017：261.

㊁ 刘海安. 过错对无过错责任范围的影响 [M]. 北京：法律出版社，2012：260-261.

失。通常来说，与有过失的存在，会减轻或者免除行为人的责任。

我国《民法典》第一千一百七十三条规定，被侵权人对同一损害的发生或者扩大有过错的，可以减轻侵权人的责任。第一千一百七十四条规定，损害是因受害人故意造成的，行为人不承担责任。

与有过失的法律特征为：①受害人对于损害的发生和扩大也有过错；②损害发生的原因事实相混合；③受害人一方受到损害。

在银行同时存在过失时，可以通过过失相抵规则对其对员工的问责事项进行必要的限制。所谓过失相抵，是指根据银行的过错程度减轻或免除行为人责任的制度。过失相抵规则的适用不仅与过错归责一致，而且也符合自己责任原则。一般认为，过失相抵规则主要解决受害人与不当行为人都具有过失时的损失分担问题，但在追偿之诉中也应当可以运用过失相抵规则，即通过比较雇主和雇员的过失程度来确定其应当承担的责任。[一]所以本质上，过失相抵就是将义务者之过失与权利者之过失，两项相比，以定责任之有无及其范围，并非通过过失与过失两项抵消。因而过失相抵，最终仍然是各负其责，即"名为比较过错，实为比较责任"[二]。

在信贷人员造成信贷风险时，如果银行自身也具有过失，比如没有尽到指示、说明、培训、监督、指导、管理义务，则银行的过失对贷款损失的发生也有一定的影响，故其也应当承担部分责任。因此，在雇主具有过失时，即使允许雇主向雇员追偿，也应当依据过失相抵的法理，对其追偿范围进行必要的限制。对于因雇主过失而造成的部分损害，雇主是为自己的行为承担责任，其无权向雇员追偿该部分赔偿责任。[三]有学者提出了"风险比例规则"[四]，旨在以受害人及加害人对其危险源应负责的特定风险大小在全部应负责的风险中所占的

[一] 王利明．王利明学术文集：侵权责任编[M]．北京：北京大学出版社，2020：520．
[二] 杨立新，王竹．论侵权法上的受害人过错制度[M]//陈小君．私法研究：第7卷．北京：法律出版社，2009：28．
[三] 王利明．王利明学术文集：侵权责任编[M]．北京：北京大学出版社，2020：521．
[四] 刘海安．受害人过错对加害人无过错责任范围的影响——风险比例规则的提出与适用[J]．法学论坛，2011（1）：118．

比例来决定各自的负担份额。其中的风险比例，以因其过错而不合理提高的致害风险大小为参数来确定。在追偿权方面，也可以以此作为过失相抵的依据。也就是说，分别确定雇主和雇员在发生的风险中所占的比例，从而确定其责任份额。

当前的不少银行中存在以下实际情形：客户经理流动性较大，许多新招聘的人员，没有经过完善有效的培训，一入职就直接上岗；一味地要求作业效率，但时间不保证，费用不保证，对客户的尽职调查根本做不到翔实；任务计划和考核体系都要求一线人员快速作业，极力鼓励客户经理去拓展更多的客户和业务……虽然银行可以说，让你去做业务，没有让你偷工减料，但你下达的任务和考核要求，根本不容客户经理从容作业，详细了解客户。所以，这种实际情况下，银行自身绝对具有过失。不同的客户经理可以根据银行的实际情况，列举银行的过失，以与有过失或受害人过错为由，积极抗辩，减轻自己的责任。所以，善用与有过失，使用过失相抵的规则，减轻自身责任，应该是多数信贷人员在应对银行问责时的良策。

5. 过错程度较轻

由于过错的严重程度不同，信贷人员的责任大小也不同。所以，信贷人员可以以过错程度较轻进行抗辩。

一般来讲，信贷人员的一般过失是指信贷人员在信贷业务中对授信风险缺乏合理的关注，即未能严格按照授信管理制度的要求从事工作，没有达到全体信贷人员的平均谨慎标准，在主观认识和意志方面存在懈怠和偏离，出现疏忽大意或过于自信的过失，进而产生了信贷风险；重大过失是指信贷人员在信贷业务中对授信风险缺乏最起码的关注，即在授信工作中未能遵守授信管理制度的最低要求，不要说专业人员，就是社会中的普通人都能达到的注意标准，信贷人员都没有达到。主观上表现为：行为人对其行为结果毫不在意、对他人的利益极不尊重、对其负有的法定义务处于漠视状态。而故意（推定欺诈）是信贷人员明知如此作业大概率会导致对客户信用的错误评价，导致授信风险，仍然决定如此行为，从而放任了结果的发生，实质上就是存在极端或异常的过错。而恶意（欺诈）是信贷人员虽然预见了自己行为的结果，但为谋取不正当利益，希望损害结果发生，违规助成。这种情形已经接近违法放贷的地步了。

综上，由于过错可以有一般过失、重大过失、故意（推定欺诈/间接故意）、恶意（欺诈/直接故意）之分，故信贷人员在问责实践中，可以以较轻程度的过错为由进行抗辩，即以一般过失对抗重大过失，以重大过失对抗故意或恶意，从而减轻责任的承担。

10.5　其他抗辩理由

1. 雇主责任

根据雇主责任原则，至少是在信贷人员存在一般过失及以下的过错时，可以根据雇主责任，向银行抗辩，以减轻自己的责任。

论及雇主责任时，其一般包括两类责任：一类是雇员对第三方实施侵权行为所致损害的赔偿责任，另一类是在契约范围内雇员对雇主实施的不完全给付或瑕疵给付对雇主造成损害，雇主因此承担的替代责任。在本书第8章中，我们论证了法理上的主要观点，即只有在雇员出于故意和重大过失两种情形下，造成雇主直接损害或雇主承担替代责任的，雇主才有权向雇员追偿，而在雇员仅存在轻微或一般过失时，禁止雇主行使追偿权，也就是说，此种情形下雇员不承担损害赔偿责任。

虽然雇主责任适用的情形多为对第三方造成损害，雇主要替代雇员承担责任。但是我们可以做如此转换：将第三方替换为雇主，则雇主对自己的损害可以相互抵消，剩下的只有因雇员的故意和重大过失造成的损害，对于此部分损害，雇员应承担责任。若雇员仅具有一般过失，则可以申述减免对应的部分责任。这就是本书中我们着墨较多地去阐述雇主责任的背后用意，希望信贷人员引起重视，多一条申述的理由。

当然在法理上，即使在雇员具有故意和重大过失的情形下，也不应当允许雇主完全追偿，因为无论是按照报偿理论、风险分担理论还是从保护劳动者权益的角度考虑，都不应当允许雇主完全追偿，并使雇员负全部责任。即便是雇员基于故意的心理侵害他人权益，也不能认为雇主毫无过失，因为在此情形下，雇主也存在着选任、监督等方面的过失，更何况雇员的行为是受雇主的指示实施的，是为了雇主的利益，在某种意义上可以看作用工者行为的延伸。即便雇员具有重大过失，其也是受雇主的指示而行为，不宜将雇员的行为视为其自身单独行为⊖。正是因为这一原因，在对雇主的追偿权进行限制时，有的国家采用了限制追偿数额的方式，此种经验值得我国借鉴。尤其是在雇员造成他人重大损害的情形下，如果不对追偿的数额进行限制，雇员可能因负担过重的责任而使生活陷入窘境⊜。

法谚有云："法律顾及平衡。"法律为实现公平正义的目的，需要平衡各种利益，博采兼容、理顺差异、相济互补、动态平衡。就用工者的追偿权而言，法律有必要通过限制其完全行驶进行必要的利益平衡，一方面，应当承认用工者对被用工者的追偿权，以防止出现道德风险等问题，从而实现对损害的预防；另一方面，应当兼顾被用工者的利益，对追偿权的行使做出必要的限制。正是通过这种利益平衡，才能有效地规范用工责任关系，保护各方当事人的合法权益。⊜

所以，实践中信贷人员可以根据雇主替代责任，提出减轻自己相关责任的抗辩。

⊖ 根据西方"归责至上"的传统，即雇主对雇员在职务范围内和执行职务过程中的行为应承担责任，也就是说，不管雇主有无疏忽，他都要完全地承担责任。即使雇员的行为是雇主明确禁止的，只要雇主所禁止的是有关雇员职务范围内的行为方式，或者说只要发现这些行为是促进了雇主的事业或者是可以预见的行为，则这种禁止行为不能认为是在雇佣范围之外，而应被认为雇员是被雇佣做的，此时雇主也要承担责任。参见：曹艳春.雇主替代责任研究 [M].北京：法律出版社，2008：43、169-170.

⊜ 王利明.王利明学术文集：侵权责任编 [M].北京：北京大学出版社，2020：521.

⊜ 王利明.王利明学术文集：侵权责任编 [M].北京：北京大学出版社，2020：523.

2. 吹哨示警

美国 1993 年《证券法》第 11 节规定了登记文件中错误陈述与遗漏的法律责任，提出了一项特殊的抗辩——"吹哨示警"抗辩[注]。主要适用于发行人以外的其他人如承销商等中介机构，在发现不实陈述或遗漏后，采取适当措施制止违法行为的情况。

吹哨示警抗辩一般包括辞职抗辩和不知情抗辩。辞职抗辩是指当事人能够证明在注册登记说明书中与其被指控承担责任有关部分的陈述生效之前，已辞职或已采取了离职的一切法律措施，或已经停止了注册登记说明书中所说明的由其行使或同意行使的职务、身份或关系，或拒绝从事相关行为，并将此种情况以书面形式通知了发行人及 SEC（美国证券交易委员会），说明其已经采取相关行动将不再对注册登记说明书中的相关部分承担责任。不知情抗辩则是当事人对注册登记说明书中其所承担的部分的生效并不知情，其在知道该事实后，采取了辞职抗辩中的手段，并通知了 SEC 且进行了合理公告，声明对已经生效的注册登记说明书中的某些部分不知情，就可以免于承担责任。此规定对中介机构要求较为苛刻，如投行需要以离职终止合作的方式进行抗辩，律师需要对发行人提出中止发行建议，若被拒绝则需离职，以及对发行人做出警告，否则将会承担相关责任。

吹哨示警特别适用于商业银行对客户债券的承销业务，若发现相关债券发行申请文件中存在不实陈述或重大遗漏，可借鉴美国相关规定，进行责任抗辩。此外，在信贷业务中，也可将美国的抗辩行动进行适当弱化并借鉴，如评审人员可以在评审意见中提示相关风险、客户经理在接受上级安排"不得不"承做的项目时，也可以在相关调查报告中充分揭示风险，并尽可能越级上报，如果后续出现贷款风险与损失，就可以做适当的"吹哨示警"抗辩。其他的情形如在参与授信集体决策时，若信贷人员有不同意见或反对意见，可明确表达，并在会议纪要等档案或流程性文件中留下书面记录，以若日后业务形成实

[注] 哈森. 证券法 [M]. 张学安，等译. 北京：中国政法大学出版社，2003：280.

质风险，则可作为"吹哨示警"的证据。

3. 创新包容

中共中央办公厅于 2018 年 5 月 20 日印发并实施了《关于进一步激励广大干部新时代新担当新作为的意见》，提出要建立健全容错纠错机制，切实为敢于担当的干部撑腰鼓劲。特别指出要宽容干部在改革创新中的失误错误，即要"把干部在推进改革中因缺乏经验、先行先试出现的失误错误，同明知故犯的违纪违法行为区分开来；把尚无明确限制的探索性试验中的失误错误，同明令禁止后依然我行我素的违纪违法行为区分开来；把为推动发展的无意过失，同为谋取私利的违纪违法行为区分开来"。这是中央首次从制度层面对建立健全容错纠错机制做出的规定。总体是按照总书记提出的"三个区分开来"的要求来把握，具体工作中要妥善把握事业为上、实事求是、依纪依法、容纠并举等原则，结合动机态度、客观条件、程序方法、性质程度、后果影响以及挽回损失等情况，对干部的失误错误进行综合分析，对该容的大胆容错，不该容的坚决不容。对给予容错的干部，考核考察要客观评价，选拔任用要公正合理。准确把握政策界限，对违纪违法行为必须严肃查处，防止混淆问题性质、拿容错当"保护伞"，搞纪律"松绑"，确保容错在纪律红线、法律底线内进行。坚持有错必纠、有过必改，对苗头性、倾向性问题早发现早纠正，对失误错误及时采取补救措施，帮助干部汲取教训、改进提高，让他们放下包袱、轻装上阵。严肃查处诬告陷害行为，及时为受到不实反映的干部澄清正名、消除顾虑，引导干部争当改革的促进派、实干家，专心致志为党和人民干事创业、建功立业。

借鉴中央建立健全容错纠错机制、激励干部担当作为的做法，各商业银行应出台行内的具体办法，明确容错纠错的具体条件和情形。要对信贷风险进行综合分析，对明显违法违规、道德风险造成的信贷损失，坚决问责处理。对于办理个别新型业务及对形势的误判而形成的风险，以及员工没有主观故意且履行了关键或核心的流程，但受到企业还款意愿和外部环境影响而形成的业务风险，应大胆容错、客观评价，必要时减轻或免除问责。

4. 时效消灭

权利人在一定期限内不行使相关权利，其权利的请求权将归于消灭，这是各国法律规定的普遍做法。根据《德国交易所法》第 46 条的规定，购买人在知道说明书不正确或者不全面 1 年后，最迟在说明书公布 3 年后，其享有的请求权归于消灭。⊖《日本金融商品交易法》也采取了类似的做法，第 20 条规定，请求权人自知悉有价证券申报书或者有价证券销售说明书就重要事项存在虚假记载、欠缺应记载的主要事项、为避免误解所需重要事实的记载时，或尽相当的注意即可知悉时，3 年期间不行使的，该请求权消灭。⊜

我国《民法典》对诉讼时效有明确的规定，第一百八十八条规定，向人民法院请求保护民事权利的诉讼时效期间为三年。诉讼时效期间自权利人知道或者应当知道权利受到损害以及义务人之日起计算。法律另有规定的，依照其规定。但是，自权利受到损害之日起超过二十年的，人民法院不予保护，有特殊情况的，人民法院可以根据权利人的申请决定延长。第一百九十二条规定，诉讼时效期间届满的，义务人可以提出不履行义务的抗辩。

当前，我们呼吁尽职免责，背后的动因在于对信贷风险的终身追责。即在终身追责的前提下，实行尽职免责。但《民法典》对于诉讼时效的规定，同样适用于信贷风险的问责实践，其作为一种类似兜底条款，对信贷人员提供最后的保护。

对于商业银行的问责，我们建议在两方面予以改进：一是问责时机的把握。建议不要在信贷风险刚刚形成时就启动问责，最好在实际形成损失后，再启动问责。银行本身就是经营风险的，中间出现风险很正常，有些资产经历中间风险后，最后可以全部收回本息，而且在化解风险的过程中需要相关人员积极参与和配合，过早的问责可能不利于风险的处置，甚至加大损失。当然，不问责并不代表不可以进行初步的责任审计认定；二是考虑任职时间的影响。新入职

⊖ 中国证券监督管理委员会. 德国证券法律汇编[M]. 北京：法律出版社，2016：236.

⊜ 中国证券监督管理委员会. 日本金融商品交易法及金融商品销售等相关法律[M]. 北京：法律出版社，2015：63.

员工，其专业胜任能力本身需要经过实践的检验和锻炼提升，入职一年内其经手的业务发生风险，应对其从轻或不予问责。新晋升或调整分工的分管领导，建议实际在其任职或履职半年之内，对存量业务产生的风险予以免责，如任职时间在一年之内，建议酌情从轻问责。对于任职一年以上产生的业务风险或分管期间新发生业务的信贷风险，正常问责。

信贷人员可以依据时效性提出相应抗辩，以维护自身利益。

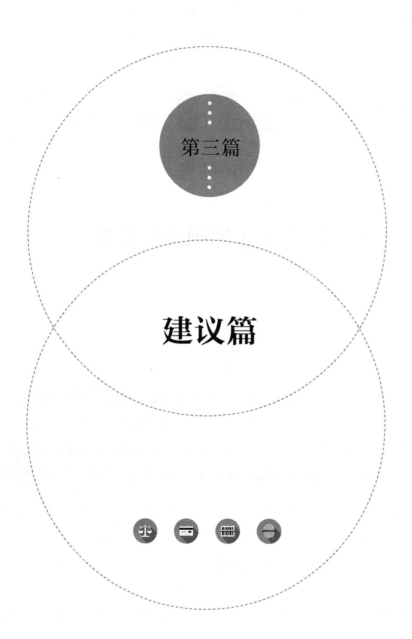

第 11 章

问责实务的困惑与反思

尽管我们阐述了信贷风险问责中的关键概念、法理基础与实务逻辑，但问责实践中还是存在较多的困惑。这些困惑有的来源于理论自身，有的来源于复杂的实务，也有的来自银行长期以来对不精准问责路径的依赖，由此也导致了问责实务中的若干不恰当做法。因此，我们需要正本清源，对这些困惑加以反思。

11.1 尽职认定的困难来源

虽然尽职的定义清晰明了，但是实际情况异常复杂，且"尽职"本质上具有诸多特点，使得在进行实际责任认定时，仍然困难重重。判断行为人是否尽职，还要充分考虑和把握以下几点。

1. 尽职具有程度上的不同

除了专业胜任能力有高低之外，职业谨慎本身也有较高程度的职业谨慎和较低程度的职业谨慎之分，也就是说注意义务的履行，在意志和行为上表现出不同的能力和水平，达到职业内部一个普通人的谨慎水平，就算尽职，而在此之下，都不算尽职。离这一水平越远，则不尽职程度越严重，换句话说，也就是过错程度越大。在不尽职的范围内，违反注意义务的程度或过错的程度，由重到轻是连续的，因为意志的偏离及损失的应避免程度本身就是连续的。我们经常述及的轻微过失、一般过失、重大过失、故意、恶意等，也仅仅是对一些差别较为明显的节点进行了适当截取，方便考察和便于操作而已。越是较高程度的谨慎，就越要求信贷工作人员在对企业信息做出判断时，使用更周全的制度流程和调查手段。而较低程度的谨慎则可能只要求信贷人员完成银行内部作业规范的部分规定动作。当然，在发现重大不实和隐患的情况下，若要做到尽职则必须对其予以排除，而不能疏忽，否则就构成重大过失。此外，对于信贷工作中属于其他职业的专业判断内容的部分，如需要依赖注册会计师、评估师和律师的专业工作，此时还需要区分所谓职业要求的特别注意义务和普通人应具备的通常注意义务，正确运用合理信赖与合理调查的标准。因而，应有的职业谨慎或者说尽职要求，绝不是最低程度的职业谨慎，而是在信贷人员团体内部一般人都能达到的平均水平的职业谨慎，但也并不必然要求最高水平的谨慎程度，因为我们不能要求每一个信贷人员都具有专家的水平。在实务中应有的职业谨慎的边界确实难以界定，注意义务的恰当履行还跟预估的风险及可能的损失大小直接相关，例如，一般认为股权融资相比债权融资来说风险更大，因此股权融资项目就应当履行更高程度的注意义务，采取更高水平的职业谨慎态度，应当穷尽几乎一切的调查手段。对信用评级较高的客户提供很小金额的贷款，其调查或评价的谨慎程度就可能很低。但不管如何，履行谨慎义务是为了避免出现信贷风险或最大程度降低信贷损失，谨慎程度越高，信贷资产出现风险或造成损失的可能性就越小。

2. 尽职既具体又抽象

一方面，尽职的要求是具体的，面对不同的客户，授信管理制度的规定可能是相同的、明确的，多数情况下都表现为信贷人员必须完成的"规定动作"，如不认真执行，就会被认为存在违规行为，没有尽职。同时，制度规定也会留有"兜底条款"，要求信贷人员采取其他有助于正确评估和防范客户信用风险的措施。但实务中不同信贷工作人员的专业能力是不一样的，其履行注意义务或保持应有的职业谨慎程度是不一样的，如一名已经有过重大失误的信贷工作人员，在以后的工作中应当保持更高程度的谨慎态度，对制度的执行可能会更加严格。而一名经验丰富且从来没有失手过的信贷工作人员，专业能力较强，通过有限的信息便能判断出客户的优劣和信用状况，所谓艺高人胆大，他可能只会"挑选"一些核心的制度规定去执行，过滤了一些细枝末节，貌似仅保持了较低程度的谨慎水平。此外，融资金额的大小也会影响谨慎程度，例如贷款给中国烟草公司1亿元，如果不履行任何现场尽调程序也不应被认为不尽职。因为尽职本身不是目的，而是降低信贷风险的手段，既然没有预见到风险，就不需要采取什么风险回避措施。

另一方面，尽职具有抽象的特性。"合理人"标准要求信贷人员至少要达到全体信贷人员的"平均水平"，这个具有平均水平的"人"不是现实世界中具体的某个人，而是一个拟制的"人"，没有对应的实体存在。例如责任认定的审计人员可能会认为，尽职应当是一名具备基本专业技能的信贷工作人员，在应有的职业谨慎态度下能够对客户做出准确的判断。这个认定就过于抽象，因为对应职业谨慎的"合理人"本就是一种人格拟制，在现实生活中根本不存在这样一个"平均人"。在银行内部对什么是保持应有的职业谨慎所必需的基本专业技能其实都难以达成共识，所以根本无法想象什么是准确的判断。比如，一个资产负债率超过75%的企业与资产负债率不到50%的企业相比，其风险就一定更大吗？对同样的客户，授信1亿元和9千万元有多大的区别？基于经验的判断本身就是抽象的，甚至许多经验都是不可言说的诀窍。尽职的认定标准应当具有可操作性,然而尽职的抽象特征加重了认定的困难。

3. 尽职既客观又主观

在信贷风险的审计认定中,基于公平公正的原则,一般不会倾向于对不同的人采用不同的尽职标准,即尽职认定应具有客观性。如果持客观标准,认定尽职不以个人意志为转移,不体现为具体人所认为的应有谨慎,而是作业规范要求的谨慎,就是所谓专业的"合理人"标准。一个经验很少的刚入行的信贷工作人员,可能没有能力去发现客户存在重大风险的迹象,也就不可能想到应该采取更多的调查手段。例如在核实客户印章时,一位客户经理认为印章比较清晰,另一位更有经验的客户经理却发现这个章的字迹排列不均衡,于是通过印章的对比最终发现了印章造假。第二位客户经理的谨慎建立在其个人经验的基础上。但在客观标准下,第一位客户经理可能被认定为没有尽职,因为第二位客户经理依据经验发现的问题可能会被认为是所有客户经理应当预见的。尽管不同水平的客户经理显然会做出不同的判断,可是以个人经验有限作为抗辩事由显然并不一定会被审计人员采纳,这样看来尽职应当是客观的,否则要求信贷工作人员尽职将成为空谈。但是不同的客户经理对于企业造假行为的判断水平显然是不同的。而且,同一客户经理在不同情况下也会做出不同的判断,这是审计人员在认定时应当考虑的因素。如果过于强调客观标准的绝对性,会导致大部分信贷工作人员在惶恐中从事业务,因为他们一直在思考,虽然自己在工作中没有发现问题,但是,如果其他人员能够发现呢?事实上,民法上的注意义务标准也有主观标准和客观标准之分,我们所说的过错,尽管采取了主观说,但其评价也多是客观的。行为人对自己行为的结果应当预见或者能够预见而没有预见,为疏忽,无论行为人的个人意志如何,都应当预见行为结果,此为客观标准。行为人对自己行为的结果虽然预见了却轻信可以避免,为懈怠。如果行为人没有预见,则不能认定为懈怠,此为主观标准。信贷业务实践中,尽职具有的客观和主观这两种属性,给尽职的履行和认定增加了难度。

4. 尽职是态度与能力的结合

尽职的本质在于，其是态度与能力的结合。首先，信贷人员必须是善意的，若明知客户信息中存在不实陈述，不但没有采取措施予以排除或纠正，反而予以采信，当属故意或恶意，自然就不可能做到尽职。其次，信贷人员应证明其对不知道客户的不实信息不存在过错，其做到了其他信贷人员在同等情形下能做到的水平。所以，银行在考查信贷人员是否尽职时，需要关注其在客户信息核验与加工过程中是否认真负责、是否客观上具备且主观上积极调动了发现和纠正不实信息的专业能力。当然正如我们一贯强调的，判断尽职的标准采用理性人或谨慎人标准，对信贷人员这种类职业专家或类专业人士而言，自然应以行业内平均水平与一般标准作为标杆。确立了这一抽象性标杆之后，判断信贷人员是否尽职，就需要检视其是否能通过集中精力、凝聚意识、调动专业能力、采取适当手段来发现或纠正相关不实信息，而发现或纠正该不实信息，是行业内具有一般水平的信贷人员通常可以做到的。也就是说，未发现该类不实信息是否是因为行为人在承做业务时欠缺应有的谨慎和注意。谨慎的实现应以合理程度的勤勉为前提，勤勉可能表现为遵守有关制度、管理流程及行业惯例，但未遵守有关制度、管理流程及行业惯例，也未必构成不认真、不负责，此时仍然要审视其是否充分调动自身专业能力，以细心负责的态度，积极研判风险，履行职责。可见，态度与能力，主观与客观，抽象与具体，相互融合在一起，使得尽职的认定变得不那么容易。

5. 尽职与合规的异同

一般来说，尽职首先要合规，合规是尽职的基础和前提，不合规或违规经营本身就是没有尽职。违反注意义务的行为，本身就是违规行为。在特殊情况下，受内外部环境变化的影响，一些规章制度已不适应实际情况又未能及时修订，这时机械照搬规章制度反而是不尽职的表现（尽职要求超越规章制度），进而出现尽职而不合规的情况。在极端情况下，如风险很小、基于成本效益原则甚至可以忽略现有规章制度的规定而执行非常简易的流程和调查，此时形式上的违规并不能否认实质上的尽职。例如给中国烟草公司贷款1亿元，对企业进行全面的现场尽职调查，与只提供一页贷款申请材料相比，贷款风险相差无几。因此不能简单地把法规制度层面的合规要求与风险管理的尽职要求画等号。应该说，通常情况下，在形式上满足已有法规的要求是最起码的要求，但对一名合格的信贷工作人员来说，从实质上符合规范的精神更为重要。那种"只见报告不见调查"、以纸面材料替代分析过程，误以为授信申报或者贷后管理就是按部就班地填写报告模板，没有批评和钻研精神、重调查形式轻内容的行为，是不尽职的。真正体现信贷工作人员在实质上符合作业规范要求的最高境界，就是对所执行的业务勤勉尽职，以风险的研判和把控为依据，而不是仅做到形式上的合规。一般情况下，尽职的信贷人员工作时，更多的是靠专业判断。在这种情况下，如果仅仅强调法规形式上的满足，可能会失去对高质量标准的追求，从而使得信贷人员的工作成为一种人人都会做的机械性核对工作。而这种机械地执行法规的工作模式，尽管能满足一般专业标准，但不能有效防止信贷风险的产生。勤勉尽责与机械执行的根本区别就在于：勤勉尽责是以法规的精神来执行业务的，而机械执行规则是片面地以一般形式规定为依据来执行业务。两者的出发点不同，前者把握了实质，而后者只把握了形式。其过程和结果就可能大相径庭。此外，尽职的要求是尽可能地做到风险识别、计量及防控，以减少信用风险的发生。但银行的信用风险也不是简单地依靠合规就能管控的，做到了合规也很难保证不发生信用风险。对于信用风险的识别与防控，不仅需要合规经营和操作，更需要尽职来实现。

6. 尽职不是对风险的担保

虽然说，尽职的要求是尽可能地做到风险识别、计量及防控，以减少信用风险的发生，但不能就此得出结论，认为只要银行员工在风险管理的所有环节都尽职了，就一定不会发生信用风险、一定不会出现不良贷款了。因为信用风险是客户的违约风险，客户的还款能力和还款意愿受到诸多因素的影响。银行自身的合规经营、合规操作、尽职履职不能完全杜绝客户的违约问题，客户的违约风险也不能完全靠银行员工的尽职来防控。前几年，恰逢中国经济发展黄金期，经济上行，银行信贷资产质量比较好，客户违约率较低，主要的原因并不是银行经营都合规、员工都尽职了。近几年经济下行，客户违约风险增加，不良贷款数量上升，也不一定都是银行违规经营、员工不尽职导致的结果。本书第8章引用的统计数据显示，不良贷款的成因比例基本上是信贷人员不尽职因素和企业自身等其他因素各占50%。根据韦斯特所著《规模》中的标度律，所有公司死亡的概率是一样的，美国上市公司的半衰期是10.5年，也就是说，如果随意跟踪不管多少个公司，每经过10.5年，它们都会死亡一半，这跟具体的行业、公司大小、上市时间基本都没有关系。只要是公司，就有这个10.5年内50%的倒闭风险[⊖]。理性看待公司的发展，其实经营几年倒闭了都算正常。有关统计数据也表明，中国中小企业的平均寿命仅为2～3年，集团企业的平均寿命仅为7～8年。企业的生命周期很短，在生命周期内能做大做强的企业更是寥寥无几。经营公司本身就是一项有风险的事业。银行更是经营风险的企业，经营银行导致双重风险叠加，不是做到尽职就可以避免的，只能期盼公司在贷款的期限内不破产。

11.2　几种问责实务的反思

1. 出风险即问责

风险的出现或损失的形成通常是引发问责的前置条件，或者说风险的出现或损失的形成，也就是损害事实本身，即是问责的构成要件。出了风险或损失当然应该启动审计责任认定或问责程序，但不一定要问责。真正实现问责，还需要具备信贷人员存在违规行为、损害事实与违规行为之间存在因果关系，以及过错等要件。前已述及，信用风险本质上是客户的违约风险，客户的还款能力和还款意愿受到诸多因素的影响，银行自身的合规经营、合规操作、尽职履职不能完全杜绝客户的违约问题，客户的违约风险也不能完全靠银行员工的尽

⊖　韦斯特. 规模：复杂世界的简单法则[M]. 张培，译. 北京：中信出版集团，2018：404-411.

职来防控。例如辉山乳业的信贷风险事件㊀。2016 年，浑水调查公司展开了持续几个月的调查工作，动用了一切可以动用的手段开展尽职调查，认为辉山乳业存在财务欺诈、利润造假行为，实际控制人存在通过关联往来转移公司资产的行为，导致该公司财务杠杆过高、处于违约边缘，因此声称辉山乳业的股票接近无价值。2017 年信贷危机爆发时，据披露有至少 23 家金融机构"深陷泥潭"，债权处于高度风险之中。有人说该事件暴露出当前银行自身的风险管理及监管存在较多问题，如风险意识淡薄，调查手段缺乏，风险识别和防控过于依赖担保，对过度融资缺乏足够重视，等等。但实际情况是，不考虑外部客观因素，仅仅就企业造假骗取信贷资金而言，那么多银行同时被骗，就说明现有的银行风险识别制度和手段不能发现风险，或者说相对于股权投资或风投做空目的而言，银行不能承受穷尽调查手段的成本之重。我们不能说 23 家金融机构的客户经理和风险管理人员都不尽职，若以此 23 家机构的水平作为行业内信贷人员的平均水平，则大家都应做到了"合理人"的谨慎要求，此风险大概只能归为银行同业的系统风险了。所以，信贷资产出了风险也不一定问责。

此外，有些业务例如小微贷款，在制度理念设计上就遵循了大数定律，其业务成本已经涵盖了风险，出风险是正常的，只要将风险控制在正常的可容忍范围之内，若具体的单笔业务没有明显的道德风险，问责也就没有内在的逻辑性。在问责上，我们坚持过错责任原则，所以若以损害事实的发生为问责依据，实乃采用了结果责任原则，这是我们必须要摒弃的。

2. 违规即问责

依据过错的主观说，违法性是问责的构成要件。通常情况下，违规即属违法，当然这里的违法应作广义的理解。但从违规到问责，还要经过因果关系和过错两道门槛的检验。根据尽职与合规的异同分析，明显违规的行为，也不一定具有"违法性"。一方面，这是由法规和制度设计的原因造成的：①制度设计必须考虑成本效益关系，如果制度设计过于详细周全，虽能确保制度的质量，但可能导致作业的成本大幅上升，这同样不能被银行和信贷工作人员所接

㊀ 详细分析参见：崔宏. 财务报表阅读与信贷分析实务 [M].2 版.北京：机械工业出版社，2021.

受。因此，制度设计者可以在允许的范围内相对降低制度的质量标准，因此导致的制度质量缺陷应被认为是合理的，产生的相应责任应可免责。②制度设计不能穷尽所有意欲规范的客观事物，对于因新兴事物缺乏标准规范而可能导致的质量缺陷及因此产生的作业缺陷，只要信贷工作人员的工作符合一般逻辑和常识，即使前述缺陷出现问题也不应承担相关责任。另一方面，有时信贷人员确实违规了，但违规行为本身并不是造成风险或损失的直接原因，也就是说违规行为与损害事实之间并不存在因果关系。现代银行基本是流程制度最为完善的企业，许多制度与作业流程的目的并不是为了防范信贷风险而设计的，但都需要信贷人员一体遵守。在维护信贷资产安全的视角下，不少流程和工作内容多少有些显得冗余，也给信贷人员平添了不少负担，实务中确实有部分信贷人员基于效率与效益的平衡会选择性忽略部分"可以"忽略的规定流程与工作内容。在所有的风险事件的事后审计中，总能发现有几条规定没有被遵守或完全执行，若仅仅因此就问责，而忽视导致风险的直接原因，不仅不够科学，也会招致员工的不满。

3. 签字即问责

实务中，只要个人签字出现在风险资产的任何流程或环节上，该签字人就处在了问责链条上，被问责是不可避免的。但实务情况有时错综复杂，并不应以签字为问责的唯一依据。在信贷业务链条上，产品部门多数情况下仅做形式审查，如业务立项，就只需要对业务的基本业务模式做评价，确切地说，只是对业务是否可以按照该类产品形式开展发表意见，并不对业务的实质风险发表意见。他们前期不参与尽职调查，后期不参与贷后调查，若业务最后出了风险就以他们的签字为依据进行问责，似有不妥。此外，不少商业银行的一线市场员工存在多种用工形式，银行对派遣、外包人员均有业绩要求，实务中他们的业务必须通过正式员工的系统来操作，并由别人代为签字。若出现风险后以签字为依据进行问责，对代为签字的员工不公平，与其说是变通之责，倒不如说是管理与政策所致，承担责任的应该是雇主。再说签字的人本身也有专业能力不够的问题，极端情况下，他本人无法胜任这一工作，但组织把他放在了履职岗位上，从责任归因看，组织的责任似乎更大一些。当然还有一些观点认为，作为银行工作人员，必须具备起码的责任意识，必须谨慎对待签字，一旦签了字，就必须负责。若存在违规情节或其他问题，完全可以不签字。此种说法在逻辑上看似讲得通，但信贷实务情形复杂，当下属被上级要求签字时，真正能顶住的又有几个？能对签字进行变通进而保护自己的又有几个？对于项目的协办客户经理，特别是处于考核异常严厉、内部等级森严的个别机构，让员工以饭碗为代价，拒绝签字确保尽职，难度之大非当事人难以体会，重压之下做出签字的行为，大概率责任并不在他。问责也要讲究情理法的平衡和综合。

4. 提示风险即免责

实务中，还有一类经常遇到的现象：在责任认定时，查阅调查或评审报告，若发现当事人提示了风险，且恰恰由于提示中的某些风险变为现实，而出现了贷款损失，部分审计人员就以此认定相关人员尽职，可以免责。此种做法，本书认为不妥，大有商榷的余地。

众所周知，标准的调查报告、分析评价报告或评审报告等，有其相应的报告模板，模板中有制式化的风险分析模块，也就是说揭示或提示风险本来就是这些报告中的应有之义。如果所有人都提示了，难道所有人都要免责？核心的问题在于，即使客户经理提示了风险，但其向上级或评审部门提交调查报告的行为本身，就意味着不管项目有多大风险，其是同意开展该项业务的。即使评审人员揭示了风险，其对该项目投了同意票的行为本身，就意味着不管项目有多大风险，其是同意批准该项目的，除非明确表示反对，但评审委员会根据多数表决原则通过了该项目，后续出现的风险才与其无关，进而可以免责。另外，相关人员的风险提示，若伴随着其他措施（如向上级反映，甚或吹哨示警等），免责或减责方可有适当的理由。当然实务中，认定信贷人员是否担责是一个综合评价的过程，仅仅凭借提示了相关风险就给予免责，理由不够充分，还必须结合其他因素综合判定。

11.3 审计的后见之明与先知幻觉

从本质上来说，审计是问责信息保障机制，其要么鉴定代理人提供的问责信息的真实性，要么直接提供问责信息。正是问责信息需求催生了审计，没有问责就没有审计。审计是问责机制的要素，其基本功能是问责信息保障。[一]

由于场景不同，审计人员在责任认定时与信贷工作人员当时面对的信息是不对称的。遇到疑难时，需要实事求是地还原授信业务办理时的场景，不能以现在的要求来追究或评价以往的风险责任。特别是对于一些由外部客观且人力不可控制的因素形成的风险，更不能认定为不尽职。由不良结果倒推授信决策，审计人员通常会认为，如果能够增加一些调查程序，是能够发现重大舞弊现象的。然而问题是，审计人员是在授信风险成为事实的情况下做出判断，而信贷工作人员只能在授信决策的当时做出判断。尽管审计人员是对信贷工作人员在授信之初是否保持了必要职业谨慎做出判断，但由于信贷风险的事实已经印在脑海里了，这可能导致审计人员倾向于认定信贷工作人员没有保持必要的职业谨慎，就像审计预先知道那样做就一定会出现风险似的。认知心理学将这一人们事后知晓特定结果时夸大该结果发生可能性的现象称为"后见之明"。在此影响下，审计人员极易将此前对授信调查与控制风险的措施评价为不当或不足。法经济学者早已指出，后见之明可能把宣称的过错责任实际上都转变为严格责任[二]。

正如我们之前指出的那样，预见损害发生的可能性总是以信息的不完全为基础的。在信贷人员承做业务之时，面对的是一个不完全信息的世界，信贷人员跟现实中的每个人都一样，都是可能犯错的有限理性之人。所以，在银行贷款损失的责任认定中，对已经形成的损失进行原因回溯时，审计人员对信息的掌握程度已经非常接近完全信息状态了，与信贷人员当初作业的时候所

[一] 郑石桥,陈丹萍.机会主义、问责机制和审计[J].中南财经政法大学学报,2011(4):131.
[二] 桑斯坦.行为法律经济学[M].涂永前,成凡,康娜,译.北京:北京大学出版社,2006:112.

掌握的信息已有天壤之别，可预见性已转变为现实性。此时的审计人员几乎处于全能的"上帝"视角，往往会以损害已成事实的信息，要求信贷人员预见此等结果，这种后发优势极易造成审计人员的"先知幻觉"，实务中应注意避免。

举一常见的审计结论为例：随着经济形势下行，客户出现了经营不景气的情况，未及时采取必要措施收回我行贷款。这里的问题是，一是在当时是否能够明确判断经济继续下行不确定。二是在多数企业经营都受到经济下行影响的背景下，是否要将企业贷款全部收回，也是一个艰难的选择。三是企业出现问题后收回贷款没那么容易。其实客户准入才是最关键的风险控制关口，因为贷款本身具有套牢效应，往往是事后真的出现了风险才后悔当初没有早点收回，但在当时做出回收贷款的决定的确没那么容易。

所以，依据过错责任原则，行为人只有未像职业团体内部一般的专业人士那样，履行正常的合理人之注意义务，才能被问责。在衡量行为人的行为是否达到合理人标准时，必须根据行为人当时所处的环境和掌握的信息，判断其行为合理与否，而不是等到所有的信息被完全获悉以后。所以是否违反注意义务应以损害事实出现之前的状态为判断基础。

11.4　问责归因的简化框架

综合前述内容，问责需要认定信贷人员满足过错责任原则的全部构成要件，即贷款出现损失、信贷人员存在违规行为、该违规行为与贷款损失之间存在因果关系，信贷人员存在过错。

依理论分析，我们可以沿着"注意义务→注意义务的违反"这样的过程进行判断。但是实践中，对相关人员进行责任认定时，我们总是在损害事实发生后，才来考查行为人的责任问题。也就是说，我们只基于损害结果来推论是什么原因造成这一不利结果，即对违规行为、因果关系与过错的判断，是由果及因的推断。只有在损失事实发生且问责工作启动后，对注意义务的认定才成为核心工作。认定的第一步，就是判断客观上是否有可能避免不利结果的发生，行为人采取什么样的措施才能避免结果的发生，以及确定能否排除不可抗力和意外事件的存在。这一阶段，基于因果关系的认定，重点在于评价行为人是否具有结果预见能力（预见结果发生的可能性及其程度）和结果避免能力（避免结果发生的可能性及其程度）。如果行为人具有此类能力，但未采取避免措施，导致损害事实的发生，行为人就违反了注意义务，从而认定过错责任。

由此，可以对信贷人员的注意义务及其违反的责任认定流程顺序做一个归纳，如图11-1所示。当然此图仅供参考，实践中责任的认定远比图中标明的程序复杂，贷款发放和产生损失时的客观条件（时间、地点、社会环境）等特殊情况无法从图中反映出来。因此，过错的认定必须结合具体案件的具体情况进行具体分析，以避免认识上的偏差。

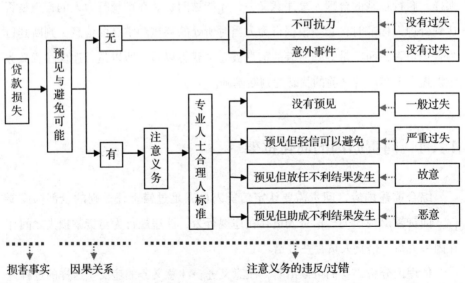

图 11-1　信贷人员违反注意义务的责任认定过程

从另一个角度看，信贷风险产生的来源各不相同。除了外部环境的影响，如不可抗力或外部事件等，还有银行相关管理部门的失职失责，以及客户自身的原因，如还款意愿等。所以银行的问责，也应该考虑不同来源对风险的不同影响，进而界定不同方面的责任。因此，我们可以基于客户、银行自身、外部环境三个角度，以及信贷工作人员及相关管理部门可能失职的不同方面，来进行责任归因。我们在此初步提出如下的问责归因流程，如图 11-2 所示。图 11-1 旨在从责任构成要件的角度提供一个框架，而图 11-2 侧重从责任的不同来源和可归因角度提供一个框架。

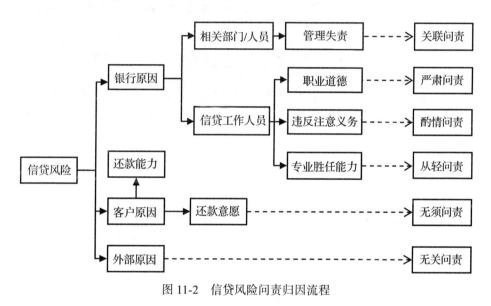

图 11-2 信贷风险问责归因流程

实务中，责任的最终认定需要确定具体的责任承担种类和方式。目前一般商业银行对信贷人员实施纪律处分和经济处分等不同处分的具体情形，可参阅表 11-1。当然，正如本书多次强调过的，实际问责情形异常复杂，需要综合考量各类因素，包括信贷人员的认识态度等，且在基本的适用情形下均有从重、加重和从轻、减轻等不同处理，表 11-1 仅做通用情形下的框架示意。另外，主处分和附加处分在适用上的独立性各有不同，且具有中国共产党党员身份的员工，除适用以上处分种类外，一般同时适用《中国共产党纪律处分条例》中的处分种类，对于这些内容，本书就不再赘述了。

表 11-1 信贷人员具体处分种类的适用情形

		一般过失	严重过失	故意	恶意（欺诈）
		酌情问责		严肃问责	
主处分	纪律处分	警告	记过－记大过－降级	撤职－留用察看	开除
	其他处分	批评教育－诫勉谈话－通报批评			
附加处分	经济处分	罚款	罚款－没收或退赔违规所得－扣减业绩薪资－扣减风险基金－追索扣回绩效薪酬－经济赔偿	罚款－没收或退赔违规所得－扣减业绩薪资－扣减风险基金－追索扣回绩效薪酬－经济赔偿	罚款－没收或退赔违规所得－扣减业绩薪资－扣减风险基金－追索扣回绩效薪酬－经济赔偿
	其他处分	责令做出检查	责令做出检查－暂停或取消上岗资格－降低行员等级	暂停或取消上岗资格－降低行员等级	解除劳动合同

第 12 章

尽职免责实践改进建议

最后,基于信贷风险问责的规范化和精准化,本书在商业银行层面再提出几条政策建议,如下。

12.1 坚持技术风险可免道德风险严办的问责总原则

员工由于技术水平或专业胜任能力出现问题,而导致出现信贷风险的,在相当程度上"情有可原"。将不具备专业胜任能力的员工匹配或安排在信贷岗位上,主要是银行管理者自身的过错,而不是员工本人的过错,即使员工负有不断提升自己专业胜任能力以尽职完成本职工作的责任,但通过培训教育提升员工技术水平,监督员工规范作业,也是银行自身的职责。此种情况下,银行或者负有雇主责任,或者具有自身过错。为此,就该种因技术风险导致的贷款损失，对信贷人员可从轻问责，甚至可以免责。

但是对于道德风险，因为出于故意的心理，主观可谴责性尤其强烈，所以必须坚持"零容忍"的态度，严肃问责。就像证券监管实践中对发审委的监管一样，不要求委员对企业的经营发展终身负责，但对廉政问题终身追责。

根据证监会《关于政协十三届全国委员会第一次会议第1738号（财税金融类165号）提案答复的函》，政协十三届全国委员会第一次会议提案中，提出了"关于加强对发审委的监管，取消发审委委员终身追责制的建议"，证监会回复：对于发审委终身追责应当辩证理解，终身追责是廉政追责，并非要求发审委委员对企业的经营发展终身负责，而是要求委员奉公守法、廉洁自律，始终坚持独立、公正、客观判断。企业的优胜劣汰是市场选择的必然结果，只有在触犯法律规定的红线，踏入法律明确的禁区，才会被要求承担责任。

12.2 真正建立过错责任制度，提高问责精准度

银行要牢记自己是经营风险的机构，出风险是必然的，但太大的风险又是不能承受的。所以必须矫正信贷人员的行为，使其落在可容忍的范围之内。要想发挥教育、制裁和预防不当行为以诱发过大风险的功能，必须坚持过错责任原则，科学考虑贷款损失、违规行为、因果关系、过错四个构成要件，充分顾及免责事由，提高问责精准度。要改变"发生不良就问责"的结果导向原则，避免终身问责制走向极化和极端。

追责与免责是一体两面的辩证统一，共同对信贷风险的控制和保障发挥作用。追责的本意是一种惩戒，免责的本意是一种激励，要在制度设计上扭转"一头沉"现象，在既有的问责、追责制度完善、责任内容具体详细、问责程序与处罚明确的基础上，尽快弥补尽职免责制度不完善、相关规定过于笼统的局面。要改变追究责任是刚性的，而免责条款是柔性的问题，在结构上根据"相关性"完善信贷风险责任制。

在制度执行中则要进一步增强效能，彻底改变实务中存在的责任划分不清晰、"一刀切"式的简单化处罚办法，那种按业务流程"均分责任""横扫一大片""签字就问责""违规即问责""出风险即问责""提示风险即免责"等都是粗放而不精准的做法。要在正确的理念和规则下，规范银行的自由裁量权，特别是审计人员既要充分利用后发优势，又要摒除先知幻觉，要始终以一个"普通的平均水平的信贷人员"的标准，站在业务发生时的当事人视角，去还原业务情景。要规范运用各类处分方式，明确经济赔偿的使用情形和赔偿金额的确定依据，拒绝问责委员会成员"拍脑袋"的决策结果，营造"同案同罚"的公平状态。

建立和完善问题认定复核机制、系统问责监督机制。在责任认定人员和信贷人员对制度文件的理解不一致，对违规与否难以真正达成共识时，以及对检查方认定的违纪违规事实存在异议时，能有一个相对独立的第三方，对问题认定政策的把握和制度依据的解读做出权威评价。

12.3 注意对未尽职的上级部门和管理人员进行关联问责

《银行业金融机构从业人员行为管理指引》（2018年3月）明确银行业金融机构对本机构从业人员行为管理承担主体责任。各机构应加强从业人员行为管理，使其保持良好的职业操守，诚实守信，勤勉尽责，坚持依法经营、合规操作，遵守工作纪律和保密原则，严格执行廉洁从业的各项规定。信用风险发生的原因有时很复杂，不是一个简单的操作问题，因此不能只对普通员工进行问责追责，也要对各级管理人员进行责任评议和责任追究。对于直接责任者、管理责任者、领导责任者，要区分他们各自的实际角色、作用、分配所得等因素，合理厘定，关联问责。

通常认为，客户经理对资产质量承担直接管控职责，而经营机构负责人对本机构业务风险承担第一管理职责。如把尚未经严格培训、缺乏专业胜任能力的员工，安排在重要的风险管理岗位，使其不能或难以有效履职，导致信贷资产出现风险，就应当主要由对安排人员具有管理职责的相关人员承担责任，不能只追究员工的责任。如一个机构的员工较普遍地存在不尽职或失职行为，导致信贷资产质量大幅下降，应重点追究该机构主要负责人不尽职的责任。如有多家分支机构中存在较多不尽职的员工，致使不良贷款数量快速上升，则应追究上级行主要负责人不尽职的责任[⊖]。如某一类业务频繁出现风险，则应追究上级条线主管部门不尽职的责任。总之，要改变"问下不问上"的做法，追究上级部门和管理人员对不良资产的"连带责任"，并与各类考核挂钩，倒逼管理强化。

此外，还应注意对清收部门和清收人员的不尽职行为进行问责。实践中，不少银行对信贷风险的问责，主要是从客户经理、授信审批、业务管理等条线入手，对涉及的人员进行问责，而对清收人员则疏于问责。一个典型情况或普遍存在的情况是，资产出现了风险或形成了损失，资产移交清收部门和人员进行清收管理，由于清收处置不当或贻误时机，而造成损失的扩大。此种情况下，清收部门和清收人员理应负责任。除对客户经理等业务条线问责外，对因清收处置不当而扩大损失的清收部门和清收人员，也应发起问责。审计部门在进行审计或责任认定过程中，不仅要注重对不良资产的形成做出审计认定，也要注重后续风险处置过程中是否存在造成损失扩大的不尽职行为。若确实存在清收处置不当或贻误时机的不尽职行为，且造成损失的扩大，也要对清收人员一并问责。

12.4　持续改进风险管理制度和流程

制度的漏洞，"纵容"了员工的违规行为。对于违规行为及其造成资产损失的发生，除极个别是直接故意外，大多数都是在半推半就中产生的，这些员

⊖　魏国雄. 风险管理的尽职免责 [J]. 中国金融，2015（14）：33.

工也可能有过挣扎恐惧、有过担惊受怕。如果管理制度再完善点、监督管理再到位一点，可能就不会发生这些违规违纪行为，相关的员工也可能成为遵纪守法的良好员工。所以，有效的制度性防范，可以避免和减轻员工违规行为的发生及其影响。因此，不管是对员工负责，还是对自身负责，商业银行都应痛定思痛，及时修改完善相关的管理制度、流程和系统，清理过时的不适应发展形势的制度规范，增强制度的适应性、可理解性和可执行性，防止类似事件的再次发生。特别是，应进一步理顺风险管理前中后台各部门、各环节的关系，去除重复冗余环节，优化业务操作流程，明确岗位职责与权利。

同时提高风险管理制度的质量，对一些过时的、不适应外部环境、难以操作执行的规定，进行废除、整合、修订或补充完善，尽量避免出现尽职不合规的现象。此外，明确基于风险评判的流程缺失与减免条款，激励员工不为了走流程而走流程，关注业务实质、制度实质，回归银行经营的本原。

12.5 规范员工辞职期间的问责事宜

《中华人民共和国劳动合同法》第三十七条规定，劳动者提前三十日以书面形式通知用人单位，可以解除劳动合同。该条款系赋予员工单方预告解除权，该权利为形成权，无须用人单位同意，员工解除劳动合同的通知送达后三十日届满，双方的劳动关系即行解除。与此相关的一个问题是，若员工提出解除劳动合同，但银行的离职问责仍在进行中，该如何妥善处理？

实务中，一般会与相关人员商量，等问责结束后再离职，多数情况下双方能达成一致。但个别情况下，员工执意要离职，此时问责工作该如何进行？在30天届满后，银行是否可以因存在问责事由而暂缓解除合同？银行发文规定不允许未完成离职审计和问责的相关人员离职，将违反劳动合同法的相关规定，因此用人单位不能够通过规章制度限制或排除员工的单方预告解除权。即使员工提出辞职后，银行继续向其发放工资并缴纳社保，劳动关系也会在员工提出辞职后30天自行解除，除非员工提出辞职30天后继续在银行工作，银行继续发放劳动报酬，双方形成新的事实劳动关系。但若员工提出辞职30天后不再在银行工作，即使银行继续发放最低标准的工资以及缴纳社保，此时劳动关系也已经解除，不能视为劳动关系存续。

所以，当员工辞职后，问责工作没有结束，此时银行为继续推进问责事项，一般应着力做好以下工作：一是在员工提出辞职后，尽量与该员工协商，要求其继续提供劳动。若员工不同意，则要求其按照劳动合同法的规定继续工作三十日。二是如果员工仅同意工作30日或辞职后即不来银行工作，银行应在30日内尽快完成离职审计和问责工作。如果员工同意在更长的一段时间内工作，则可在该时间段内完成追责。三是留存离职员工的身份证复印件、家庭住址等尽可能多的个人信息材料，为日后可能的追责做准备。四是逐笔交接业务，每笔业务都应要求离职员工承诺若因个人原因导致银行损失，其自愿承担责任。五是员工提出辞职后30日内，劳动关系依然存在，如果员工即行离职不服从银行管理，银行尚可依据考勤制度、工作制度等直接给予处分并记入档案。六是在特殊情况下，问责在30日内无法完成，可在日后完成问责，将问责结果送达员工，并告知新的工作单位，按照规定需要进入档案的，由新单位装入档案，符合监管报送的，将问责情况报送监管机构。七是银行应综合权衡，必要时延长劳动合同解除时间，由双方协商一致，将法定的30日期限延长。或者设置脱密期，如果与员工约定有脱密期，则可以不受劳动合同法规定的劳动关系在劳动者通知后30日即解除的限制。注意脱密期最长为6个月，自员工提交辞职报告之日起算。在上述期限内银行可执行问责程序。八是在劳动合同解除过程中或劳动合同解除后，如果认定员工存在过错，需要问责，则必须证据确凿，问责精准，并做好可能的复议准备。九是严格客户经理退出管理和档案管理。要在劳动合同上做出前瞻安排，杜绝一出问题就拍屁股走人的现象，银行要掌握其继续留任清收抑或辞退的主动权。一旦给予客户经理纪律处分，必须进入个人档案，并上报监管部门备案，已经辞退或退出的要告知其新的工作单位。

此外，还有一类特殊的情形，就是在员工离职后才发现其应对贷款风险承担责任。实务中也出现过银行对离职员工追加问责，并根据监管部门的要求上报备案的案例。应该说，银行对已经离职的员工仍有权利发起问责。国务院在 1999 年颁布并实施的《金融违法行为处罚办法》第 4 条明确规定："金融机构的工作人员离开该金融机构工作后，被发现在该金融机构工作期间违反国家有关金融管理规定的，仍然应当依法追究责任。"原银监会办公厅在 2013 年发布并实施的《银行业金融机构案件问责工作管理暂行办法》第 18 条也明确规定："银行业金融机构离职人员对离职前的案件发生负有责任的，银行业金融机构应当做出责任认定，并报告监管机构，案件责任人仍在银行业金融机构任职的，应当将认定结果及拟处理意见移送离职人员现任职单位。"对此类情况，银行应积极援引上述规定作为法律依据，审慎进行问责。

实务操作中，还有业内专家主张可以采取"有追有放、不发红文"之策略[⊖]。即使事实调查清楚、责任划分清晰，也不一定要追究所有离职员工的责任，"抓大放小"原则对离职人员同样适用。对那些恶意违规、收受好处的普通员工，以及组织策划、带坏风气的条线管理者、机构管理者，要重点追究；对那些没有明显道德风险、随大流的人员，可以不予追究。在追究的方式上也要适当注意，最现实的措施是"定责不发文"，也就是在确定应承担的责任和应给予的处分措施后，将处分决定记入问责委员会书面决议，内部通报，但不发布红头文件，以免引起离职人员的强烈反弹。对涉及离职人员违规违纪行为的调查报告、问责决定等书面材料，应由纪检监察室作为内部资料保存。同时，将处理决定报告当地监管机构。由于对离职人员的问责处理没有与当事人直接核实（可能是离职人员不配合也可能是商业银行没有联络到离职人员），调查的事实仅根据业务档案和其他人员的陈述，而且对离职人员的问责决定也没有发布红头文件，因此，商业银行在将离职人员的有关处理事项报告监管机构时，应不同于对在职员工的问责报告。在将离职人员的处分决定报告监管机构时，应根据"讲清事实，留有余地"的原则，注重报告调查过程、调查所发现

⊖ 刘红林.商业而银行不良资产清收处置[M].北京：中国金融出版社，2020：232.

的事实、责任归属、责任认定、初步处理意见和落实处理意见的难处。这样既可以达到惩处违纪、严肃纪律的目的，又留有余地，避免事实没有完全查清可能带来的尴尬。

12.6 完善银行激励约束机制与文化

我们在本书中探讨的是尽职免责问题，但并没有对如何提升尽职水平多着笔墨。实际上，问责不是目的，提升员工的尽职水平，助力提高信贷资产质量才是银行的最终目的。依据尽职的内涵，如何通过提升员工的专业胜任能力、营造积极宽松的工作氛围，让员工恪守职业道德，工作中能够谨慎履行注意义务，积极发挥更大程度的主观能动性，从而为信贷资产质量保驾护航，更应是银行常抓不懈的工作方向。这些目标的达成，离不开银行内部整体激励约束机制的有效建立。具体到基层实务中，有以下几项工作需要引起高度重视。

一是改变客户经理"单打独斗"的局面，实施团队作业，防治道德合谋。工作中的长期接触会使客户经理与客户之间形成过于亲密的关系，并使其对客户行为失去应有的职业谨慎和敏感能力，容易形成对客户有利的判断，进而有损客户经理评价的客观性，甚至出现"同流合污"的情况。而通过团队服务的形式，客户经理知道还有其他客户经理或人员与客户保持密切联系，可能会发现自己所做工作中的问题，这将会迫使其保持必要的职业谨慎和应有的职业道德。

二是优化激励考核机制，摒弃过于注重短期利益的经营策略。对员工的激励要尽量以长期为主，与项目挂钩的收益要通过设立风险准备金制度、通过收益递延，与贷款全生命周期相匹配。同时，尽量保持员工的稳定，考核要合理。客户经理对客户的经营活动、行业特点和内部控制获取必要的信息和相当程度的了解，是信贷质量得到保证的坚实基础。保持客户经理或服务团队工作的连续性无疑将有利于增加银行对客户的了解，并大大降低信贷风险，提高信贷质量。

三是加大问责力度，改变问责宽、松、软的现象。责任直接关乎预期收益的大小以及声誉资本的比较，进而影响其作业行为。因此，必须彻底扭转相当程度上存在的不良资产问责宽、松、软的问题。可以尝试建立前置责任认定程序，改变到核销时才由审计部门认定责任的做法，不良资产发生后可立即进行责任认定，形成震慑力。与之配套的是建立离岗清收制度。出现不良资产后，责成直接责任人员停止新业务开拓，专职回收不良资产。同时根据技术风险可免道德风险严办的问责原则，分类处置。对全额回收的不良资产且属于非道德风险的，可以免除处罚。造成损失的，依损失大小和过错程度进行相应处罚，特别要加大经济处罚力度，改变过去象征性惩处的做法。对于存在道德风险且造成重大损失的责任人员，坚持"零容忍"，涉嫌犯罪该移交司法机关的，坚决移交司法机关处理。

四是营造家园文化，避免拿来主义。在当前各商业银行人员流动不断加大的背景下，要改变不重视培养、招人即用的不良做法。对于实践中不少刚入职的大学生贸然违规、被领导安排签字后出现风险而承担责任的教训，应予以深刻反思。

12.7 健全尽职免责与容错纠错机制

前些年，各商业银行普遍出台了各自的员工违规违纪处分管理办法或者不良资产问责管理办法，当务之急是要尽快出台信贷人员尽职免责制度。这不仅是现实的迫切需要，也是国家政策层面的要求，实践中还有部分银行尚未制定和出台。总体看，若信贷人员具有本职岗位的专业能力，以勤勉的态度，认真履行岗位职责，遵从工作流程和制度要求，保持一个普通信贷人员应有的注意水平，并充分利用自己的工作经验做出合理的专业判断，且在工作中不谋取私利，不隐瞒信息，不与企业合谋，即使贷款出现风险造成损失，也应予以免责。要通过尽职免责制度的实行，力推尽职免责政策落地实施，进一步激发信贷人员在工作中尽职履责、有为担当的积极性、主动性和能动性。制度要明确适用于信贷活动的免责情形，并针对业务创新和信贷业务中的普惠金融领域业务、精准扶贫贷款等具有政策性特点的业务明确特殊免责情形。同时也要注意设置救济条款，保证相关责任人如认为自身符合免责规定而未被免责的，可根据相关规定申请复审和复核。

同时，各银行要探索建立规范化的容错纠错机制，坚持实事求是，一是一，二是二，把故意和过失、因私和因公、违规和试错等区分开来，正确对待信贷人员在工作中特别是改革创新中的失误、错误，为敢于担当、踏实做事、不谋私利的信贷人员撑腰鼓劲，积极营造鼓励创新创造创业、干事担当作为的良好氛围。中共中央办公厅2018年印发的《关于进一步激励广大干部新时代新担当新作为的意见》为建立健全容错纠错机制提供了指引，商业银行要按照习近平总书记提出的"三个区分开来"要求，综合考量主观动机、客观条件、程序方法、错误性质、危害程度和挽回损失六个维度，从"有错"向"有为"转变，重新激发干事创业的内生动力。列宁曾说，"只有什么事也不干的人才不会犯错误"。商业银行本身就是经营风险的机构，信贷人员在工作中不管如何尽职，也不能完全避免不良资产的产生。对于那些被问责的信贷人员，只要行为性质不是故意的探索性失误和无意性过失，就要适度增加宽容度，特别是组织上要大力"包容"，在人才评价上"不戴有色眼镜"，评先评优"不一棍子打死"，选拔任用"一碗水端平"。在当前银行业改革转型的关键时刻，只有充分发挥容错机制的导向作用，让担当有为者放下包袱，让违法乱纪者受到惩戒，才会形成千帆竞发的干事创业氛围。

后　　记

　　本书的写作，不像作者完成其他几本著作那样顺利，颇有些难产，略做交代。

　　计划与想法，肇始于作者2018年兼任某银行分行纪委书记分管问责事务之时。彼时分行不良资产较多，审计发起问责的项目与人员较多，但具体问责仅凭总行制定的一部员工违规违纪处分办法，缺乏一套自洽的理论基础和系统框架，同类案件经常不同处罚，很难做到公平和公正；被问责人员对违规事实认定书的回复和申述，也是五花八门不成体系，抗辩经常显得无理与无力。实务中，国内监管部门尚未建立起一个同业间的问责案例库，类似国外的判例法提供判决书供大家研习；图书市场上，关于商业银行信贷风险问责的书一本难寻，借鉴无门。彼时，又恰逢中央和监管部门密集发文要求金融机构建立健全尽职免责机制，支持实体经济发展。因此，我认为有必要写一本这方面的书，既为银行审计问责提供理论指导，也为信贷人员提供抗辩依据，顺便还能为金融机构落实中央政策贡献点滴力量。于是便开始了筹备。

　　想法容易，落实却难。最大的困难在于，我越是对信贷风险问责问题进行深入的思考，越是觉得这个主题绕不开法律的进路，特别是侵权行为法的理论思维和分析逻辑。而我几乎是个法律的门外汉，对法律知识的储备仅限于当年备考注册会计师时对经济法的初步涉猎，以及后来对公司法和证券法等相关法规的学习，除了一些大众科普类的应知应会，对于刑法和民法等其他法律知识几乎没有任何概念。

　　为此，我购买了网站上能够买到的几乎所有侵权行为法方面的书籍，共计 100 余本，在知网上下载了相关的学术论文 100 余篇，随后在业余时间将自己淹没在书堆和论文里。其间，通过参考文献的索引对部分给自己形成较大启发的外文文献，除能在网上找到原文的论文外，拜托在校的学生查文献、借原著，计有 20 余篇（部）。多少次的山重水复，多少次的柳暗花明，断断续续厘清了头绪，也开始了磕磕绊绊的写作。但计划没有变化快，由于工作的变动，以及另外两本书的撰写计划，本书初稿完成了 3 章之后便停顿了下来，直至 2021 年 3 月份才重新拾笔再续断章。写作时每遇瓶颈便绞尽脑汁，我曾数次于子夜时分感叹：写作是一种对生命的耗竭，发誓本书是今生最后一本专业著作，余生好好活着。

就本书主要涉及的法律基础而言，侵权行为法已几乎没有可资研究的新东西了。借用美国著名侵权法学者威廉·普若瑟所言："关于这一主题值得说的已经说过很多遍了，而根本不值得说的也说了很多。"歌德也说过："凡是值得思考的事情，没有不是被人思考过的，我们所做的只是试图重新加以思考而已。"但是应用到信贷风险问责领域的侵权行为法理论较少，或者说侵权行为法对信贷领域的"入侵"还远远不够，甚至还没有开始。本书的尝试或许有一些意义，不求结论有多么正确，目的在于为商业银行的信贷风险问责提供一种分析问题的方法论和逻辑视角，期望对中国银行业尽职免责和失职追责机制的建立健全，对商业银行信贷风险精准问责的实践改进，贡献绵薄之力。书中拙见，权作一家之言，不争特定情境下的是非与对错，兼听则明，偏听则暗，抛砖引玉，且与大家共勉。

在写作风格上，本书采用了偏学术化的套路，引经据典具明出处，一则自己的专业积累实在太少，只能多借方家之言；二则方便大家检索，或进一步研究引用。我深知，知识无涯，实践无限，即便个人有再多的经历和思考，也难免坐井观天，书中有缺陷和不足在所难免，欢迎广大读者批评指正。

作者

2021 年 7 月 31 日，北京